LAS RECETAS DE WORLD CENTRAL KITCHEN

JOSÉ ANDRÉS
& World Central Kitchen,
con Sam Chapple-Sokol

PRÓLOGO DE **STEPHEN COLBERT**

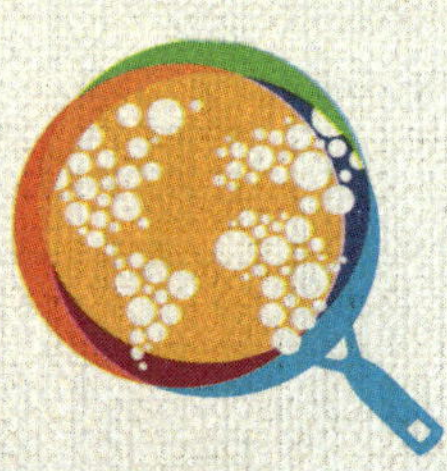

LAS RECETAS DE WORLD CENTRAL KITCHEN

Alimentando la humanidad, alimentando la esperanza

FOTOGRAFÍAS DE LAS RECETAS DE KRISTIN TEIG

TRADUCCIÓN DE RAQUEL GRACIA PARA CILLERO & DE MOTTA

ÍNDICE

EMPATÍA

URGENCIA

ADAPTACIÓN

ESPERANZA

COMUNIDAD

RESILIENCIA

ALEGRÍA

COMPONENTES BÁSICOS

PRÓLOGO

Si amas las recetas de José Andrés, no estás solo.

Si amas la forma en que José Andrés habla de la comida, no estás solo.

Si amas la forma en que José Andrés utiliza la cocina para expresar amor, no estás solo.

José y World Central Kitchen son la prueba de que, en los peores momentos, lo que más necesitamos es *compañía*. Para él, esto significa, literalmente, «compartir el pan». Y en los buenos tiempos, aquellos en los que podemos alimentar nuestro cuerpo, lo que alimenta nuestro espíritu es el amor. El acompañamiento de los alimentos abre también paso a la esperanza, sobre todo en momentos de gran dolor. Y es que el sufrimiento nos une en nuestra humanidad común, nos lleva a ayudarnos entre nosotros y, por medio de esta ayuda, hace que el amor salga a la luz.

El amor de José no solo es visible; también es comestible. Ya sea una paella o un huevo frito en aceite de oliva, todo lo prepara con un entusiasmo contagioso, una dedicación artística, un sabor extraordinario y una generosidad sorprendente. José y yo nos conocimos en una fiesta. Se me acercó y me dijo: «Me gustaría cocinar para tu familia». Aunque (tonto de mí) no acepté su oferta, creí que era genuina. Y también creo que le gustaría cocinar para tu familia. Incluso puede que ya lo haya hecho: a día de hoy, WCK ha proporcionado cientos de millones de comidas por todo el mundo.

José y WCK persiguen un objetivo loable. Y, como persona de naturaleza improvisadora que soy, la forma en que desarrollan su labor me resulta inspiradora. Van allá donde se les necesita. Improvisan, se adaptan a cada situación. Cuando llegan al lugar, determinan qué hace falta, recopilan los recursos necesarios y exprimen su talento para hacer frente a la emergencia que tienen entre manos. En la medida de lo posible, adoptan recetas locales para que los sabores familiares consuelen a los afectados y les devuelvan la sensación de estar en casa, aunque sus hogares físicos estén en ruinas.

Al reconocer y responder a la identidad y las necesidades, tanto físicas como emocionales, de los individuos a los que atienden, José Andrés y World Central Kitchen refuerzan el sencillo mensaje que transmiten con cada una de sus comidas:

No estás solo.

STEPHEN COLBERT

UN MENSAJE DE JOSÉ

¡Amigos de World Central Kitchen! En tus manos sostienes un libro en el que las personas más increíbles de este mundo han dejado un pedacito de su corazón y su alma. Vienen de todos los rincones del planeta, de todos los entornos imaginables. Y cuando se unen en la cocina, todos con un mismo propósito, hacen algo realmente asombroso: demuestran lo mucho que les importa lo que hacen. Puede parecer una obviedad, pero en la sociedad en la que vivimos el simple acto de preocuparse por otra persona es lo más importante que podemos hacer.

Y como irás descubriendo, quienes aparecen en este libro no son un *ellos*, somos un *nosotros*. Somos tú y yo. Seas quien seas, con el simple hecho de leer estas líneas te has convertido en uno de los nuestros. Ya formas parte de World Central Kitchen.

Quizás pienses que estoy bromeando. «Pero ¿qué dices, José?», te preguntarás. «¡Si yo solo vengo a leer las recetas!». Te aviso desde ahora: hablo en serio.

Con este libro, te has adentrado en algo que es más grande que tú, que yo, que todos nosotros. Un lugar lleno de empatía y esperanza, un lugar en el que construimos mesas más largas, no muros más altos. Esta es una guía para navegar este mundo, para entender el trabajo de los Chefs de Respuesta Inmediata de WCK. Aquí no encontrarás la forma correcta de alimentar a la población tras una catástrofe. Pero sí mil y una maneras diferentes de escuchar y aprender, de pensar y actuar en el mundo.

Te diré algo que, como chef que llevaba muchos años trabajando en cocinas antes de crear World Central Kitchen, nunca me hubiera imaginado: ¡jamás pensé que a una organización humanitaria de asistencia en catástrofes le preguntarían tanto por sus recetas! Es cierto que las recetas son una parte importante de nuestro trabajo, pero no son lo más importante. Eso son las historias, los relatos y los momentos de comprensión cultural que se revelan con cada receta y comida que servimos. Este libro recoge estas historias, ya sea la del arroz con pollo que impulsó nuestro trabajo en Puerto Rico tras el huracán María, o la receta ucraniana de pan de Pascua que, durante generaciones, ha pasado de abuelas a madres y de madres a hijas.

Según el gran filósofo de la gastronomía Jean Anthelme Brillat-Savarin, el descubrimiento de un nuevo platillo contribuye más a la felicidad de la humanidad que el de una estrella. Reunidas, las recetas de este libro son como un cielo repleto de hermosas constelaciones. Y, con solo mirar arriba, cocineros y chefs de todo el mundo verán la infinidad de formas de alimentar a sus comunidades a su disposición.

Cuando cocino en casa para mi familia y amigos, quiero que sientan mi cariño, que se sientan las personas más importantes del mundo. Si le preguntas a mi mujer, Tichi, te dirá que cuando más feliz soy es dando de comer a los demás, que mi forma de demostrar que me importas es preparándote algo de comer.

Pero alimentar a un pequeño puñado de personas en casa o en mis restaurantes no es suficiente... ¡solo soy una persona! Por eso hemos creado esto; para tender puentes y hacer amigos allá donde vamos, allá donde se nos necesita. Esto es World Central Kitchen. Una oportunidad de demostrar a tus amigos y familiares, a tus vecinos, a tu comunidad y a completos desconocidos lo importantes que son para ti, en los buenos tiempos y, más si cabe, en los más difíciles.

Mi objetivo con este libro es animarte y motivarte. Inspirarte. Quizás logre que prepares una comida para un vecino necesitado, te hagas voluntario del banco de alimentos de tu localidad, te unas a nuestros Chefs de Respuesta Inmediata cuando se produzca una catástrofe en algún lugar del mundo, o simplemente que prepares la cena para tu familia y descubras la historia tras el platillo escogido.

Tómatelo como nuestra invitación a sumarte a nosotros, a imbuirte del espíritu de World Central Kitchen. Juntos, plato a plato, alimentaremos la esperanza. Construiremos mesas más largas, juntos. Tú y yo, y los miembros de World Central Kitchen.

En donde haya una pelea para que los hambrientos puedan comer, allí estaremos.

José Andrés

Central
Kitchen

World

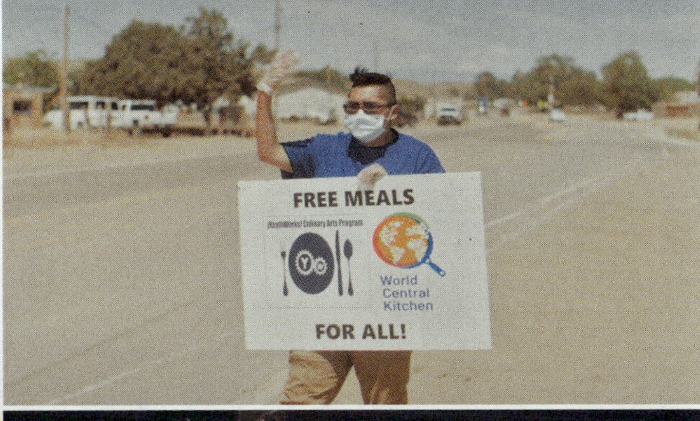
FREE MEALS
World
Central
Kitchen
FOR ALL!

INTRODUCCIÓN

En septiembre de 2017, el huracán María asoló Puerto Rico. Fue la tormenta más devastadora en la isla en casi un siglo. La destrucción fue generalizada y mortal; la tormenta segó las vidas de miles de puertorriqueños y dejó a millones más sin agua ni electricidad durante meses.

Pero de aquella catástrofe surgió la esperanza. Un grupo de chefs, cocineros, repartidores, líderes comunitarios y coordinadores de ayuda humanitaria, todos bajo las órdenes del chef José Andrés y su organización sin ánimo de lucro World Central Kitchen, se unieron para cocinar miles, decenas de miles, cientos de miles de comidas al día para alimentar a la isla. Se hacían llamar Chefs For Puerto Rico.

Cinco años más tarde, en 2022, en Puerto Rico llovía. A su llegada a la isla, el huracán Fiona era una tormenta de categoría 1, pero cobró fuerza con una rapidez aterradora y, en algunas zonas, dejó más de setenta y cinco centímetros de precipitaciones. Se quedaron sin suministro de agua ni electricidad. Una vez más.

Y los chefs volvieron.

No era la circunstancia que les hubieran gustado para conmemorar el aniversario de su primera gesta, pero allí estaban de nuevo, armados con enormes sartenes de arroz con pollo. Repartidos entre San Juan, en el norte de la isla, y Ponce en el sur, habían aumentado en número y la experiencia les había hecho más eficaces. Había caras conocidas (Yamil López, Yareli y Xoimar Manning, Roberto Espina, Christian Carbonell, Manolo Martínez), pero también otras muchas nuevas. Enseguida tuvieron lo necesario para hacer frente a la situación.

Los chefs no eran las únicas caras conocidas.

En 2017, Ricardo Omar Colón Torres (que aparece con José en la página 15), prestó su ayuda a diario durante semanas. El joven, al que el equipo llamaba cariñosamente Ricardito, tenía entonces veintidós años, y una enfermedad genética rara del desarrollo. Pero eso no le impidió cumplir todas las tareas que le encomendaban. Puso estampas de WCK en los recipientes de las comidas, armó las cajas en las que se transportaban los alimentos preparados y repartió botellas de agua entre quienes esperaban su turno. Ricardito hacía todo lo que le pedían a la perfección, prestando atención a los detalles y logrando que todo fuera lo más eficiente posible. Su madre, Iris, también era voluntaria, y ayudó a repartir comida en su comunidad, a las afueras de San Juan.

Ambos volvieron en 2022 para prestar su ayuda con todo lo necesario.

Por desgracia, Fiona reprodujo el dolor y las pérdidas causadas por María cinco años antes, dejando a la isla sin infraestructuras durante largos periodos. Era como un terrible *déjà vu*. Pero había razones para la esperanza, una luz que se colaba entre los oscuros nubarrones de la tormenta. El hecho de que el equipo empezara a preparar bocadillos de inmediato, incluso antes de que amainara la tormenta, hizo que la gente tuviera comida enseguida. Y que voluntarios como Ricardito y cocineros como Yareli y Roberto colaboraran de nuevo fue el combustible necesario para que todo saliera adelante. La historia se repitió, eso es cierto, pero también se volvieron a vivir los momentos felices de antaño.

El periodo desde que el huracán María azotó Puerto Rico en 2017 hasta que Fiona hizo lo propio en 2022 es un buen ejemplo del trabajo de World Central Kitchen en todo el mundo, una muestra del poder sanador de los alimentos y la buena voluntad en momentos de crisis. También sirve como cronología para este libro, una colección de recetas e historias sobre las personas a las que hemos conocido y con las que hemos trabajado durante esos cinco años, en lugares que van desde Puerto Rico hasta Puerto Príncipe, de Caracas a Kiev; prácticamente todos los rincones del mundo. Estas recetas e historias corroboran una verdad universal: plato a plato, la comida tiene el poder de cambiar el mundo.

Pero echemos la vista algo más atrás. Y es que la historia de World Central Kitchen comienza mucho antes del huracán María.

ORÍGENES

Corría el año 2010 y José estaba en su mejor momento profesional. Tenía diez restaurantes en Estados Unidos. La James Beard Foundation lo había nombrado Mejor Chef del Atlántico Medio y, un año más tarde, sería nombrado Chef Destacado. El año anterior, *GQ* lo había considerado Chef del Año. Sin embargo, el galardón más importante que José recibiría fue el premio Vilcek.

La Fundación Vilcek homenajea la vida y obra de inmigrantes en Estados Unidos y cada año concede dos galardones: uno a una persona del ámbito científico biomédico y otro a alguien del campo de las artes y las humanidades. Tan solo ha habido dos personas galardonadas por su contribución a las artes culinarias; José es uno de ellos y el otro es el chef Marcus Samuelsson, uno de sus amigos y Frontline Advisor de World Central Kitchen.

El premio venía acompañado de un cheque de 50 000 dólares, que se podían destinar a lo que el beneficiario deseara. Aunque la carrera de José estaba en alza no era, ni mucho menos, rico. Su mujer, Patricia (Tichi), y él tenían tres hijas pequeñas, y el rápido crecimiento de los restaurantes estaba acabando con sus recursos. Pero no dudaron un segundo en qué hacer con el dinero; lo destinaron por completo a financiar una nueva organización sin ánimo de lucro que cambiara el mundo con el poder de la comida.

José acababa de visitar Haití tras uno de los terremotos más letales de la historia. Viajó con CESAL, una ONG española dedicada a la cooperación y a la acción social, que había llevado al país cocinas solares para cocinar sin electricidad. Esta experiencia también le permitió conocer de primera mano la realidad tras una catástrofe de semejante magnitud. Pronto se dio cuenta de que tanto él como sus compañeros cocineros podían

Relief Team

hacer mucho más. José llevaba años como voluntario en Washington D. C. y sus alrededores, sobre todo en la DC Central Kitchen de Robert Egger, y decidió participar en la reconstrucción de Haití. Quería aplicar sus conocimientos de cocina y desarrollar nuevas formas de alimentar al mundo. Su primera idea, basada en su experiencia con CESAL, consistía en introducir la tecnología de las cocinas solares en Haití.

Habló con su socio Rob Wilder sobre la posibilidad de fundar una organización con la que cumplir ese sueño. Rob y José llevaban años trabajando juntos: Rob lo había contratado en 1993 en su restaurante español, Jaleo, el primero en llevar las tapas al centro de Washington D. C. Con el paso de los años, Rob, José y su otro socio Roberto Álvarez abrieron otros restaurantes en esta ciudad y más allá: Café Atlántico, minibar, Zaytinya y Oyamel, entre otros. Estos restaurantes, junto con la floreciente identidad de José como prodigio culinario, llevaron a los reconocimientos de la década de los 2000.

Rob Wilder y su esposa, Robin, igualaron la donación de José y Tichi. El proyecto, al que llamaron World Central Kitchen en honor a sus héroes locales, contaba con un capital inicial de 100 000 dólares. Tichi afirma que José pasó meses con el cheque del Premio Vilcek de 50 000 dólares en la cartera, sin cobrarlo.

PRONTO SE DIO CUENTA DE QUE TANTO ÉL COMO SUS COMPAÑEROS COCINEROS PODÍAN HACER MUCHO MÁS.

Javier García, abogado e importador de alimentos al que José conocía por formar parte de la comunidad española en Washington D. C. se sumó al proyecto. Había fundado su propia ONG poco tiempo atrás, por lo que estaba familiarizado con el proceso, algo de una importancia vital para superar los retos burocráticos que plantea crear una organización de estas características.

La siguiente incorporación fue Fredes Montes (en la imagen de la izquierda), especialista financiera del Banco Mundial, que se convirtió en directora ejecutiva y fue la encargada de crear un consejo de administración dedicado a la causa, entre cuyos miembros estaba Robert Egger. También estableció un consejo asesor que contaba con expertos de múltiples disciplinas: ayuda humanitaria, tecnología, desarrollo agrícola, economía, energía solar y muchas más. Una vez que contaban con el capital inicial, una estructura sólida y la motivación de crear un cambio positivo en Haití, el pequeño equipo se puso manos a la obra.

MESAS MÁS LARGAS

El primer proyecto de José y Fredes era sencillo pero intenso. Durante su primer año de funcionamiento, viajaron a Haití en varias ocasiones para escuchar y aprender, decididos a comprender las necesidades antes de fijar el rol de la organización. En una visita con CESAL, fueron a Cité Soleil —Site Solèy en kreyòl (criollo haitiano)—, una zona densamente poblada de la capital del país, Puerto Príncipe, que acoge también a una de las comunidades más empobrecidas del hemisferio occidental. Visitaron un centro de nutrición para madres y bebés. Allí, daban de comer a las madres y les mostraban cómo tener una alimentación sana para ellas y sus familias. Las mujeres estaban desperdigadas por la habitación, intentando comer mientras sostenían a sus hijos. Parecían incómodas, compaginar y cuidar de los niños con comer hacía que les resultara difícil concentrarse en las clases. No era la oportunidad educativa que los organizadores tenían en mente.

Faltaba algo básico: una mesa. Y es que las mujeres cargaban con sus bebés a la vez que sostenían sus platos de comida, un acto de malabarismo que les impedía prestar atención. Al introducir un lugar en el que las mujeres y sus hijos se podían sentar a comer, los organizadores crearon un ambiente cómodo que propiciaba el aprendizaje. Las mujeres se podían relajar y comer con sus bebés, además de escuchar atentamente a lo que les explicaban. La iniciativa despegó y cada semana más mujeres de la comunidad se unían a la conversación.

Podría parecer una victoria menor, pero sirvió como catalizador: marcó el rumbo de la organización, desde un punto de vista estratégico y metafórico. Era la prueba de que las soluciones sencillas pueden tener efectos profundos, algo que siempre había servido de motivación a José y que ahora se convirtió en uno de los principios rectores de World Central Kitchen. ¿La gente tiene hambre? Los alimentaremos. ¿Tienen sed? Les daremos agua. ¿Los agricultores necesitan un impulso después de que una catástrofe haya destruido sus equipos? Les daremos dinero para que los reconstruyan.

José estaba sentando las bases de los próximos diez años. Con el tiempo, esta frase se convirtió en un mantra para él: «Mesas más largas, no muros más altos». Aunque no sería su grito de guerra hasta la segunda mitad de la década, ya lo estaba poniendo en práctica: ponía una mesa e invitaba a personas de toda condición a sentarse, y los trataba a todos con dignidad y respeto.

José escribió una serie de artículos de opinión sobre sus viajes a Haití para el periódico *El Mundo*. En ellos, exponía las bases de lo que se convertiría en WCK, aunque todavía no se le había ocurrido el pegadizo nombre.

Los artículos lo explican todo, y en ellos se ven claramente las inquietudes que llevaron a José a crear WCK: la importancia de los cocineros, cómo alimentar a las masas, la ayuda humanitaria tras una catástrofe, el apoyo a las economías locales. Es una hoja de ruta para el futuro de la organización, cuya estructura empezó a desarrollar con Tichi, Rob, Javier y Fredes.

Los primeros estatutos de la organización, que datan de agosto de 2010, establecían que el propósito de WCK era «proporcionar alimentos a personas vulnerables, apoyar la agricultura local y fomentar el uso de combustibles y tecnologías de cocina sostenibles desde el punto de vista medioambiental». Conforme te adentres en este libro, verás que esos tres pilares siguen muy presentes en nuestra organización.

«COCINEROS SIN FRONTERAS EN HAITÍ»

José Andrés en *El Mundo,* 17 de abril de 2010

(EXTRACTO)

Tengo una gran necesidad de que mi profesión no solo sea una profesión para la élite y alguno más. No solo servir al 0.1% de la población, también quiero tener el mejor restaurante. Pero no uno sin lo otro. Pienso que algún día, nosotros, los cocineros, formaremos parte de esa «mesa» donde se deciden las grandes acciones mundiales.

Algún día no muy lejano pienso que tendremos que crear un «Cocineros sin fronteras». Donde una flota con cientos de camiones cocina se podrán enviar a las zonas con hambre crónica o en emergencias puntuales. Camiones cocina que podrán producir cientos de miles de comida. Comida caliente con cocineros voluntarios que acudirán a la llamada ante una urgencia.

Con estos camiones cocina podremos utilizar los productos locales, ayudando rápidamente a la economía local. Cuando llegan alimentos de afuera los productores locales no venden su producto. Los precios se desploman. Nadie compra. Y en momentos de desgracia es importante que el comercio interior continúe. Soy un soñador.

COCINEROS SIN FRONTERAS

Tichi recuerda cómo, desde un principio, a José le obsesionaba la idea de crear una organización centrada en cocineros y chefs: «La comida lo es todo para José. No solo la alta cocina: le encanta invitar a gente a comer, cocinar para ellos y ver cómo disfrutan de la comida. Su forma de mostrar que le importas, de demostrarte su amor, es darte de comer». Como cocinero, quería que su amor llegara más lejos, no solo alimentar a su familia y amigos, sino que cocineros de todo el mundo alimentaran a sus propias comunidades.

En 2014, la organización lanzó la Chef Network, una agrupación de cocineros de renombre que respondieron a la llamada de José y WCK y se comprometieron a apoyar la causa. La «primera línea de José» estaba formada por figuras como Anthony Bourdain, Carla Hall, Andrew Zimmern, Víctor Albisu, Aarón Sánchez y otros más, y decenas de otros chefs se sumaron a la «tripulación comprometida». WCK organizó viajes en los que los cocineros impartían formación en gastronomía en el extranjero. Pichet Ong, premiado repostero, viajó a Zambia para impartir clases de repostería allí, mientras que Víctor Albisu se desplazó a Nicaragua para enseñar cómo manejar cuchillos y sobre seguridad alimentaria.

La idea, que ahora se conoce como Chef Corps, se revitalizó en 2019 y fue creciendo en los años siguientes. Siempre hemos tenido una red amplia, pero a medida que íbamos cocinando en más ciudades, estados y países, hemos ido conociendo a más y más chefs de todo el mundo que se preocupan por sus vecinos, que creen que la hospitalidad va más allá de las paredes de sus restaurantes.

La red Chef Corps de WCK cuenta actualmente con cientos de miembros en decenas de países, dispuestos a saltar a la acción en caso de catástrofe. Algunas de las recetas de este libro han sido diseñadas por miembros de Chefs Corps como Eric Adjepong (pág. 235), Reem Assil (pág. 141), Sofia Deleon (pág. 266), Guy Fieri (pág. 219), Tyler Florence (pág. 220), Sanjeev Kapoor (pág. 223), Emeril Lagasse (pág. 215), Marcus Samuelsson (pág. 91), Brooke Williamson (pág. 209) y Brian Yazzie (pág. 56).

AYUDAR, NUESTRO MOTOR

Antes del huracán María, nadie pensaba en WCK como una organización de ayuda humanitaria en caso de catástrofes. Pero hubo momentos que lo presagiaban, como cuando en 2016 el huracán Matthew arrasó la península de Tiburón, al sur de Haití, destruyendo cientos de miles de hogares a su paso y afectando a más de un millón de personas. Jean Marc DeMatteis, miembro del consejo de WCK y amigo de José, que ayudó a poner en marcha muchos de nuestros primeros proyectos en Haití, trabajó con José y David Destinoble —un destacado chef haitiano y cofundador de la Alianza Culinaria Haitiana— para establecer una cocina de campaña a las afueras de la ciudad de Les Cayes. Las quince mil comidas que prepararon fueron la primera ayuda alimentaria

World
Central
Kitchen

de emergencia de WCK, y allanó el camino de los cientos de millones que estaban por venir.

Menos de un año después, el huracán María asoló Puerto Rico, y la organización descubrió todo lo que podíamos aportar en las circunstancias más adversas. Allí fue donde José conoció a Ricardito y a otros miles de voluntarios que acudían cada día a apoyarlos. Allí fue donde Nate Mook, amigo de José y director de documentales, dejó su impronta en la organización y se convirtió en director general durante el siguiente lustro. Allí fue donde se forjó el equipo Chefs For Puerto Rico, los primeros «food fighters», que prepararon cientos de miles de comidas, motivados por el hecho de ser los únicos responsables de alimentar a su comunidad.

El huracán María fue solo el principio. Desde entonces, WCK ha trabajado en decenas de países de seis continentes y servido cientos de millones de comidas. En las páginas siguientes, compartiremos las historias de muchas de esas misiones, de quienes preparan las comidas, de las comunidades que las reciben, de los amigos y socios que hemos hecho en el camino, de los agricultores y pescadores que nos ayudan a abastecer nuestras cocinas. Y, por supuesto, también las recetas de muchos de los platillos que hemos servido para nutrir, empoderar, animar y dar esperanza a quienes lo necesitan.

¿CÓMO FUNCIONA WCK?

Dar de comer y cenar a veinte mil personas hambrientas es algo para lo que la mayoría de chefs no están preparados. Ni siquiera es habitual que los cocineros que trabajan en catering o banquetes preparen menús para más de mil personas; mucho menos dos veces al día. Los Chefs de Respuesta Inmediata de World Central Kitchen cocinan regularmente miles de almuerzos y vuelven a la carga para la cena. Y repiten esto los siete días de la semana mientras dura la campaña.

Es por eso que los integrantes de este equipo deben tener conocimientos que van mucho más allá de la cocina: debemos tener experiencia en cadenas de suministro, logística, diplomacia, comunicaciones, análisis nutricional y mucho más. Los formamos sobre el terreno a lo largo de cada actuación y, cuando no estamos desplegados, los ayudamos a desarrollar otras competencias en temas como seguridad alimentaria, primeros auxilios, antirracismo y gestión de crisis. Y más allá de la logística de alimentar a las personas tras una catástrofe, nuestra labor tiene un componente emocional: el equipo de WCK abraza y escucha personas que han perdido amigos y familiares, mascotas, hogares, negocios, pertenencias. Y llora con ellos si es necesario. Debemos estar emocionalmente preparados para hacer frente a algunas de las situaciones más intensas a las que se puede enfrentar una persona y contar con un suministro inagotable de empatía.

Cada caso es diferente, pero comparten muchos retos similares. Cada misión nos prepara para la siguiente, y el equipo sale más preparado, más capaz de hacer frente a lo que se nos ponga por delante.

EN DONDE HAYA UNA PELEA

El arte inspira, y el trabajo de World Central Kitchen no es una excepción. José tomó prestada (y modificó ligeramente) una cita de uno de sus autores favoritos, John Steinbeck, que se ha convertido en nuestro lema. En la novela de 1939 *Las uvas de la ira*, ante la muerte del predicador Jim Casy, el protagonista Tom Joad promete ser mejor persona en el futuro, parecerse más a Casy.

Estaré en la oscuridad. Estaré en todas partes... donde quiera que mires. En donde haya una pelea para que los hambrientos puedan comer, allí estaré. Donde haya un policía pegándole a uno, allí estaré. [...] Estaré en los gritos de la gente enfurecida y estaré en la risa de los niños cuando están hambrientos y saben que la cena está preparada. Y cuando nuestra gente coma los productos que ha cultivado y viva en las casas que ha construido, allí estaré.[1]

José se quedó con una frase: «En donde haya una pelea para que los hambrientos puedan comer, allí estaré». Y la adaptó para resaltar que su esfuerzo es colectivo:

En donde haya una pelea para que los hambrientos puedan comer, allí estaremos.

Si preguntas a cualquier Chef de Respuesta Inmediata cuál es el mantra de su equipo citarán, lo sepan o no, a John Steinbeck. Esta actitud de «cueste lo que cueste» subyace a cada momento de cada misión. El equipo siempre incluye algún que otro sándwich o botella de agua de más cuando sale a repartir comida, por si nos encontramos con alguien que aún no haya comido.

¡Es verdad! Si tienes hambre y ves un vehículo con el logo de WCK, llama su atención. Es muy probable que tengan una bolsa marrón con un sándwich de jamón y queso para ti.

CÓMO USAR ESTE LIBRO

Este libro no es como otros libros de cocina: ¿cuántos libros de cocina de una ONG de ayuda humanitaria has visto por ahí? Los capítulos no están organizados por temporada, platillo o ingredientes, sino por los valores de WCK, que nos definen como organización. Nos pareció una buena forma de estructurar este libro.

No solo es una oportunidad para compartir nuestras recetas, sino también las historias tras ellas, y dar a conocer a las personas y los lugares que hacen que cada platillo sea especial. Sin ellos, no podríamos hacer lo que hacemos.

1 Steinbeck, John. (2012). *Las uvas de la ira* (María Coy Girón. Trad.). *Cátedra*. (Obra original publicada en 1939).

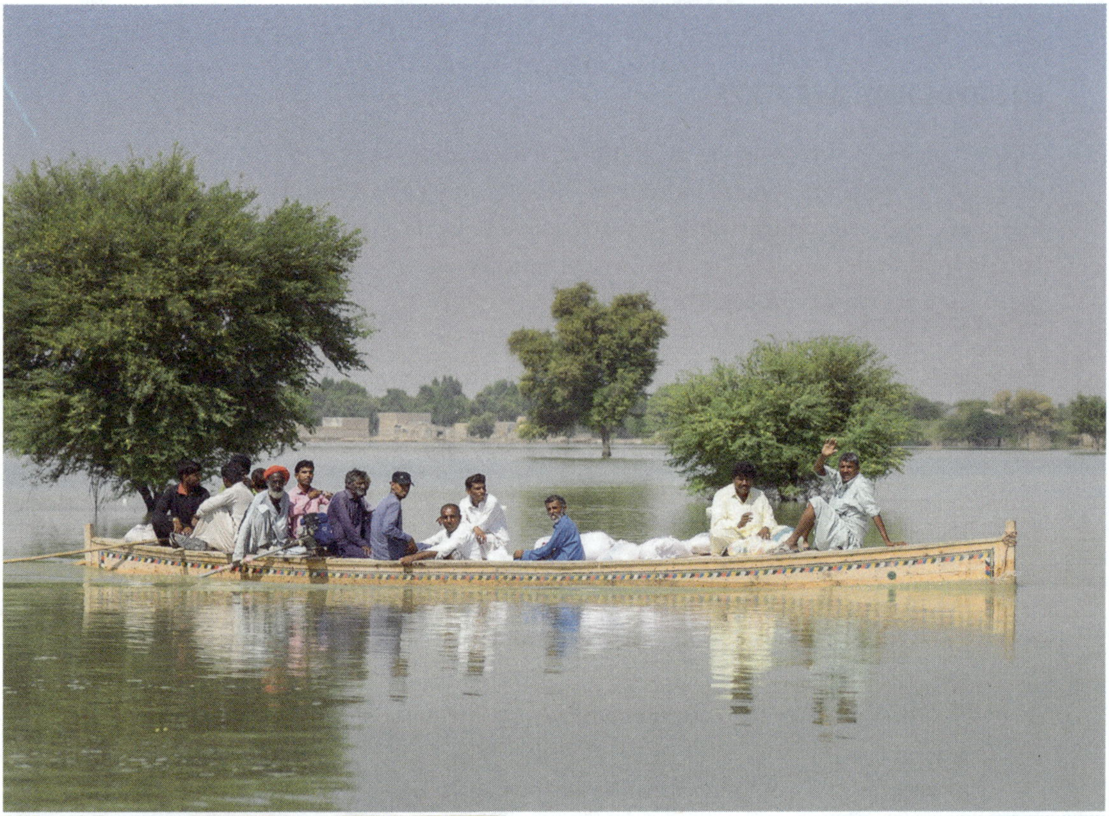

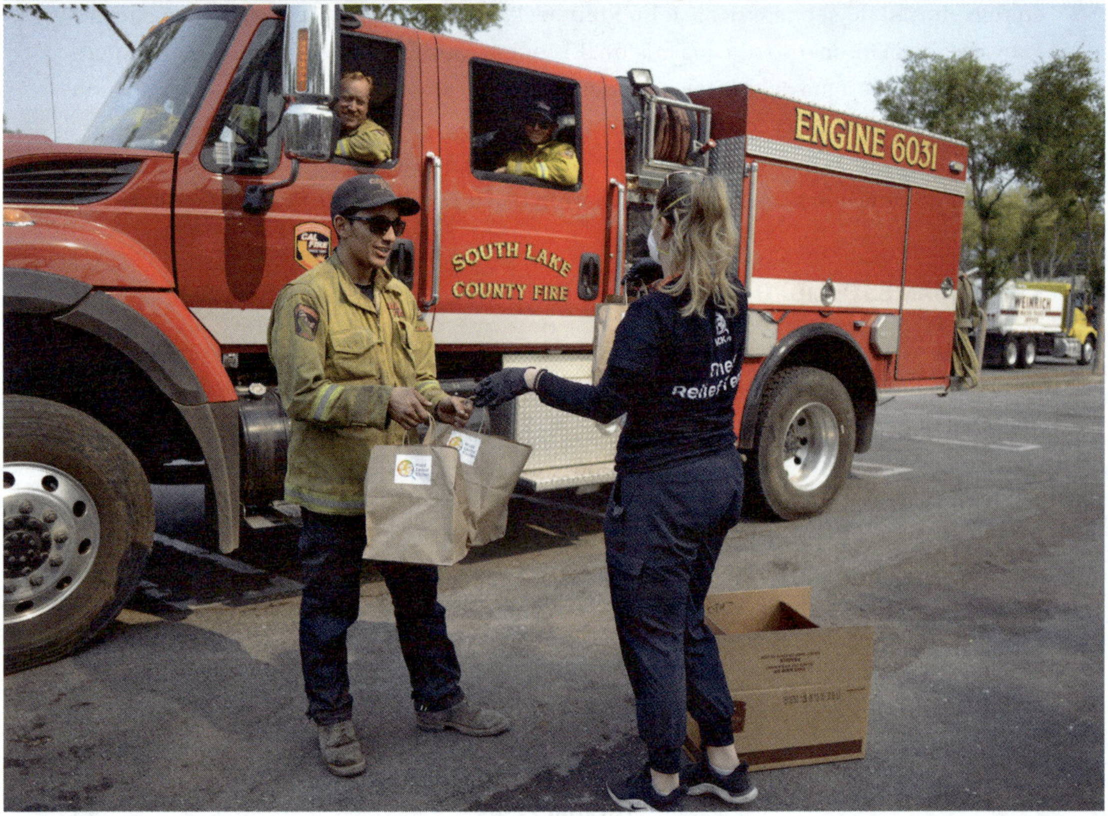
ENGINE 6031
SOUTH LAKE
COUNTY FIRE

Muchas de las recetas proceden de cocinas de WCK en todo el mundo y han sido desarrolladas por nuestro personal o por los voluntarios y socios que trabajan con nosotros. La mayoría se crearon para alimentar a muchas personas, pero hemos modificado las cantidades para obtener entre cuatro y seis raciones, sin sacrificar el alma del platillo. Pero si vas a cocinar para una gran multitud, en la página 35 encontrarás consejos para aumentar la cantidad que obtendrás de una receta.

Hay un grado de adaptación en muchas de las recetas que leerás. Por ejemplo, hemos incluido sustitutos culturalmente apropiados de los ingredientes más difíciles de encontrar. Es por eso que, si preparas una de nuestras recetas y el resultado no es igual a la vez que probaste esa elaboración en Indonesia, Ucrania o Haití, puede que se deba a que hemos ajustado la receta para hacerla accesible al público más amplio posible. En otras ocasiones hemos mantenido la elaboración tradicional. ¡El Rondón (pág. 251) no sería lo mismo sin caracoles y rabo de cerdo!

LOS CAPÍTULOS DE ESTE LIBRO

Los capítulos de este libro se estructuran en torno a uno de los valores fundamentales y las aspiraciones de WCK como organización: empatía, urgencia, adaptación, esperanza, comunidad, resiliencia y alegría. Te contamos brevemente qué esperar de cada uno.

EMPATÍA (PÁG. 44)

Ser capaz de ponerse en la piel de otros y comprender cómo se sienten es fundamental para la labor de WCK. Los miembros del equipo lloran y ríen con la gente, los abrazan y escuchan y aprenden sobre sus vidas. Las recetas de este capítulo son una muestra de amor y calidez; elaboraciones que requieren tiempo. Algunas se cuecen durante muchas horas (como los guisados de cocción lenta), o llevan especias tostadas molidas a mano, o ingredientes que se marinan toda la noche para que el platillo adquiera un sabor intenso. Se trata de platillos que llenarán tu cocina de un delicioso aroma y atraerán a todo el vecindario.

URGENCIA (PÁG. 77)

WCK desempeña buena parte de su trabajo en la carretera. Los refugiados y migrantes necesitan alimentos en sus desplazamientos. Y los turnos de los bomberos, sanitarios y el personal de emergencias hacen que, en ocasiones, se tengan que alimentar a base de tentempiés. Recibir una comida nutritiva y caliente les alegra el día. Los platillos de esta sección están pensados para la gente en movimiento. Desde hace siglos, alimentos que se pueden comer con las manos como los sándwiches, las arepas, los tacos o los tamales han servido para sostener a viajeros y trabajadores, y también a los niños (muchas de las recetas de esta sección son perfectas para las comidas de los más pequeños).

ADAPTACIÓN (PÁG. 114)

En 2006, Anthony Bourdain, quien fuera amigo íntimo de José, escribió sobre el «sistema D», un vocablo de la jerga culinaria con el que los chefs se refieren a la habilidad de salir airosos de cualquier situación. La «D» de su nombre viene del vocablo francés *débrouille* (o, si se prefiere, *démerde*), que significa resolver algo (o salir de la mierda; dependerá del tipo de cocina en el que se trabaje).

En el contexto de una catástrofe, hay mucho que resolver, por lo que el sistema D lo es todo para nosotros. Las recetas de este capítulo se adaptan a los retos que van surgiendo, hechas con sartenes, paelleras y charolas de horno con las que alimentar de forma rápida y sencilla a un gran número de comensales. Quizás te ayuden a adoptar el sistema D en tu propia cocina. Imagina: es la noche de un martes y tu refrigerador está vacío. ¡Llega el momento de adaptarse!

ESPERANZA (PÁG. 153)

Después de una catástrofe, la esperanza puede parecer inalcanzable. Pero como dice José, hay que mirar siempre hacia adelante, buscar un lugar donde haya luz y amor. Estas son las recetas que preparamos para dar esperanza a los afectados en una crisis, sopas y guisados que nutren y calientan el corazón, sancocho que alimenta el alma. Prepara siempre un poco de más y guárdalo en el congelador; nunca se sabe cuándo te hará falta un poco de esperanza.

COMUNIDAD (PÁG. 192)

Donde quiera que vayamos, la comunidad siempre está en el centro de todo lo que hacemos en World Central Kitchen. Vecinos que ayudan a sus vecinos, familias completas que se presentan como voluntarias, personas que se ayudan mutuamente en tiempos difíciles. La comunidad es lo que mueve WCK; sin ellos, la organización no existiría. Las recetas de este capítulo son perfectas para una cena comunitaria. Son, en su mayoría, vegetarianas y guarniciones, y todas están deliciosas. Además, modificar la cantidad que se obtiene es muy fácil, ya quieras dar de comer a tu familia o a cincuenta personas.

RESILIENCIA (PÁG. 225)

En WCK no solo alimentamos a las personas afectadas por una catástrofe, sino que ayudamos a reconstruir los sistemas alimentarios de las comunidades para que sean capaces de hacer frente a futuras crisis. Esta labor se llamó Programa de Resiliencia, y fue una parte importante de la organización durante años. Las recetas de este capítulo proceden de lugares en los que hemos apoyado los esfuerzos de reconstrucción (Haití, Puerto Rico, Guatemala y Bahamas), así como de otros en los que WCK ha colaborado con agricultores durante las operaciones de ayuda para mantener en marcha la economía local. Utiliza estos platillos para descubrir ingredientes nuevos: ¡valdrá la pena!

COMO DICE JOSÉ, HAY QUE MIRAR SIEMPRE HACIA ADELANTE, BUSCAR UN LUGAR DONDE HAYA LUZ Y AMOR.

ALEGRÍA (PÁG. 254)

Para terminar con un buen sabor de boca, tenemos dulces (¡y algún que otro coctel!). Como sucede con la esperanza, la alegría no es el primer sentimiento que te despierta una situación de crisis, pero jamás debemos perderla de vista. En caso de catástrofe, los niños son los más vulnerables. Es por eso que WCK les presta especial atención, y busca formas de darles un poco de alegría y felicidad. Los dulces de este capítulo (panes, pasteles y barritas) son una forma estupenda de hacer sonreír a un niño, incluso en la situación más difícil. Y, para los adultos, hemos desarrollado un par de bebidas, que se pueden disfrutar acompañadas de un dulce (¡o solas!).

SOBRE LAS RECETAS DE REPOSTERÍA

Las recetas que incluyen un elemento horneado (o una masa) especifican las cantidades necesarias tanto en volumen (tazas) como en peso (gramos). Incluimos el peso en gramos para una mayor precisión; cuando el equipo de WCK hornea algo, pesamos los ingredientes para asegurarnos de que todas las hornadas serán iguales entre sí.

Ese nivel de precisión no es tan importante en recetas sin ningún tipo de masa o rebozado. Es por eso que, en esas, no incluimos el peso en gramos. Sin embargo, en una receta como la del Pastel de pollo (pág. 123), compuesta tanto por una masa como por un guisado, las cantidades de esta primera deben ser más precisas que las del guisado. Así, hemos indicado el peso en gramos en una parte de la receta, pero no en la otra.

Si no tienes báscula, utiliza las medidas de volumen. Eso sí, la forma más sencilla de mejorar tus habilidades reposteras es conseguir una báscula de cocina digital: ¡son baratas!

LA DESPENSA DE WORLD CENTRAL KITCHEN

WCK cocina por todo el mundo y, allá donde vamos, descubrimos nuevos ingredientes, ya sean chiles poco comunes de Puerto Rico o el jamón curado de Kentucky. Vamos a los mercados, hablamos con agricultores y chefs, e intentamos probar tantos platillos locales como sea posible para entender el contexto culinario. A continuación, te presentamos algunos ingredientes que quizás no conozcas y otros para los que quizás necesites alguna aclaración adicional.

ACHIOTE

Esta especia tropical americana, conocida como achiote en México y onoto o bija en partes del Caribe y Sudamérica, se utiliza para teñir de un color rojo intenso los arroces, guisados y adobos de carnes y pescados (como la Sierra en escabeche, pág. 70). En los mercados latinos, el achiote se vende en forma de semillas secas, polvo, pastillas o pasta. En nuestras recetas lo solemos usar en polvo. El achiote no solo da color a los alimentos; también te manchará las manos, la ropa y los tazones. ¡Ten cuidado al manipularlo!

ASAFÉTIDA

Conocida como *hing* en hindi, la asafétida es la resina seca que se obtiene de la raíz de una hierba de la familia del apio. Tiene un olor penetrante y potencia los sabores de un platillo. La escritora gastronómica Priya Krishna afirma que «hace que la comida india sepa más india». Es muy importante en la receta de Dal tadka de Sanjeev Kapoor (pág. 223), pero si no lo encuentras, el platillo seguirá estando delicioso. La asafétida se puede encontrar en las tiendas de comestibles indias. En línea, está disponible en la página web Kalustyan.

QUESOS

Cotija. Queso curado elaborado con leche de vaca. Sus migas, de sabor salado, son el toque ideal si se espolvorean sobre los platillos. Originario de la ciudad de Cotija en Michoacán (México), es fácil encontrarlo en tiendas de alimentación latinas, incluso puede que lo veas en algunos supermercados. Si tiene problemas para encontrarlo, sustitúyelo por parmesano rallado o queso feta desmenuzado.

Queso fresco mexicano. Más suave y menos salado que el cotija, es ligeramente ácido y no está curado. Se puede sustituir por cotija en platos como las Baleadas (pág. 99) y los Chilaquiles (pág. 130).

Queso llanero. Por su sabor suave y lo bien que se funde, el llanero es el queso por excelencia de las Arepas venezolanas (pág. 109). Si lo tienes que sustituir, utiliza algún queso suave y fibroso, como queso Oaxaca mexicano o mozarela.

CHILES

Ancho. Los chiles anchos, chiles poblanos secos, se utilizan con asiduidad en la cocina mexicana y la del suroeste de Estados Unidos. Dulces y ligeramente picantes, son ideales para añadir un toque ahumado a adobos, salsas y sopas.

Guajillo. Chiles secos de sabor afrutado, y un grado de picante entre suave y medio. Se utilizan sobre todo en salsas y otras elaboraciones mexicanas como los Chilaquiles (pág. 130). Asegúrate de que los guajillos que uses tengan la piel lisa y brillante.

Habanero. Originario de la región amazónica de Perú, este pequeño chile es unas setenta y cinco veces más picante que un jalapeño. Los habaneros son muy apreciados por su sabor complejo, con notas cítricas, afrutadas y ahumadas.

Hatch. Estos chiles se cultivan exclusivamente en el valle de Hatch, en Nuevo México (Estados Unidos). Están de temporada entre agosto y septiembre, un momento muy esperado. Se suelen asar para realzar su sabor vegetal, ahumado y terroso. Si no encuentras chiles Hatch frescos o congelados para el Pozole de chile verde de Robert (pág. 189), utiliza chiles verdes en conserva.

Lombok. Originarios de la isla indonesia de Lombok, son básicos para preparar Sambal (pág. 289). Su nivel de picante es medio y tienen un sabor dulce. Si no los encuentras en un supermercado asiático, sustitúyelos por una mezcla de chiles tailandeses ojo de pájaro y pimienta cayena si te gusta el picante, o por chiles serranos rojos si prefieres un sabor más suave.

Pasilla. La versión seca del chile chilaca, tienen un sabor dulce, terroso y poco picante. Se usan en moles y otras salsas, a menudo junto con chiles anchos y guajillos (como en los Tamales, pág. 83). Deben su nombre a su aspecto arrugado, como de pasa.

Scotch bonnet. Llamados así por su forma (en inglés, *bonnet* es un tipo de sombrero), son extremadamente picantes, como los habaneros, y tienen un sabor tropical y dulce. También llamados chiles de Panamá, Jamaica, Bahamas o Martinica, son los más utilizados en el Caribe.

LECHE DE COCO

La leche de coco se elabora rallando cocos maduros y colando el líquido; aporta cremosidad y grasa a platillos y bebidas tanto dulces como salados. A menos que se especifique lo contrario, las recetas de este libro usan leche de coco entera sin edulcorar; la leche de coco edulcorada solo se usa en cocteles: Kremas (pág. 277) y Coquito (pág. 278). No utilices leche de coco baja en calorías; le falta la grasa que aporta cremosidad y sabor a los platillos.

MAÍZ

Harina de maíz. Se obtiene al moler maíz seco crudo. Puede ser harina de maíz fina, de textura similar a la harina de trigo, o gruesa, con granos de mayor tamaño y más arenosa. En el caso de la harina de maíz gruesa, el tamaño de la molienda puede ir de fino a medio o grueso; cuanto menos fina sea, más tardará en cocerse.

Sémola de maíz. Se elabora con harina de maíz gruesa o nixtamal, y se suele servir a modo de porridge, una papilla espesa. Introducida por los indígenas americanos en el siglo xvi, se ha convertido en uno de los platillos básicos de la cocina del sur de Estados Unidos, aunque cuenta con versiones en todo el mundo, como la *xima* de Mozambique (véase Camarones piri piri con sémola a la leche de coco de Eric, pág. 235).

Nixtamal. Este producto se obtiene mediante la nixtamalización, un proceso desarrollado en Mesoamérica hace miles de años (de hecho, la palabra es de origen náhuatl/azteca). Consiste en remojar los granos de maíz en una solución alcalina que modifica su estructura y mejora la disponibilidad de sus nutrientes. Los granos se pueden utilizar enteros (véase Pozole de chile verde de Robert, pág. 189) o molerse para obtener masa harina, la harina de maíz con la que se hacen tortillas, Tamales (pág. 83) y mucho más. El nixtamal de Rancho Gordo es de una calidad excepcional.

Masarepa. A diferencia de la harina de maíz, la masarepa, que se utiliza sobre todo para hacer Arepas (pág. 109), es una harina elaborada con maíz cocido antes de la molienda. Aunque muchas familias elaboran su propia masarepa moliendo maíz, te recomendamos que la compres en el supermercado (nos gusta la de la marca P.A.N.). Puedes usar tanto la amarilla como la blanca.

CILANTRO CIMARRÓN

Esta hierba de intenso sabor cítrico tiene muchos nombres: culantro o recao en Puerto Rico y la República Dominicana, *ngo gai* en Vietnam, *coulante* en Haití y *shado beni* o *chadon beni* en las zonas anglófonas del Caribe. Aunque a menudo se confunde con el cilantro común, tiene un aspecto y sabor propios: sus hojas son largas y dentadas y su sabor, mucho más potente y amargo. Si no lo encuentras, sustitúyelo por cilantro o una mezcla a cantidades iguales de cilantro y perejil.

FARRO

Este cereal, que ya alimentaba a los soldados romanos, pertenece a la familia del trigo y queda blando al cocerse, con una textura algo más gomosa que la de la cebada. Puede usarse en lugar de arroz, para espesar sopas o añadir textura a las ensaladas (véase Ensalada de zanahoria y farro de Brooke, pág. 209). Asegúrate de que no compras farro de cocción rápida o perlado, pues pierde su textura al cocerse.

FREEKEH

Este cereal, cuyo nombre viene de la palabra árabe «frotar», es un tipo de trigo joven que se cosecha antes de que termine de madurar. Después, se quema y se frota para eliminar la paja. Esta técnica ancestral, que se practica en Oriente Medio desde hace cientos de años, le confiere un sabor ahumado y a frutos secos (véase Freekeh de Kamal con cebolla caramelizada, pág. 246).

GALANGA

De aspecto similar a su primo el jengibre, la galanga es más fuerte y astringente, con notas a pino, picantes y cítricas, y una textura seca y fibrosa. Pélala antes de cortarla en rodajas o rallarla, o aplasta la raíz entera, como se hace en el Rendang de ternera (pág. 51). Aunque encontrar galanga seca sea más fácil, la fresca tiene más sabor. La encontrarás en tiendas de alimentación del sudeste asiático.

YACA

La yaca, protagonista del platillo indonesio Sayur gori (pág. 204), es una fruta tropical de gran tamaño que se cultiva en el sur y el sureste asiáticos. Pariente lejano de los higos, tiene una pulpa dulce y de sabor tropical cuando está maduro. Cuando todavía no ha madurado, su principal atractivo es su textura: es carnosa y agradable, perfecta para preparar curris y guisados sin carne. Hierve tu propia yaca o cómprala en conserva.

HOJAS DE LIMA MAKRUT

Ingrediente importante de la cocina tailandesa, las hojas de lima makrut son muy aromáticas y tienen un intenso sabor cítrico. Las hojas se añaden enteras o en tiras finas a los platillos de arroz frito, a las sopas y a los curris, como sucede con el Curri de cordero Massaman (pág. 182). En las tiendas de alimentación asiáticas las encontrarás frescas, congeladas o secas. Recuerda que, cuanto más tiempo haya pasado la hoja lejos del árbol, menos sabor aportará. Si usas las hojas enteras, retíralas antes de servir el plato, como harías con las hojas de laurel.

ÑAME

Este tubérculo de grandes dimensiones es un alimento básico de la cocina caribeña. Llegado a América desde África a través del comercio de esclavos, tiene una piel dura, similar a una corteza. La pulpa es seca, de un pálido color amarillo y su sabor, suave y similar al de los frutos secos. Es tan versátil como las papas; se sirve hervido, frito o en guisados como el Rondón (pág. 251). Lo encontrarás en tiendas de alimentación latinas, caribeñas o de África Occidental.

CHÍCHARO GANDUL

Esta legumbre se cultiva y consume en todas las zonas tropicales del mundo, desde el subcontinente indio hasta el Caribe. Los chícharos gandul partidos, que en hindi se llaman *toor dal*, son uno de los ingredientes del Dal tadka de Sanjeev Kapoor (pág. 223). Se pueden comprar en tiendas de alimentación indias o en tiendas de especias *online* como Kalustyan.

PLÁTANO MACHO

Parientes de la banana, los plátanos macho se cultivan y consumen en todo el mundo tropical. Cuando están verdes, se suelen comer fritos en platos como el Bannann peze (pág. 288) o en sopas y guisados como el Rondón (pág. 251) y el Sancocho (pág. 181). Los plátanos machos maduros, ya de color amarillo, se utilizan en recetas tanto saladas como dulces.

ARROZ

El arroz es uno de los alimentos básicos más comunes en el mundo, el sustento diario de miles de millones de personas. En este libro utilizamos varios tipos diferentes: arroces de grano largo como el basmati y jazmín, y de grano medio (utiliza el de las marcas Arroz Rico o Botan), como en el caso del Arroz con pollo a lo Manolo (pág. 147). Si lo prefieres, puedes utilizar arroz integral. Eso sí, ten en cuenta que los tiempos de cocción y las proporciones de agua y arroz variarán.

RON

Bebida destilada a partir del jugo de la caña de azúcar o de la melaza, el ron se elabora en todo el Caribe y más allá. El ron blanco, como el ron Don Q Cristal utilizado en el Ron sour

(pág. 281), no se envejece, mientras que los rones dorados como el Barbancourt que se usa en el Kremas (pág. 277), pasan años en barricas de roble. Una pequeña diferenciación: llamamos ron agrícola al elaborado con jugo puro de caña de azúcar; el resto de los rones utilizan melaza (el derivado del azúcar oscuro y pegajoso).

SAL

En la mayoría de las recetas de este libro usamos sal kosher, pero es importante que recuerdes hay diferencias entre las distintas marcas (algunas sales son más gruesas y esponjosas). Ve probando el platillo conforme lo elaboras para adaptarlo a tu gusto. En algunas recetas, especialmente las que vienen de islas, usamos sal marina en lugar de kosher. Muchas de las recetas de repostería de este libro usan sal marina fina o sal de mesa; sus cristales son más finos y se disuelven más fácilmente, lo que hace que no haya bocados demasiado salados en el resultado final.

PESCADO Y MARISCOS

Bagre. Pescado de carne blanca que se encuentra en las aguas costeras de casi todos los continentes. Tiene un sabor dulce y suave y una textura firme que resiste bien la fritura en sartén. Es increíblemente versátil y se puede aderezar con salsas, adobos o especias, como en los Sándwiches de bagre a las especias de Marcus Samuelsson (pág. 91). Si no encuentras este pescado, sustitúyelo por tilapia.

Caracol. Uno de los ingredientes autóctonos más preciados de las Bahamas, es un caracol marino de carne blanca, firme y masticable, similar a la de los calamares. Se sirve de diversas formas en todo el Caribe, desde ensaladas hasta buñuelos y frituras, pasando por los guisados (véase Rondón, pág. 251). Este ingrediente no suele estar disponible fresco fuera del Caribe, por lo que deberás adquirirlo en conserva. A menudo, lo encontrarás etiquetado con su nombre italiano, *scungilli*.

Bacalao en salazón. La salazón es una técnica de conservación del pescado centenaria. El bacalao se debe rehidratar dejándolo en remojo durante 24 horas antes de utilizarlo en platillos como el Bacalao al club Ranero (pág. 73). ¡Tenlo en cuenta a la hora de preparar platillos con este ingrediente! Compra bacalao con piel.

Huachinango. Se encuentra en todo el Caribe y en la costa atlántica media estadounidense. Es un pescado blanco muy apreciado por su delicado sabor: pruébalo en el Suquet de huachinango de José (pág. 157). Si no lo encuentras, sustitúyelo por rape (que, de hecho, es el pescado que utilizan muchas de las recetas de *suquet* catalanas).

TARO

Este tubérculo, también conocido como *eddo* o *dasheen*, es un básico en de las cocinas africana, caribeña, de las islas del Pacífico (véase Soupe joumou, pág. 163) y del sudeste asiático. Su alto contenido en oxalato cálcico hace que sea venenoso crudo, pero, si se cocina, es perfectamente apto para el consumo (¡y está delicioso!): tiene un sabor dulce y similar a los frutos secos y en su interior alberga un caleidoscopio de pecas moradas. Para evitar irritaciones cutáneas, utiliza guantes al manipular el taro crudo.

YUCA

La yuca (o mandioca) es una raíz muy utilizada en la cocina caribeña, sudamericana y africana. Se prepara en forma de buñuelos, frita, en purés y en guisados (véase Sancocho, pág. 181). Igual que el taro, es venenosa si se consume cruda, por lo que siempre hay que cocinarla.

CÓMO MODIFICAR LAS CANTIDADES DE UNA RECETA

Hay que tener algunas cosas en cuenta para que las recetas de este libro, pensadas para alimentar a una familia, puedan dar de comer a una multitud. Pero si descubres el truco, serás capaz de tomar cualquier platillo de este libro y prepararlo para tantas personas como quieras.

FAMILIARÍZATE CON LA RECETA

Antes de empezar, responde a estas preguntas: ¿qué ingredientes necesitas y cómo tienes que prepararlos? ¿Qué sabores son los más importantes y cómo se traducen en el resultado final? ¿Cómo se crea sabor a lo largo del proceso? Y sobre las texturas: ¿cuál debe ser la de cada uno de los componentes de la receta? ¿Y la del platillo final en su conjunto?

Si quieres preparar una receta para mil comensales, antes deberías probar a cocinarla para cuatro unas cuantas veces. ¿Qué te gusta del resultado? ¿Hay algo que no te convence? ¿Has detectado diferencias entre las veces que has preparado la receta? ¿Sabes qué hiciste diferente cada vez?

Poder responder a estas preguntas te ayudará a la hora de modificar las recetas.

HAZ LAS CUENTAS

Quizás estés seguro de que quieres preparar X gramos de proteínas, Y gramos de verduras y Z gramos de cereales. Pero has de saber que los ingredientes crudos no pesan lo mismo después del cocinado, pues pierden o ganan agua. Si en la cultura para la que estamos cocinando lo habitual es que cada comensal consuma 100 gramos de proteína en cada comida y vamos a alimentar a mil personas, es importante que, cuando terminemos, tengamos 100 kg de proteína *cocinada*. Pero para eso, tenemos que averiguar cuánto producto bruto necesitaremos. Digamos que estamos cocinando falda de ternera: según el Departamento de Agricultura de Estados Unidos (USDA), la falda cocida pesa aproximadamente un 70% de lo que pesaba cruda. Por tanto, necesitaríamos unos 142 kg de falda cruda.

El USDA también da directrices sobre las verduras: las zanahorias cocidas y cortadas en rodajas rinden alrededor del 76% de su peso original en crudo; los pimientos, alrededor del 73%. Obtener el peso final exacto no es tan importante en el caso de las verduras, pues solemos servir una mezcla de ellas. Basta con que sepamos que el peso original se reducirá entre un 20 y un 30% por la pérdida de agua durante la cocción.

Los cereales funcionan al revés: el arroz, la cebada y otros granos se expanden al cocinarse, por lo que con 450 gramos crudos se obtienen entre 900 gramos y 1.8 kg una vez cocidos. Si usas arroz, prepara media taza de arroz crudo por persona; es una ración abundante, pero así seguro que todos tendrán suficiente. ¡Las matemáticas son útiles! Haz los cálculos necesarios antes de salir a comprar y obtendrás la cantidad adecuada para alimentar tantas bocas como necesites.

PLANIFICA CON ANTELACIÓN

Puede que ir preparando las cosas sobre la marcha no sea demasiado difícil si cocinas para cuatro personas, pero si lo haces para cien o más, es importante que hagas todo este trabajo previo antes de empezar. Los tazones son tus amigos: si la cebolla y el ajo se hacen a la vez, pícalos y ponlos en el mismo *bowl*. Utiliza otros tazones para colocar las especias, las verduras y la carne. De este modo, conforme avances en la receta, estarás organizado y listo para cada paso.

Date más tiempo para preparar cantidades grandes de lo que harías con cantidades más pequeñas; no solo necesitarás más tiempo de preparación, los ingredientes también tardarán más en estar listos en los recipientes más grandes. Sabes cuánto tardas en cortar, limpiar y preparar los ingredientes; planifica en consecuencia. Calcula también algo más de tiempo de cocción del que dedicarías a una cantidad menor en caso de que se alargue más de lo previsto.

UTILIZA EL MATERIAL ADECUADO

Si vas a cocinar para cientos o miles de personas, necesitarás recipientes mucho más grandes. Por ejemplo, nosotros utilizamos una sartén basculante con capacidad para 60 litros (una herramienta de cocina industrial que inclina la sartén hacia delante para verter los alimentos cocinados en los recipientes en los que servimos). Si vas a cocinar para unas cien personas, consigue una olla de 47 litros.

En WCK también trabajamos a menudo con paelleras; son de lo más versátiles y fáciles de transportar, y no se necesita ninguna infraestructura para instalarlas en las cocinas de campaña. Basta con una paellera y una botella de combustible. Utilizamos paelleras con diámetros entre 90 cm y 1.2 m. Te explicamos brevemente cómo va la cosa. Eso sí, ten en cuenta que el número de raciones que obtendrás no solo depende de la circunferencia, la profundidad también importa: de una paellera de 38 cm se obtienen 10-12 raciones; de una de 55 cm, 25-30; de una de 96 cm, 200-250; y, de una de 1.3 m, unas 500 raciones.

World
Central
Kitchen

Keep on

No olvides que, para remover los contenidos de estas ollas y sartenes tan grandes, necesitarás utensilios adecuados. ¡Nosotros utilizamos palas o cucharas de hasta 1.2 metros de largo!

Quizás también tengas que ampliar el resto del equipamiento. Si necesitas una amasadora, licuadora o batidora, no es mala idea adquirir una de tamaño comercial.

POTENCIA EL SABOR

Al modificar las cantidades de una receta, piensa en qué debes hacer para potenciar el sabor. ¿Cómo vas a lograr un resultado espectacular? ¿Será necesario que la proteína marine toda la noche y no solo unas horas? ¿Necesitas más pasta de especias o tostar más las especias? ¿Deberías dedicar más tiempo a dorar la carne ahora que el volumen es mucho mayor? Cuando cocinas para cientos o miles de personas, es fácil perder sabor y que el resultado sea como de comedor de escuela. Pero si tomas las bases de cómo potenciar el sabor de una receta y les sacas el máximo partido, el resultado tendrá el sabor que buscabas.

PRUEBA, PRUEBA, PRUEBA

Prueba el platillo en *cada* paso del proceso. Pruébalo tantas veces que, cuando lo sirvas, ya no tengas hambre. Así es como aprenden los profesionales; prueban todo tipo de platillos decenas, cientos, miles de veces. Así, cuando llegan a la cocina y empiezan a trabajar, saben qué quieren hacer e incluso cómo sabrá. ¡Deja que tu paladar te sirva de guía!

TEN CUIDADO CON EL CALOR RESIDUAL

El calor residual que albergan los alimentos es mayor cuando se cocinan cantidades más grandes. Nosotros lo utilizamos a nuestro favor: nos viene genial para mantener caliente la comida cuando la transportamos. Pero a veces afecta negativamente a los platillos. El arroz, las verduras y la pasta se reblandecen rápidamente y las carnes pasan de estar tiernas a endurecerse si no se tiene cuidado.

En el caso de la pasta, dejamos de cocer antes de que esté al dente, pues sabemos que se seguirá cociendo hasta alcanzar la textura adecuada. El pollo y la carne, sin embargo, los cocinamos por completo, de forma adecuada y segura: utilizamos un termómetro para asegurarnos de que hayan alcanzado una temperatura segura, y, a continuación, los retiramos del fuego para que no se hagan de más. También es importante saber que el calor residual afecta de forma diferente a los distintos cortes de carne, y algunos son más tolerantes que otros. Así, si vas a preparar una gran cantidad de una receta y te preocupa que se cocine demasiado, decántate por la espaldilla de cerdo en lugar del lomo, los muslos de pollo en lugar de las pechugas y el redondo de ternera en lugar de filetes. Es cuestión de ensayo y error y, a veces, la única forma de acertar es equivocarse la primera vez e ir perfeccionando la técnica.

APRENDE A RECONSTRUIR TUS PASOS

No solo debes conocer la receta en el orden en el que la preparas, también debes poder ir *hacia atrás*. Una vez que hayas pasado por todos estos pasos, tendrás una idea clara del aspecto, tacto, olor y sabor del platillo en cada uno de ellos. El objetivo es un producto final, claro, pero ¿cómo se llega a él? Hay ingredientes que se descomponen por completo al incluirlos en lotes grandes con tiempos de cocción más largos. El pimiento morrón en cubos, por ejemplo, prácticamente desaparecerá a lo largo de la cocción. Así que si quieres que la textura y el color del pimiento se aprecien en el platillo cuando lo sirvas, añádelo más tarde durante la cocción, o prueba a añadirlo en dos tandas: al principio para que la receta tenga su sabor y más adelante para que se siga viendo en el plato final.

Como todo lo que hace WCK, modificar las cantidades de una receta no es una ciencia exacta. No es tan fácil como introducir una fórmula y, *voilà!,* todo está calculado a la perfección. El camino al éxito de nuestros chefs lo dictan los matices, el ir probando, la colaboración y la intención. Si quieres practicar con una receta sencilla y que estará rica hagas lo que hagas, empieza con el Chili del parque de bomberos (pág. 42). Así que ya solo queda que consigas una olla grande y muchas cucharas de degustación ¡y empieces a cocinar para las masas! ¡Buena suerte!

Pet 100 Vets
50 Safeway CALISTOGA
16 oz. Containers
Natural
Count Combo
Bases,240 Lids

CHILI DEL PARQUE DE BOMBEROS

Esta versión del chili con carne es la más básica y deliciosa que existe, el ideal platónico del chili de ternera. Lo solemos preparar en California durante la temporada de incendios forestales, pues se trata de uno de los alimentos más apreciados por los bomberos. Quizás pienses que la cucharada de harina de maíz gruesa es una cantidad insignificante, pero tiene una doble función: espesa el guisado y añade un ligero sabor dulce a maíz, como si el platillo fuera acompañado de una rebanada de pan de maíz. Es una receta sencilla, perfecta para probar la modificación de las cantidades. Prepárasela a tu familia para familiarizarte con los sabores, las especias, los tiempos y los pasos. Una vez que domines la receta, atrévete con la versión para cien personas (¡necesitarás una olla más grande!). Y si tienes más bocas que alimentar, empieza por la versión para cien comensales y ve aumentando las cantidades siguiendo los consejos de la página 35.

ELABORACIÓN. (Las instrucciones entre paréntesis son para obtener 100 raciones).

1. Calienta el aceite a fuego medio-alto en una olla grande (o una olla de 47 litros o una paellera muy grande). Sofríe la cebolla y el ajo hasta que estén translúcidos, de 3 a 5 minutos (de 10 a 12 minutos). Agrega la carne molida, desmenuzándola mientras la mezclas con la cebolla de 2 a 4 minutos (de 8 a 10 minutos), hasta que la carne empiece a soltar algo de líquido.

2. Incorpora el concentrado de jitomate, el chile triturado, el comino, el orégano, la mostaza en polvo, la paprika, la sal y la pimienta. Sigue cocinando y removiendo hasta que las especias desprendan su aroma, aproximadamente 1 minuto (unos 5 minutos). Añade el caldo de ternera, el jitomate triturado, los chiles, los frijoles rojos, los frijoles negros y la harina de maíz gruesa y llévalo a ebullición. Reduce el fuego y deja cocer a fuego lento, sin tapar, hasta que espese ligeramente y cubra el dorso de una cuchara, aproximadamente 1 hora.

3. Pruébalo y ajusta el punto de sal y pimienta. Sirve el chili en un tazón, con cebollas cambray y queso rallado encima.

PARA 4-6 PERSONAS	PARA 100 PERSONAS	INGREDIENTE
1 cucharada	1¼ de taza	**aceite de oliva extra virgen**
1	3.4 kg	**cebolla amarilla mediana cortadas en cubos**
4	450 g	**dientes de ajo picados**
1 g	9 kg	**carne molida de ternera**
2 cucharadas	2½ tazas	**concentrado de jitomate**
17 g	1¾ tazas	**chile triturado**
2 cucharaditas	¾ de taza	**comino molido**
1 cucharadita	½ taza	**orégano seco**
1 cucharadita	½ taza	**mostaza en polvo**
½ cucharadita	¼ de taza	**paprika dulce**
1 cucharada	1 taza	**sal kosher (véase Nota en la página siguiente)**
½ cucharadita	¼ de taza	**pimienta negra recién molida**
3 tazas	15 l	**caldo de ternera**
1 lata (790 g)	5 latas (#10)	**jitomate triturado**
1 lata (113 g)	10 latas (200 ml)	**chiles verdes picados (Ortega o Hatch)**
1 lata (439 g)	3 latas (#10)	**frijoles rojos escurridos y lavados**
1 lata (439 g)	3 latas (#10)	**frijoles negros escurridos y lavados**
1 cucharada	1½ taza	**harina de maíz gruesa**
1 manojo	2.3 kg	**cebollas cambray picadas finas**
½ taza	900 g	**queso rallado (cheddar, Monterey Jack o mezcla)**

Nota: cuando el volumen de sal es muy grande, las diferencias entre marcas se hacen muy notables. En nuestras recetas utilizamos Diamond Crystal; si utilizas Morton's, es probable que necesites menos. ¡Aunque ya sabes que la clave está en probar, probar y probar!

EMPATÍA

ESTOFADOS Y GUISADOS DE COCCIÓN LENTA

Todos tenemos una profunda reserva de empatía, algo a lo que podemos acceder si sabemos dónde buscar. En todos los lugares en los que he estado, he visto a vecinos que se ayudan mutuamente, a comunidades que se apoyaban en tiempos de crisis. Cuando la oscuridad lo nubla todo, lo mejor de la humanidad sale a la luz.

Sin empatía, nada funciona.

JOSÉ ANDRÉS

World
Central
Kitchen

CIERRA LOS OJOS. Imagina que un incendio forestal ha arrasado tu barrio: tus pertenencias son cenizas, no sabes dónde está tu mascota, no tienes cobertura y no sabes nada de tu familia que vive en otra parte de la ciudad. O puede que no fuera un incendio, sino un huracán, un tornado o una inundación que ha asolado tu comunidad, derribando árboles y segando vidas a su paso. ¿Te imaginas la desesperación?

Ponerse en la piel de los afectados por una catástrofe es la mejor manera de despertar la empatía que todos necesitamos en tiempos de crisis. Una de las convicciones básicas de WCK es que la mejor forma de mostrar empatía y humanidad es a través de la comida: platillos caseros y reconfortantes que se cocinan lentamente y van adquiriendo sabor con el paso de las horas. La intención es que el sabor transporte a los comensales a una cocina agradable, a una cena de domingo con familia y amigos. El amor es palpable en estos platillos en los que el sabor de las especias va floreciendo, la carne se deshace por el calor constante y la salsa se espesa y se enriquece mientras todo hierve durante horas a fuego lento.

PONERSE EN LA PIEL DE LOS AFECTADOS POR UNA CATÁSTROFE ES LA MEJOR MANERA DE DESPERTAR LA EMPATÍA QUE TODOS NECESITAMOS EN TIEMPOS DE CRISIS.

Solemos incluir un estofado en la rotación de recetas de nuestras misiones. A menudo, la receta es de un chef local que sabe qué sabores evocarán una sensación de hogar en quienes degustan nuestros platillos. Hay casos en los que lo más importante es repartir comida lo más rápido posible (véase el capítulo «Urgencia», pág. 77), y otras en las que podemos tomarnos todo el día para crear un platillo que despierte algo más profundo.

Las recetas de este capítulo pertenecen a esta segunda categoría. Es cierto que requieren trabajo, pero las horas que dediques a cocinar a fuego lento y crear sabor poco a poco demostrarán a las personas a las que alimentas que te importan de un modo que es casi imposible expresar de otra manera. Y es que el Pollo guisado (pág. 63) de la isla caribeña de San Vicente y las Granadinas pasa toda la noche en un adobo de hierbas de color verde intenso para alcanzar todo su sabor; la Sierra en escabeche (pág. 70)

puertorriqueña, días en una mezcla de ajo y granos enteros de pimienta negra, ácida y picante; y el Griot haitiano (pág. 52) se cocina no una vez, sino dos, lo que resulta en cubos de cerdo tiernos y maravillosamente brillantes.

Además de descubrir nuevas recetas, te presentaremos a dos cocineros que se adentran en las culturas y tradiciones locales para ayudar a otros a crear calor en la cocina. La chef Mi-Sol Chevallier (en la imagen de la derecha con estudiantes de la École des Chefs en 2018), fue una de las primeras integrantes del equipo de WCK y dirigió nuestra escuela culinaria en Puerto Príncipe (Haití) de 2015 a 2022. Ha sido una matriarca protectora, la líder de un esfuerzo constante por elevar el nivel de la cocina y la hospitalidad en el país, y compartido sus ideas con cientos de estudiantes a lo largo de los años. Brian Yazzie (en la imagen de arriba) es un chef diné (navajo) que lleva ingredientes y técnicas tradicionales a las comunidades indígenas de la zona de Minneapolis. En los peores momentos de la pandemia de covid-19, colaboró con WCK y, junto con su equipo, ayudó a alimentar a los ancianos de la ciudad.

La buena cocina es, precisamente, esto. No se trata de la sal, las especias o la textura, sino del tiempo y la intención dedicadas a preparar una receta. La empatía consiste en mirar el mundo a través de los ojos de otra persona, en escuchar sus experiencias pasadas y su realidad actual; es un ingrediente intangible que hará de tus platillos algo inolvidable.

WORLD
kitchen

***Nota*:** el rendang se puede congelar sin problemas.]De hecho, muchos indonesios que viven fuera del país piden a sus familiares que vienen de las islas que les traigan rendang congelado para disfrutar del sabor de casa.

RENDANG DE TERNERA

El rendang, un guisado de cocción lenta en leche de coco y especias, es uno de los platillos nacionales de Indonesia. Es originario de Sumatra Occidental. Durante la cocción, la carne absorbe el sabor y el líquido de la leche de coco. Se conserva durante días o semanas, por lo que es un buen platillo al que recurrir cuando tenemos que repartir alimentos en zonas rurales, como WCK ha hecho en múltiples ocasiones tras el paso de tifones y terremotos, o después de una erupción volcánica. La ternera cocida queda increíblemente tierna y la salsa espesa mantiene el guisado caliente durante horas. Receta para ocasiones especiales, que se sirve en bodas o fiestas, aporta alegría incluso en momentos difíciles.

PARA 4-6 PERSONAS

PARA LA PASTA DE ESPECIAS

4 **chiles de árbol** o **de Sichuan** secos con tallo

2 **pimientas cayenas frescas** grandes u otros chiles rojos frescos de picor medio picados (sin semillas para reducir el picante)

1 **chalota** grande picada gruesa

6 **dientes de ajo** picados gruesos

un trozo de 5 cm de **cúrcuma fresca** pelada o 2 c. c. de cúrcuma molida

¼ de taza de **nueces de macadamia**

¼ de c. c. de **sal kosher**

PARA EL GUISADO

2 c. s. de **aceite neutro**

2 c. s. de **azúcar morena**, y un poco más al gusto

2 **tallos de citronela** aplastados y anudados (véase Nota, pág. 204)

un trozo de 5 a 7 cm de **galanga** aplastada

4 **hojas de lima makrut**

2 **hojas de laurel**

2 **ramitas de canela**

2 c. c. de **sal kosher**, y un poco más al gusto

1 c. c. de **cilantro molido**

900 g de **falda** o **ternera para guisar** cortada en cubos de 4-5 cm

1 lata (400 g) de **leche de coco**

arroz blanco de grano largo al vapor, para acompañar

Sambal (opcional; pág. 289), para acompañar

1. PARA LA PASTA DE ESPECIAS: lleva a ebullición un cazo con agua. Cuece los chiles secos 2 o 3 minutos, hasta que estén tiernos y blandos. Escúrrelos e introdúcelos en un mortero (o una licuadora/procesador de alimentos). Agrega los chiles frescos, la chalota, el ajo, la cúrcuma, las nueces de macadamia y la sal. Con el mortero (o la licuadora) tritura y machaca los ingredientes hasta obtener una pasta espesa de color naranja.

2. PARA EL GUISADO: calienta el aceite a fuego medio-alto en un wok o sartén honda. Saltea la pasta de especias 4 o 5 minutos, removiéndola con frecuencia, hasta que desprenda su aroma. Agrega el azúcar morena, la citronela, la galanga, las hojas de lima, las hojas de laurel, la canela, la sal y el cilantro, y remueve bien.

3. Incorpora la ternera, removiendo para que la carne se cubra de la pasta de especias. Cuece a fuego medio-alto, removiendo de vez en cuando, hasta que la carne se dore ligeramente, unos 5 minutos. Añade 2 tazas de agua y llévalo a ebullición. Vierte la leche de coco, baja el fuego, remuévelo bien, cúbrelo y deja que la carne se haga a fuego lento durante 1 hora, removiendo cada 15-20 minutos.

4. Después de 1 hora, destapa el guisado y sigue cociéndolo hasta que la salsa esté bien espesa y la carne se empiece a deshacer, unos 45 minutos más. Pruébalo varias veces y rectifica el sabor con sal o azúcar morena según sea necesario.

5. Cuando la salsa haya espesado, sube el fuego a medio-alto y sigue cocinando, removiendo constantemente, hasta que la carne haya absorbido casi toda la salsa y el aceite se empiece a separar. El tiempo dependerá del tamaño de la sartén, pero es probable que se necesiten de 10 a 20 minutos. Llegados a este punto, la carne se empezará a caramelizar y adquirirá un tono dorado más intenso a medida que se «fríe» en el aceite. ¡Eso es bueno! Deja que se caramelice de 10 a 15 minutos, sin dejar de remover hasta que la carne se pueda desmenuzar fácilmente con un tenedor.

6. Retira la citronela, la galanga, las hojas de lima, las hojas de laurel y las ramitas de canela. Sirve el guisado caliente acompañado de arroz. Si se quiere, se puede acompañar también con sambal.

GRIOT HAITIANO

En Haití, el griot es una comida para ocasiones especiales. Su nombre procede de África Occidental, donde los *griots* y *griottes* son líderes comunitarios, narradores tenidos en muy alta estima. Antes, este guisado de cerdo en cubos en un adobo de sabor intenso y aderezado con lima que después se asa o fríe era caro y se consideraba un lujo reservado para las personas importantes y las ocasiones especiales. Pero ahora que comprar carne de cerdo importada (la raza autóctona fue exterminada tras una infame campaña internacional en la década de 1980) es barato, se ha convertido en uno de los platillos estrella de las fiestas. Se puede colocar en el centro de la mesa y comerse con palillos o, si quieres que sea el plato fuerte de una comida, servirlo acompañado de Pikliz (pág. 290), una ensalada de col picante en escabeche, y Bannann peze (pág. 288), plátano macho frito. Los sabores ácidos y picantes del pikliz contrastan con la untuosidad del griot, mientras que los plátanos fritos crujientes aportan una textura distinta. Si tienes pensado preparar otros platillos haitianos como la Soupe joumou (pág. 163), dobla la cantidad de Épis (pág. 290). Así tendrás más que suficiente.

PARA 4-6 PERSONAS

2 c. s. de **aceite de oliva extra virgen**
900 g de **espaldilla de cerdo deshuesada** sin piel ni exceso de grasa cortada en cubos de 4-5 cm
¼ de taza de **Épis** (pág. 290)
8 **clavos enteros**
1 **cebolla amarilla** mediana pelada
8-10 **ramitas de perejil fresco**
5-6 **ramitas de tomillo fresco**
4 **dientes de ajo** medianos pelados
1 **chile Scotch bonnet** u otro chile picante
1½ c. c. de **sal marina gruesa**, y un poco más al gusto
El jugo de 2 **limas**
Pikliz (pág. 290) para acompañar
Bannann peze (pág. 288) para acompañar

1. El día de antes, calienta el aceite de oliva a fuego medio-alto en una olla de fondo grueso o una cazuela de hierro fundido hasta que brille y desprenda su aroma. Añade la carne (hazlo en tandas, si es necesario, para no llenar la sartén de más) y dórala por todos los lados; no tiene que quedar perfecto, pero sí dorarse en la mayoría de las superficies. Retira la olla del fuego y agrega el épis, removiendo para que cubra la carne. Tapa la olla y deja que el guisado se enfríe a temperatura ambiente de 20 a 30 minutos. Después, pásalo al refrigerador. Déjalo marinar 6 horas como mínimo, o durante toda la noche.

2. Al día siguiente, empieza preparando una *oignon clouté* (un potenciador del sabor tradicional francés cuyo nombre significa, literalmente, «cebolla claveteada»): inserta el extremo puntiagudo de los clavos por toda la superficie de la cebolla. Saca la olla con el cerdo del refrigerador, destápala y añade la cebolla claveteada y agua hasta cubrir la carne. Ata los tallos de perejil y tomillo con hilo de cocina y agrégalos a la olla junto con el ajo, el Scotch bonnet y la sal marina. Llévalo a ebullición, baja el fuego a medio y cuécelo a fuego lento, sin tapar, hasta que la carne esté tierna, pero no se deshaga, unas 2 horas. Con una cuchara, espuma la superficie de vez en cuando.

3. Unos 30 minutos antes de que la carne esté lista, calienta el horno a 200 °C.

4. Cuando la carne esté tierna, usa una espumadera para pasarla a una charola grande para hornear. Separa el líquido de cocción y reserva 1 taza (guarda el resto del líquido de cocción para usarlo en otros platillos como los Frijoles refritos, pág. 296). Prepara un adobo con el jugo de lima y el líquido de cocción reservado. Pruébalo y rectifica el sabor si es necesario: debe tener suficiente sal y un agradable toque de acidez. Viértelo sobre la carne.

5. Asa la carne hasta que se dore y la mayor parte del líquido se haya evaporado, unos 45 minutos, dándole la vuelta una o dos veces durante la cocción para que se haga de manera uniforme.

6. Sírvelo con pikliz y bannann peze.

ACTUALIZAR LAS TRADICIONES CULINARIAS HAITIANAS

Si buscas una receta tradicional de griot, o de cualquier otro platillo haitiano de carne o de pollo, lo más indicado es que empieces por lavar la carne con jugo de lima o naranja amarga, que la aclares y la hiervas, o quizás que viertas agua hirviendo sobre la carne, una técnica conocida como *shodé*. La cocinera Mi-Sol Chevallier, restauradora formada en Francia y quien fuera la directora de la École des Chefs, una escuela culinaria en Puerto Príncipe que se convirtió en el Atelier des Chefs en 2022, quiere poner fin a esta costumbre. Mi-Sol se unió a WCK en 2014. José Andrés había visitado su restaurante de Puerto Príncipe y le pidió que dirigiera la escuela. En el tiempo en el que colaboró con WCK, impartió clases a quince alumnos, preparando para el futuro a una nueva generación del sector gastronómico del país.

Pero volvamos al griot y el *shodé*. Lavar la carne con jugo de cítricos y, a continuación, hervirla es una técnica que antiguamente se utilizaba para eliminar las bacterias de la superficie de la carne. En la época colonial y antes de que la refrigeración fuera algo común, la carne se conservaba en sal para evitar las bacterias, y hervirla ayudaba a eliminar la sal utilizada para su conservación. Todo formaba parte de los esfuerzos para que los alimentos fueran seguros para su consumo, pero la tecnología de refrigeración moderna y la carne fresca han hecho que esos pasos resulten innecesarios.

Mi-Sol recomienda a sus alumnos que empiecen por dorar la carne, sin frotarla con lima. «Añadir ácido al principio de la cocción hace que la carne, y más aún el pescado, pierdan humedad y se sequen», advierte. Mi-Sol añade el jugo de lima o naranja amarga poco antes de que termine la cocción para que sus platillos tengan un sabor fresco más intenso.

Pero estas no son sus únicas innovaciones en la elaboración de griot: en la versión tradicional, después de hervirla con sustancias aromáticas, la carne se freía hasta que quedaba brillante y de un dorado intenso. Estaba delicioso, de eso no hay duda, pero añadía una cantidad innecesaria de aceite a un platillo que ya de por sí tenía un buen contenido de grasa. En su receta de Griot (véase la pág. 52), Mi-Sol sella y escalfa la carne y, después la guisa en un adobo con jugo de lima. Así, el griot se impregna de sabor y queda increíblemente tierno. No es un platillo ligero, pero al cocerlo se reduce ligeramente la cantidad grasa sin sacrificar sabor ni textura. «La historia puede servir de guía, pero siempre podemos aprender cosas nuevas. Debemos mirar al futuro. Las técnicas del pasado tenían sentido entonces, pero no tenemos por qué seguir haciendo lo mismo que en 1804».

BISONTE ASADO CON SALVIA Y AGAVE DE YAZZIE

El bisonte americano, llamado *tatanka* en la lengua lakota de las Grandes Llanuras de Estados Unidos, estuvo cerca de extinguirse debido a la caza masiva que llevaron a cabo los colonos estadounidenses en el marco de su programa de genocidio cultural de los pueblos indígenas del continente americano. En la actualidad, cocineros indígenas como Brian Yazzie (diné/navajo), miembro del Chef Corps de WCK, comparan la resistencia del bisonte con la de las comunidades tribales (véase «Alimentar a nuestros mayores», pág. 59): en Estados Unidos, la población de esta especie ha pasado de contar con poco más de quinientos ejemplares a finales del siglo XIX a quinientos mil hoy en día. Esta receta de bisonte de Yazzie, que utiliza otros ingredientes autóctonos como salvia fresca y bayas secas de enebro, mezcla a la perfección toques dulces y salados, con un tenue sabor herbal y terroso. Encontrarás granjas especializadas en la carne de bisonte por todo Estados Unidos en internet; además, al comprar su carne, estarás apoyando pequeñas explotaciones y garantizando el futuro de una especie que existe desde hace más de diez mil años.

PARA 6 PERSONAS

¼ de taza de **sal kosher**, y un poco más al gusto
¼ de taza de **cebolla en polvo**
¼ de taza de **ajo en polvo**
¼ de taza de **paprika dulce**
8 **hojas de salvia fresca** picadas
1 taza de **aceite de girasol**
1.8-2.3 kg de **aguja de bisonte**
2 **cebollas rojas** o **blancas** medianas peladas y cortadas en cuartos
5 **dientes de ajo** medianos pelados
6 **bayas de enebro**
½ taza de **jarabe de agave**
4-6 tazas de **caldo de verduras**

1. En un *bowl* mediano, mezcla la sal, la cebolla en polvo, el ajo en polvo, la paprika y la salvia. Baña la carne con 2 cucharadas de aceite y esparce la mezcla de especias sobre ella, masajeándola con cuidado para asegurarte de que lo cubre todo. Puede que no se necesite toda la mezcla para obtener esta capa uniforme (en ese caso, añádele yogur o crema agria y un poco de suero de leche a lo que te sobre: obtendrás una buena salsa ranchera). Envuelve la carne con plástico adherente, déjala en un *bowl* grande o una charola de horno y mételo en el refrigerador durante 8 horas como mínimo, o durante toda la noche.

2. Calienta un cuarto de taza de aceite a fuego medio-alto en una cazuela de hierro fundido. Rehoga la cebolla de 8 a 10 minutos removiendo con frecuencia, hasta que empiece a estar tierna. Agrega el ajo y las bayas de enebro y saltea hasta que desprendan su aroma, unos 30 segundos. Pásalo todo a un *bowl*, incorpora el agave y reserva.

3. Calienta el horno a 95 °C.

4. Saca el bisonte del refrigerador y quítale el plástico. Añade las 10 cucharadas de aceite restantes a la cazuela de hierro fundido y caliéntalo a fuego medio-alto hasta que brille. Sella la carne 1 o 2 minutos por cada lado; si se empieza a chamuscar, dale la vuelta y dórala por todos los lados.

5. Cubre la carne hasta la mitad con la mezcla de cebolla y agave y caldo, tapa la olla con papel aluminio y coloca la tapa para que cierre de forma hermética.

6. Mete el asado en el horno y cuécelo hasta que la carne se desmenuce al clavar un tenedor en la parte más gruesa, de 7 a 9 horas según el tamaño de la carne. Empieza a comprobar si está tierna tras las primeras 6 horas. Si aún no lo está, vuelve a cubrir la olla con el papel aluminio y la tapa y sigue cocinando hasta 3 horas más, comprobando el punto cada 30 minutos.

7. Con unas pinzas y una cuchara grande, pasa la carne a un *bowl* grande. Desmenúzala y pruébala, rectificando el punto de sal si es necesario. Utiliza el caldo como salsa al servir el bisonte: cuélalo, desgrásalo (habrá mucho exceso de aceite) y hiérvelo otros 45 minutos, hasta que se haya reducido en tres cuartas partes.

AMERICA'S FIRST
HOMELAND SECURITY
TERRORISM SINCE 1492

ALIMENTAR A NUESTROS MAYORES

El Minneapolis American Indian Center, fundado en 1975, atiende a una de las mayores poblaciones de indígenas estadounidenses del país. Muchos de ellos (más de 35 000) llegaron a la zona de Minneapolis-Saint Paul tras la promulgación de la Indian Relocation Act (Ley de reubicación indígena) de 1956, una medida del Gobierno estadounidense que obligaba a los indígenas a trasladarse a zonas urbanas, dejando atrás sus hogares familiares. El centro es un foco de resistencia a la asimilación cultural y celebra y preserva las tradiciones culturales a través del arte y la lengua.

En el corazón del centro está el Gatherings Cafe, que traslada la misión del grupo a su menú, descolonizando la dieta de la comunidad local para mejorar su salud y bienestar. El chef Brian Yazzie (diné/navajo), que se crio en la Nación Navajo de Dennehotso, en Arizona, y se formó en cocina en Saint Paul, se sumó al equipo del café durante la pandemia. Yazzie considera que servir y celebrar comida indígena, platos como las «tres hermanas», una combinación tradicional que destaca la relación simbiótica del maíz, los frijoles y la calabaza, es vital para que las comunidades urbanas desconectadas redescubran su identidad cultural. El educador ha viajado por todo el mundo y por los pueblos y reservas de Estados Unidos para conocer el estado de la alimentación y la nutrición indígenas. Ha descubierto que muchos indígenas estadounidenses de todas las edades no son conscientes de su propia historia y cultura.

Durante la pandemia, Yazzie y el equipo del Gatherings Cafe se sumaron al programa Chefs For America de WCK y repartieron comidas a los mayores de la comunidad. Las trescientas comidas que servían cada día reintroducían en la dieta de los mayores ingredientes indígenas como el arroz salvaje, la lucioperca y los frijoles *tépari*. Usar ingredientes indígenas y saludables permitió a Yazzie abordar tanto la educación cultural como la nutricional, algo especialmente importante durante la pandemia, pues muchos ancianos estaban en especial situación de riesgo debido a sus débiles sistemas inmunitarios. Más del 50% de los ingredientes de sus menús eran indígenas: lucioperca de la nación de Red Lake, nixtamal de Oneida y jarabe de maple de la comunidad Odawa del norte de Míchigan, entre otros.

Siempre que puede, Yazzie prepara bisonte, una proteína magra y saludable. Utiliza el de la comunidad del río Cheyenne, en Dakota del Sur: «Cuando se quita la vida a un bisonte para obtener alimentos y otras materias primas, se hace con ceremonia y se aprovechan todas las partes del animal». Estos son algunos de los platos de bisonte que sirvió durante la pandemia: nachos de lengua de bisonte, costillas de bisonte, albóndigas de bisonte y Bisonte asado con salvia y agave (pág. 56). «La comida es medicina y el bisonte, una de las mejores proteínas que existen. Reintroducir el bisonte en nuestra dieta es una forma de reconectar a las comunidades tribales con nuestra tierra».

GUISADO DE CERDO AL PASTOR

El cerdo al pastor es una elaboración mexicana, pero las raíces de la receta vienen de medio mundo. Surgió como una adaptación del shawarma, la carne asada en vertical que los inmigrantes libaneses trajeron a México. La carne se cortaba del asador giratorio y se servía sobre un pan plano similar a un pan de pita. En Puebla, lo llamaban «tacos árabes». El shawarma tradicional se prepara con cordero, pero el gusto local y la disponibilidad llevaron a cambiar la carne por cerdo. La cebolla que coronaba el shawarma también se sustituyó, en este caso por piña, que da sabor a la carne y la hace más tierna. Esta versión es un paso más en el árbol evolutivo; conserva el sabor y la textura con un método más adecuado para servir a un gran número de comensales. En 2019, lo preparamos para las familias desplazadas por los fuertes terremotos que azotaron el sur de California. Lo puedes acompañar con arroz blanco y frijoles negros, o envolverlo en una tortilla caliente con trozos de piña fresca y cebolla cruda.

PARA 6 PERSONAS

3 c. s. de **paprika dulce**
2 c. s. de **sal kosher**
1 c. s. de **pimienta negra recién molida**
1 c. s. de **comino molido**
1 c. s. de **cilantro molido**
2 c. c. de **orégano seco**
1 c. c. de **ajo en polvo**
1 c. c. de **chile triturado**
¼ de c. c. de **clavo molido**
¼ de c. c. de **canela molida**
1.8 kg de **espaldilla de cerdo deshuesada**
1 lata (567 g) de **piña en trozos**, reservando el jugo, o 1 taza de **piña fresca** en trozos de 2 cm (asegúrate de que la piña esté muy madura y dulce) más 1 taza de jugo de piña
5 **dientes de ajo** medianos picados
1 **cebolla amarilla** mediana cortada en cubos
½ taza de **vinagre de sidra de manzana**
½ taza de **cilantro fresco** picado
cebolla picada (opcional) para acompañar
piña fresca cortada en cubos (opcional) para acompañar

1. Mezcla en un *bowl* la paprika, la sal, la pimienta, el comino, el cilantro, el orégano, el ajo en polvo, el chile triturado, el clavo y la canela. Seca el cerdo con una servitoalla y ponlo en una charola para hornear o una cazuela de hierro fundido. Haz incisiones de 2.5 cm por toda la superficie de la carne con un cuchillo de punta afilada e introduce trozos de piña. Haz de 12 a 15 cortes (no hace falta ser preciso). Masajea la carne con la mezcla de especias. Asegúrate de cubrir toda la superficie, incluidas las hendiduras rellenas de piña. Frota el ajo picado y la cebolla picada por la carne; no pasa nada si cae algo en la charola para hornear. Mételo en el refrigerador, sin tapar, y deja que marine durante 4 horas como mínimo, o durante toda la noche.

2. Calienta el horno a 230 °C.

3. Mientras el horno se calienta, saca la charola del refrigerador y añade el vinagre, el jugo de piña (y los trozos que queden) y 1 taza de agua. Cubre la charola con papel aluminio y séllala lo mejor posible. Mete el cerdo en el horno y baja la temperatura a 150 °C. Cuece hasta que la carne esté muy tierna y se empiece a desmenuzar al pincharla con un tenedor, unas 3 horas. Cada 30 o 45 minutos, saca la charola del horno, destápala y riega la carne.

4. Retira el papel aluminio de la charola y sube la temperatura del horno a 230 °C. Sigue asando la carne hasta que se dore encima, de 15 a 25 minutos más.

5. Retírala del horno y déjala reposar durante 30 minutos. Saca la carne de la charola y colócala en un *bowl* grande. Desmenuza la carne con ayuda de dos tenedores. A continuación, riégala con el jugo y los trocitos de piña que quedaban en la charola. Decora con cilantro fresco y sirve acompañado de cebolla picada (si la usas). Si quieres un toque de dulzor extra, añade algunos trozos de piña fresca.

POLLO GUISADO

Esta receta, que descubrimos en la isla caribeña de San Vicente (véase El pollo guisado de Vincy y el arte de saber escuchar, pág. 64) tiene dos trucos: el marinado y la caramelización. Ya sabes marinar, pero tendrás que asegurarte de contar con el tiempo suficiente para que el intenso condimento verde brillante penetre en el pollo. Puede que la caramelización sea algo nuevo para ti: es una forma fantástica para dotar al platillo de un toque agridulce. Para que la receta no pierda el equilibrio, es importante cocer el azúcar hasta que adquiera un color marrón oscuro, pero sin que llegue a quemarse. Ten cuidado al añadir el pollo; el caramelo puede saltar al entrar en contacto con la grasa de la carne. Asegúrate de usar pinzas y guantes de cocina. Sirve el guisado con arroz blanco o, al más puro estilo de San Vicente, con una combinación de raíces al vapor como camote, ñame, yuca (mandioca) o taro (*dasheen*).

PARA 4-6 PERSONAS

¾ de taza de **salsa verde** (véase a la derecha)
1,4 kg de **muslo de pollo con hueso y piel**
1 c. c. de **aceite de canola**
2½ c. s. de **azúcar moreno**
1 **cebolla amarilla** mediana en juliana
1 c. c. de **canela molida**
2 **clavos enteros**
2 tazas de **caldo de pollo** o **agua**

1. El día de antes, prepara la salsa verde. Pon el pollo en un *bowl* y añade la salsa verde. Con las manos, unta una buena cantidad de la pasta en el pollo. Cubre el *bowl* con plástico adherente y déjalo toda la noche en el refrigerador, o hasta 24 horas.

2. Al día siguiente, calienta el aceite a fuego medio en una olla grande hasta que brille. Añade el azúcar morena, removiendo de vez en cuando. El azúcar se volverá líquida, empezará a burbujear y adquirirá un color marrón más oscuro; sigue removiendo. Cuando parezca que el azúcar está a punto de quemarse, retíralo del fuego y, con unas pinzas, añade rápidamente los trozos de pollo con la piel hacia abajo. Cuando la grasa y el líquido del pollo entren en contacto con el caramelo, puede que empiecen a hervir y a saltar; trabaja rápido y ten cuidado. Si no puedes disponer todos los trozos de pollo en una sola capa, ponlos unos sobre otros, asegurándote de que todos queden cubiertos con la mezcla de azúcar.

3. Cuando termines de colocar el pollo, devuelve la olla al fuego. Añade la cebolla, la canela, los clavos y el caldo de pollo. Tapa la olla y cuece hasta que las especias empiecen a desprender su aroma, unos 15 minutos. Dale la vuelta al pollo para que la salsa impregne todos los lados. Baja el fuego, descubre la olla y cuece a fuego lento hasta que el pollo quede tierno y la salsa esté oscura y espesa, unos 45 minutos.

Salsa verde

Esta salsa se conservará hasta 2 semanas en un recipiente hermético en el refrigerador.

PARA 1½ TAZAS

1 manojo de **cebollas cambray** picadas gruesas
20 **ramitas de tomillo fresco** deshojadas
½ manojo de **cilantro fresco**
½ manojo de **perejil fresco**
6 **dientes de ajo** medianos pelados enteros
½ **pimiento morrón rojo** o **verde** cortado en cubos
1 **ramita de apio** picada
1 **chile Scotch bonnet** u otro chile picante, sin tallo
¼ de taza de **jugo de lima fresco** (2 o 3 limas)
¼ de taza de **vinagre blanco destilado**
1 c. s. de **sal kosher**
1 c. c. de **pimienta negra recién molida**
1 c. s. de **aceite de canola**

Introduce todos los ingredientes en una licuadora y tritúralos hasta obtener una salsa suave de color verde intenso. Resérvala en el refrigerador hasta que llegue el momento de utilizarla.

EL POLLO GUISADO DE VINCY Y EL ARTE DE SABER ESCUCHAR

El Hospitality and Maritime Institute, a barlovento de la isla caribeña de San Vicente, es un lugar hermoso con equipos de cocina de última generación, aulas en las que impartir clases de cocina, repostería o carnicería, y un amplio espacio verde poblado por un puñado de tranquilas cabras que sirven de sistema de compostaje ecológico.

Cuando el equipo de WCK llegó allí, la escuela llevaba meses cerrada, clausurada por la pandemia de covid-19. Pero lo que llevó a WCK a la isla y culminó con la reapertura de la cocina no fue la pandemia, sino una catástrofe natural: en abril de 2021 el volcán La Soufrière, que llevaba sin entrar en erupción desde 1979, despertó y asoló la parte norte de la isla. En un solo día, laderas anteriormente verdes y frondosas quedaron sepultadas bajo centímetros (e incluso metros) de ceniza.

Los agricultores y sus familias se vieron obligados a huir hacia el sur. Muchos se mudaron con familiares; otros se trasladaron a refugios gestionados por el gobierno. La destrucción de las granjas tuvo consecuencias nefastas: murió gran parte del ganado y las cosechas se destruyeron, lo que alteró el sistema alimentario local. La zona, que había sido el granero de San Vicente, quedó yerma de forma casi instantánea. La reubicación masiva de los norteños hizo que en algunos hogares pasaran de tener de cuatro a catorce personas bajo un mismo techo. Y nadie se podía quedar sin comer. El equipo de WCK conoció a un padre y a su hija que acogían a *cuarenta personas* en su casa y en el bar adjunto, un número enorme de bocas adicionales que alimentar.

El equipo se metió en la cocina del instituto de hostelería, que les sirvió como base de operaciones desde la que dar de comer al mayor número de personas posible. Tras meses de inactividad, tardaron unos días en poner de nuevo en marcha los sistemas de gas y agua, pero pronto todo estuvo listo. Algunos de los antiguos instructores del centro se unieron al pelotón de estudiantes y cocineros (algunos nativos de la isla, otros no) dispuestos a alimentar a la comunidad.

Mientras lo preparábamos todo en el Hospitality Institute, nos pusimos en contacto con restaurantes locales para colaborar con ellos y poder proporcionar desde un primer momento comida a las familias desplazadas y a los trabajadores esenciales. The French Verandah, el restaurante de Keisha Browne, fue uno de los primeros en prestar su ayuda a WCK, y nos sirvió algunas de las comidas que ya estaban haciendo llegar a la comunidad. Hubo un platillo en particular que llamó la atención de nuestra chef Elyssa Kaplan: el pollo guisado. Repleto de sabor, dulce por el azúcar caramelizada, pero también salado y ligeramente especiado con clavo y canela, comerlo se sentía como un abrazo reconfortante.

Estábamos planeando nuestro primer menú, que debía estar formado por platillos que encajaran culturalmente, que reconfortaran a los evacuados y que se pudieran preparar en grandes cantidades, cuando recordamos aquel pollo guisado que habíamos probado con Keisha. Esta elaboración existe en la mayoría de las islas del Caribe: la más famosa es la jamaicana, pero hay versiones propias en Trinidad y Tobago, Antigua y Barbuda, Barbados y más islas. Se prepara adobando el pollo durante horas con un marinado de un intenso color verde elaborado con trece ingredientes. Después, se cocina en caramelo (¡sí, en azúcar líquida!) y se guisa hasta que está tierno y repleto de sabor. En cada isla tienen unas reglas generales para el adobo, que se retoca en cada casa para hacerlo propio. Lleva mucho tomillo, tanto en su variante de hoja pequeña (la versión más común en Estados Unidos) como la de hoja ancha (la conocida como orégano cubano o tomillo español). También incluye ajo, cebolla cambray y un chile Scotch bonnet para que pique.

Los sanvicentinos son muy exigentes cuando se trata de comida: todo debe ser fresco y prepararse con hierbas recién recogidas, ajo recién pelado y proteínas desmenuzadas justo antes de cocinar. Es mucho trabajo; no cuenta ir al supermercado y comprar un bote de ajo picado o una bolsa de cebollas ya picadas, pero esta atención al detalle no pasa desapercibida en el resultado final. Y es que, aunque estés cocinando para mil personas, se tiene que notar que es casero.

Junto con el equipo de chefs, estudiantes y profesores, creamos una versión del pollo guisado que dejara a todos satisfechos y que, al mismo tiempo, se pudiera preparar a gran escala. El adobo por el que nos decantamos es una amalgama de las versiones de los profesores, retocado para incorporar suficiente tomillo y picante para complacer a los sanvicentinos con raíces indias, que adoran este sabor. Finalmente, nuestro proceso requiere incluso más tiempo que una versión casera. Lo habitual es que, después de haberlo marinado, el pollo se cueza en la salsa de caramelo una hora más o menos, hasta que quede tierno y jugoso. Para llegar a tiempo al almuerzo (solemos empezar a repartir a las 11h, de modo que no hay tiempo para elaboraciones muy largas), tuvimos que dar la vuelta al proceso. Empezábamos a marinar la mañana anterior y por la noche preparábamos el caramelo, salteábamos el pollo y dejábamos que el pollo se fuera guisando hasta el día siguiente.

Las horas de marinado y la cocción nocturna infunden a la carne del sabor de las hierbas, la cebolla y el ajo, y la dotan de una sutil nota especiada gracias a la canela y el clavo. Todos estos sabores son comunes en las preparaciones de la isla, pues estas especias se cultivan en San Vicente y en su vecina del sur, Granada.

La versión que preparábamos en el Hospitality Institute no sabía *exactamente* como la de la abuela de un local, pero compartía el ADN del platillo, algo profundo y real que no habríamos alcanzado tomando atajos. Recibimos críticas mayoritariamente positivas en toda la isla. Por supuesto, había quienes querían un poco más de chile, otros un poco menos, pero la gente reconocía y apreciaba que quienes cocinaban eran sanvicentinos. «Una vez que tuvimos los ingredientes adecuados —afirmó uno de los instructores culinarios—, sabía tal y como esperaba».

Cuando entramos al Hospitality Institute por primera vez, todo estaba tranquilo, un poco ceniciento. Pero en el instante en el que el pollo marinado tocó el caramelo humeante, te sentías como en casa con solo cerrar los ojos y respirar profundo.

PIPIÁN DE POLLO

Esta receta ancestral recibe su nombre de las pepitas (pipas de calabaza) que la espesan. Sus orígenes se remontan a la Mesoamérica prehispánica y es tan intrínseca a la cocina guatemalteca que se ha declarado patrimonio cultural de la nación. El pipián surgió en Chimaltenango, en el sur del país, una de las regiones que se vieron afectadas por la devastadora erupción del volcán de Fuego en 2018. Nuestro equipo, capitaneado por la chef Fátima Castillo, sirvió a las familias desplazadas y al personal de emergencias. El pipián de pollo formaba parte de la rotación semanal; hacíamos la salsa nosotros mismos y, en ocasiones, se la comprábamos a una familia local y elaborábamos el resto del platillo en nuestras cocinas. La salsa en sí requiere mucho tiempo, pues hay que tostar sus componentes y majarlos para ir dándole sabor. Eso sí, el resultado vale la pena: es muy aromático, con un intenso sabor a especias y profundamente reconfortante.

PARA 4-6 PERSONAS

PARA EL POLLO

1.4 kg de **muslo de pollo con hueso y sin piel**
1 **cebolla amarilla** mediana pelada
1 **jitomate saladet** partido por la mitad
1 c. s. de **sal kosher**
1 c. c. de **pimienta negra recién molida**

PARA LA SALSA

2 c. s. de **semillas de calabaza** peladas
2 c. s. de **semillas de ajonjolí**
Un trozo de 2.5 cm de **canela en rama**
1 **clavo entero**
1 **baya de pimienta gorda**
1 **chile guajillo seco** sin tallo ni semillas
1 **chile ancho** sin tallo ni semillas
1 **tortilla de maíz** (15 cm)
450 g de **jitomates saladet**
½ **cebolla amarilla** mediana pelada y cortada en cuartos
2 **dientes de ajo** medianos pelados
½ manojo de **cilantro** con los tallos
1½ c. c. de **sal kosher**

PARA EL GUISADO

225 g de **ejotes** sin los extremos cortados por la mitad
450 g de **papas Yukon Gold** sin pelar cortadas en trozos de 2.5 cm
2 **zanahorias** medianas peladas cortadas en rodajas transversales de 6 mm de grosor
2 c. s. de **cilantro fresco** picado grueso, para decorar
Gajos de lima (opcionales), para acompañar
Arroz blanco al vapor, para acompañar

1. PARA EL POLLO: combina el pollo, la cebolla, el jitomate, la sal y la pimienta en una olla mediana. Añade agua hasta cubrirlo. Llévalo a ebullición, baja el fuego a medio y cuécelo a fuego lento hasta que el pollo esté completamente cocido y la temperatura interna de la carne sea de 74 °C, unos 45 minutos.

2. MIENTRAS, PARA LA SALSA: combina las semillas de calabaza, las semillas de ajonjolí, la canela, el clavo y la pimienta gorda en una sartén mediana (si se puede, de hierro fundido). Tuesta los ingredientes a fuego medio hasta que se doren y desprendan su aroma, 1 o 2 minutos, moviendo la sartén cada 30 segundos para que el tostado sea uniforme. Cuando se hayan tostado, pásalo a un *bowl* mediano y reserva. Añade los chiles secos a la sartén y tuéstalos a fuego medio hasta que desprendan su aroma y se empiecen a dorar, unos 30 segundos por cada lado. Pasa los chiles al *bowl* con las especias. Tuesta la tortilla en la sartén 1 o 2 minutos, hasta que se formen manchas de color marrón oscuro por ambos lados y se endurezca. Pásala al *bowl* con los chiles y las especias. Cocina los jitomates saladet enteros, la cebolla en cuartos, el ajo y la mitad del cilantro hasta que todo

(la receta continúa)

se ennegrezca por todos los lados. Agrégalos al *bowl* con el resto de los ingredientes tostados y añade la sal.

3. PARA TERMINAR EL GUISADO: cuando el pollo esté completamente cocido, utiliza una espumadera para pasarlo a un *bowl* y resérvalo. Con la misma espumadera, saca el jitomate y la cebolla de la olla con agua de cocción y añádelos al *bowl* con los ingredientes tostados de la salsa.

4. Agrega los ejotes, las papas y las zanahorias a la olla y cuece a fuego medio hasta que las papas estén tiernas, unos 25 minutos. Retira las verduras con una espumadera y pásalas al *bowl* con el pollo.

5. Combina todos los ingredientes de la salsa y el resto del cilantro en una licuadora de alta potencia. Tritura hasta obtener una salsa completamente homogénea, de 3 a 5 minutos. Puede parecer mucho tiempo, pero será necesario para que la salsa adquiera su característica textura densa y espesa y su color teja. Si quieres que quede más suelta, añade una o dos cucharadas del agua de cocción.

6. Coloca el pollo y las verduras en una charola y riégalos con la salsa. Decora con el cilantro picado. Sírvelo acompañado de arroz y, si quieres un poco más de ácido, de un pedacito de lima.

SIERRA EN ESCABECHE

El escabeche es una elaboración que se emplea en todo el mundo hispanohablante y en el Caribe. Esta versión puertorriqueña es fiel a los orígenes del platillo: consiste en filetes de pescado conservados en un marinado aromático de aceite y vinagre cuyo sabor se irá pronunciando en los días siguientes a su preparación. La sierra, o caballa real, es el pescado preferido en Puerto Rico, pero también puedes usar pez espada. El platillo se puede consumir el mismo día que se prepara, pero si tienes paciencia y lo dejas en escabeche unos días, se convertirá en algo realmente especial. Bastará con que lo calientes antes de servirlo con un poco del marinado.

PARA 4 PERSONAS

1 taza de **aceite de oliva extra virgen**, y un poco más para cocer el pescado
¾ de taza de **vinagre blanco destilado** o **vinagre de sidra de manzana**
1 **cebolla** mediana en aros finos
4 **dientes de ajo** medianos aplastados y pelados
¼ de taza de **aceitunas verdes sin hueso**
2 **pimientos morrones rojos asados** en conserva cortados en juliana (para una versión casera, asa los pimientos, pélalos, quítales las semillas y córtalos en rodajas finas)
2 c. c. de **pimienta negra en grano**
5 **hojas de laurel**
4 **filetes de sierra** o **pez espada** (170-225 g cada uno), de 1 cm de grosor
el jugo de 1 **lima** grande
adobo boricua casero (pág. 294) o comprado
sal marina fina

1. Calienta el horno a 95 °C.

2. Combina el aceite de oliva, el vinagre, la cebolla, el ajo, las aceitunas, los pimientos asados, los granos de pimienta y las hojas de laurel en una charola para hornear grande o una cacerola apta para el horno. Mételo en el horno y cuece 3 horas, hasta que los ingredientes desprendan su aroma y las cebollas estén translúcidas.

3. Mientras tanto, coloca el pescado en una charola para hornear u otro recipiente ancho. En una taza medidora, combina el jugo de lima con 1½ tazas de agua y riega el pescado con la mezcla. Si es necesario, añade más agua hasta cubrir el pescado. Reserva en el refrigerador hasta que al escabeche le queden unos 20 minutos en el horno.

4. Cuando falten unos 20 minutos para sacar el escabeche del horno, retira el pescado del agua y sécalo con una servitoalla. Sazónalo por ambos lados con 1 o 2 cucharaditas del adobo (si echas más, se quemará al cocinarlo) y una pizca de sal marina. Calienta 2 cucharadas de aceite de oliva a fuego medio-alto en una sartén grande. Añade el pescado a la sartén (trabaja por tandas para no llenarla demasiado) y cocínalo por ambos lados hasta que se dore y alcance una temperatura interna de 63 °C en su parte más gruesa. En filetes de 1 cm de grosor, necesitarás tres minutos y medio o cuatro por lado (ajusta el tiempo en consecuencia si utilizas filetes más delgados o más gruesos). Si es necesario, añade un poco más de aceite a la sartén entre tandas.

5. Reserva el pescado en el refrigerador hasta que se enfríe por completo, 2 o 3 horas, o toda la noche. Cuando el escabeche esté listo, sácalo del horno y déjalo reposar a temperatura ambiente hasta que el pescado se enfríe.

6. Una vez que tanto el pescado como el escabeche estén fríos, coloca el pescado en una sola capa en una charola para hornear u otro recipiente ancho con tapa. Vierte el escabeche sobre el pescado y tápalo. Mételo en el refrigerador para que marine durante 24 horas como mínimo, y hasta 5 días. El pescado irá adquiriendo más sabor cuanto más tiempo se deje marinar.

7. Para servir, calienta el pescado y unas cucharadas de escabeche en una sartén a fuego medio. Sírvelo con el escabeche caliente y sazona con sal al gusto.

BACALAO AL CLUB RANERO

El equipo de WCK sirvió esta receta vasca (puedes leer más al respecto en la página 75) en nuestra cocina de Madrid durante el peor momento del brote nacional de covid-19, cuando repartíamos comida a médicos, enfermeras y ancianos afectados por la pandemia. Combina dos recetas vascas clásicas: bacalao al pil pil, un consistente guisado de bacalao en salazón espesado con la piel gelatinosa del pescado, y pisto, un platillo parecido al *ratatouille* francés, rico en verduras y regado con una buena cantidad de aceite de oliva. En nuestra versión le añadimos una generosa cantidad de ajo, que confitamos en el aceite. La piel de los filetes de bacalao en salazón se deshace en el aceite con ajo, formando una gelatina con sabor umami que sirve de salsa para las verduras rehogadas y el bacalao al horno. La receta puede parecer muy elaborada, pues el ajo se tiene que escalfar y deshidratar durante muchas horas y el bacalao en salazón pasa 24 horas en remojo en agua fría, que tendrás que ir cambiando, antes de que se pueda usar. Sin embargo, una vez completados estos pasos preliminares, el platillo final se hace en menos de 30 minutos, y el resultado es espectacular.

PARA 4 PERSONAS

2 cabezas de **ajo** grandes con los dientes separados y pelados
1 taza y 2 c. s. de **aceite de oliva extra virgen**
450 g de **bacalao en salazón**, a ser posible con piel
2 c. s. de **perejil seco**
1 **cebolla amarilla** grande cortada en cubos
1 **pimiento verde** grande cortado en cubos grandes
1 lata (410 g) de **jitomates** triturados
1 c. s. de **pasta de pimiento choricero** (véase Nota de la pág. 74) o pimiento morrón rojo asado picado fino
sal kosher y **pimienta negra recién molida**

1. El día antes, mezcla los dientes de ajo y 1 taza de aceite en una cacerola pequeña. Confita el ajo a fuego lento durante 2 horas.

2. Cuando casi haya transcurrido el tiempo de confitado, calienta el horno a 95 °C y forra una charola de horno con papel encerado.

3. Reserva el aceite y retira los dientes de ajo confitados. Coloca la mitad de los dientes de ajo en la charola de horno y deshidrátalos en el horno unas 8 horas, o toda la noche. Haz un puré con el ajo restante en un triturador pequeño. Reserva la pasta de ajo en un tarro hermético y refrigérala toda la noche. Vierte el aceite infusionado con ajo en un tarro hermético aparte.

4. Mientras tanto, empieza a rehidratar el bacalao en salazón. Colócalo en un plato hondo o una bolsa con cierre hermético y cúbrelo con agua fría. Reserva el pescado en remojo en el refrigerador. Cambia el agua tres o cuatro veces a lo largo de las siguientes 24 horas.

5. Cuando los dientes de ajo se hayan deshidratado, déjalos enfriar y pícalos gruesos. Combina el ajo y el perejil seco y resérvalos.

6. Calienta las 2 cucharadas de aceite de oliva restantes a fuego medio en una sartén mediana. Rehoga la cebolla de 3 a 5 minutos hasta que se empiece a ablandar. Agrega el pimiento morrón y cocina de 3 a 5 minutos, hasta que esté tierno. Incorpora el jitomate triturado, la pasta de ajo reservada y el pimiento choricero y rehoga, removiendo con frecuencia de 10 a 12 minutos, hasta que la salsa empiece a espesar. Pruébalo y sazona con sal. Esta salsa es el pisto.

7. Escurre y aclara los filetes de bacalao una última vez y córtalos en 4 trozos del mismo tamaño. Calienta el aceite de ajo reservado a fuego medio en una cazuela de barro grande o una sartén ancha hasta que brille. Fríe el pescado con la piel hacia abajo hasta que esté firme y un poco más blanco, 3 o 4 minutos. Dale la vuelta y sigue cociendo hasta que esté bien hecho, 3 minutos más.

(la receta continúa)

8. Retira la cazuela del fuego y pasa los filetes a un plato. Vierte el aceite de ajo en un vaso medidor y déjalo reposar unos minutos. El aceite se separará y el líquido blanco (el colágeno del pescado) se depositará en el fondo del vaso. Con cuidado para que el líquido blanco se quede en el fondo del vaso medidor, vierte lentamente la mitad del aceite en otro recipiente y reserva. Devuelve el aceite que queda en el vaso medidor a la sartén a fuego lento.

9. ¡Ahora viene lo difícil! Con la parte inferior de un colador pequeño (este es el método tradicional; también puedes usar unas varillas), remueve el aceite lentamente, dibujando ochos. El aceite y el colágeno se empezarán a emulsionar. Cuando esto suceda, añade el aceite de ajo reservado a la sartén poco a poco, sin dejar de remover. Controla la temperatura para que supere los 80 °C. Sigue removiendo unos 12 minutos; a medida que la salsa emulsione, adquirirá un color amarillo claro y espesará (los filetes con piel tienen más colágeno, lo que resulta en una salsa más espesa). Prueba la salsa y sazónala al gusto con sal y pimienta. Esta salsa es el pil pil.

10. Para servir, coloca un trozo de bacalao en cada plato y cúbrelo con una cantidad generosa del pil pil. Acompáñalo con pisto y decóralo con la mezcla de ajo seco y perejil. El platillo es algo laborioso, ¡pero hay razones para sentirse orgulloso de esa salsa!

***Nota*: el pimiento choricero es una variedad de pimiento española procedente del País Vasco que se usa para dar sabor y color al chorizo. Si no lo encuentras en las tiendas, está disponible en internet.**

OTRO PUÑADO DE ARROZ

El bacalao al club Ranero es una receta de Alejandro Caverivière, un cocinero francés afincado en Bilbao, quien la desarrolló a principios del siglo XX. Era socio de uno de los *txokos* de la ciudad, clubes culinarios privados cuyos miembros se reunían para cocinar y compartir ideas y técnicas. Se dice que en este *txoko* eran muy aficionados a un juego de beber que consistía en introducir unas monedas de metal en la boca de una estatua con forma de rana. De ahí el nombre del club, «ranero». En una de estas ocasiones especialmente concurridas, Caverivière tuvo que adaptar el platillo que tenía pensado preparar para que nadie se quedara con hambre. Había comprado lo necesario para preparar bacalao al pil pil pero, a medida que el número de comensales aumentaba, tuvo que improvisar y acompañó el bacalao en salazón de las verduras que encontró por la cocina: jitomate, cebolla y pimiento morrón. De la necesidad surgió una receta que se convertiría en emblemática.

José tiene un recuerdo similar de su infancia: cuando era niño, era habitual que sus padres invitaran a amigos y familiares a disfrutar de grandes paellas en las montañas de las afueras de Barcelona. Su padre compraba ingredientes para cierto número de comensales; pero, inevitablemente, llegaban más. «Echa otro puñado de arroz a la sartén», le decía su padre. ¿Es esto una muestra de frugalidad, creatividad, generosidad o simplemente algo vinculado con la larga tradición de la hospitalidad ibérica? Probablemente, todo lo anterior.

EXIT
World
Central
Kitchen

URGENCIA

SÁNDWICHES, AREPAS Y COMIDA PARA LLEVAR

¡La urgencia del ahora es cosa de ayer!

JOSÉ ANDRÉS

World

JOSÉ LLEVA SUS MANTRAS EN EL PECHO. Es habitual verlo llevar camisetas con mensajes socarrones y expresiones evocadoras: «Immigrants Feed America» (Los inmigrantes alimentan América), «Fight Like Ukrainians» (Lucha como un ucraniano) o «Dreamer» (Soñador).

Pero hay una que lleva a menudo que, más que un mensaje, es la constatación de un hecho: «My Slow Is Your Fast» (Mi lento es tu rápido).

José está entre los mejores motivadores del mundo. Tiene una presencia inconfundible y, con pocas palabras, es capaz de arengar a cualquiera. Y es que, cuando la gente tiene hambre y se está lidiando con las secuelas de una catástrofe, ponerse en marcha lo antes posible es imprescindible.

Los Chefs de Respuesta Inmediata de WCK lo saben bien: no basta con hacer las cosas en una semana, un día o incluso una hora. Las cosas hay que hacerlas AHORA. José llama a esto la «urgencia del ahora», palabras y concepto tomados del famoso discurso que Martin Luther King Jr. pronunció en Washington D. C. en 1963.

Tras el paso del huracán María en 2017, la situación en Puerto Rico era desesperada: cientos de miles de personas carecían de alimentos, electricidad o agua. Cuando José aterrizó, vio a personas hambrientas por todas partes. Las tiendas de comestibles estaban cerradas. Conseguir alimentos era difícil y combustible para cocinar, casi tarea imposible. Además, los sistemas de tarjetas de crédito no funcionaban; aunque lograran encontrar comida, no había forma de comprarla. En sus declaraciones oficiales, el gobierno hablaba de hacer llegar la ayuda humanitaria en el plazo de un mes. *Un mes.* Cuando se tiene hambre, no piensas en qué comerás en un mes; en lo que piensas es en el ahora, en cómo conseguir lo que necesitas para sobrevivir ese día. *La urgencia del ahora es AHORA,* se dio cuenta José. De lo contrario, los residentes de la isla no sobrevivirían una semana, mucho menos un mes. José y el equipo de Chefs For Puerto Rico de WCK se pusieron a cocinar.

Este ha sido uno de los principios rectores de WCK desde ese momento: instalar una cocina y empezar a cocinar a las pocas horas de una catástrofe, o incluso antes de que esta ocurra si eso es posible. Los miembros del equipo dejan todo lo que están haciendo y se suben a un coche, un avión, una moto, un barco, un helicóptero o cualquier otro medio de transporte. Y empiezan a hacer llamadas: buscan una cocina en la que acomodarse, dónde comprar alimentos, apoyo logístico y de cocina local y restaurantes con los que colaborar. Se empiezan también a coordinar con las organizaciones de primeros auxilios sobre el terreno.

La camiseta de José motiva a los demás porque todos saben que es verdad. Ya estés cortando pimientos, cocinando pasta, repartiendo arroz o envolviendo sándwiches, intentarás hacerlo un minuto más rápido de lo que crees posible, como imaginas que lo haría José. A continuación, la siguiente persona también hace su trabajo un minuto más rápido. Ya habrán recortado dos minutos. Sigue la cadena y, de repente, ¡han terminado! AHORA, quienes lo necesitan podrán comer, que era el objetivo que todos perseguían.

A finales de agosto de 2019 empezaron a llegar noticias de una tormenta tropical en el Atlántico. La tormenta se convirtió en el huracán Dorian y, según las previsiones, podría tocar tierra en cualquier punto entre Puerto Rico y las Bahamas y, después, entre Florida y las Carolinas. El equipo se repartió por toda la zona y empezaron a buscar posibles puntos donde establecerse en el Caribe y en la costa sudeste de Estados Unidos. Cuando se supo que Dorian (para entonces una tormenta de categoría 5) tocaría tierra en las islas septentrionales de las Bahamas, los miembros del equipo volaron a Nassau, justo al sur del ojo de la tormenta. Mientras el viento y la lluvia azotaban las islas Ábaco, en la cocina de Nassau, a cientos de millas de distancia, empezaron a organizar las primeras entregas de alimentos en helicóptero para cuando la tormenta amainara.

En este capítulo encontrarás recetas para personas que se mueven: algunas son elaboradas, pero se comen rápido, se transportan bien y son de lo más variadas. Aline Kamakian, chef y escritora de Beirut (Líbano), comparte su receta de lahmacun armenio, un sabroso pan plano que se come con las manos, enrollado. Los tamales, una de las comidas portátiles más antiguas que existen, tienen una receta algo elaborada, que se siente más fácil si se hace en equipo. Las arepas venezolanas, que destacan por su sencillez y adaptabilidad, son la elaboración perfecta para un pícnic. Y las baleadas guatemaltecas/hondureñas son tortillas rellenas de frijoles, huevo, pollo, ternera... ¡lo que quieras! También hemos incluido un par de recetas de bocadillos, una del equipo de WCK y otra del chef Marcus Samuelsson. Y, en las páginas 92 y 93, todo un abanico de opciones para que prepares lo que más te apetezca (hay vida más allá del sándwich de jamón, queso y mayonesa..., aunque estamos orgullosos de todos los que hemos preparado). El capítulo cierra con una receta de Michelle Obama, amiga de WCK y ex primera dama de Estados Unidos. Nos enseña cómo prepara tacos de desayuno, la tradición de los martes en su casa.

Cuando prepares estos platillos en tu cocina, puede que no haga falta que te muevas tan rápido como José o un miembro del equipo WCK en una de sus misiones. Pero si tienes a gente hambrienta esperándote sentados a la mesa, seguramente entiendes la urgencia del AHORA.

TAMALES

Los tamales son un elemento unificador en Latinoamérica, algo que conecta la modernidad y la tradición. Dependiendo del país en el que estés, tendrán un nombre diferente: en Venezuela son *hallacas* y en Guatemala, *chuchitos*, pero siempre están hechos de masa (maíz nixtamalizado molido), rellenos de verduras, carne, frutos secos o fruta y cocidos al vapor en una hoja de maíz o de plátano. Como transportarlos es fácil, WCK los ha repartido en México, Honduras, Guatemala y más países de Latinoamérica. Tienen un lugar de honor en la mesa durante las fiestas, cuando las familias pasan horas juntas preparando cientos de ellos que compartir más tarde. Así que reúne a amigos y familiares, pon música de fondo y... ¡todos a envolver! Al principio te costará un poco, pero valdrá la pena; busca videos de abuelas haciendo tamales y pronto lo tendrás dominado.

PARA DE 12 A 18 TAMALES

30-40 **hojas de plátano** frescas o congeladas (descongeladas si no son frescas)
hilo de cocina

PARA LA SALSA PARA TAMALES

680 g de **jitomates saladet** descorazonados
2 **pimientos morrones rojos** por la mitad
1 **chile guaque** o **guajillo** seco por la mitad y sin semillas
1 **chile pasilla** sin tallo ni semillas
¼ de taza de **semillas de calabaza** peladas
2 c. s. de **semillas de ajonjolí**
1 **ramita de canela** pequeña
2 **clavos enteros**
1 c. c. de **pimienta gorda molida**
2 c. s. de **manteca de cerdo** o **aceite**
1½ c. s. de **sal kosher**
1 c. c. de **pasta de achiote**

PARA LA MASA

1.1 kg de **masa instantánea** (como Maseca)
2 c. s. de **sal kosher**
1½ tazas de **manteca de cerdo** o **margarina**

PARA EL MONTAJE

680 g de **pollo cocido** (véase Nota, pág. 124) desmenuzado
½ taza de **pasas**
1 taza de **garbanzos** de bote escurridos y lavados
1 **pimiento morrón rojo** grande cortado en tiras finas
chiles en escabeche (opcional), como chiles de árbol o amarillos
½ taza de **almendras** blanqueadas
½ taza de **aceitunas rellenas de pimiento** (o cualquier aceituna verde deshuesada)

1. Antes de empezar a cocinar, lava las hojas de plátano con agua fría. Colócalas en un *bowl* grande con agua tibia y déjalas en remojo 30 minutos, hasta que estén tiernas. Dependiendo del tamaño de las hojas, córtalas en rectángulos grandes, de unos 35.5 cm de largo y de 20 a 25.5 cm de ancho. Antes de usarlas, sécalas con un paño de cocina.

2. PARA LA SALSA PARA TAMALES: añade los jitomates saladet, el pimiento morrón, el chile guajillo y el chile pasilla a una olla mediana y agrega agua hasta cubrir las verduras. Cuece a fuego medio hasta que estén tiernas, unos 20 minutos. Con una espumadera, pasa los jitomates y pimientos a una licuadora. Reserva el líquido de cocción.

3. Mientras, añade las semillas de calabaza, las semillas de ajonjolí, la rama de canela, los clavos y la pimienta gorda a una sartén pequeña y tuéstalos a fuego lento, moviendo la sartén con frecuencia, hasta que los ingredientes se doren y desprendan su aroma, unos 10 minutos.

4. Agrega las especias tostadas a la licuadora con la mezcla de jitomate y pimiento. Incorpora la manteca, la sal y la pasta de achiote y tritura hasta obtener una mezcla fina. Si quieres que quede más suelta, añade una o dos cucharadas del agua de cocción de las verduras; la salsa debe quedar espesa, brillante y ligeramente salada. Pásala a un *bowl* mediano y reserva.

5. PARA LA MASA: combina la masa instantánea, la sal y 6 tazas de agua tibia en un *bowl* grande y mézclalo bien con las manos; no

(la receta continúa)

pasa nada si quedan grumos. Sigue amasando con una batidora de mano a velocidad media-baja. Sin dejar de amasar, añade 2 tazas más de agua caliente poco a poco, hasta que la masa quede homogénea.

6. Lleva a ebullición 8 tazas de agua en una olla grande. Añade la masa y baja el fuego a medio-bajo. Remueve bien con una cuchara de madera, agrega la manteca de cerdo y sigue cocinando y removiendo hasta que espese, de 5 a 8 minutos. La masa espesará a medida que se enfríe. Su consistencia debe ser similar a la de la avena cocida o un porridge de maíz; si está más cohesionada, es demasiado espesa. En ese caso, añade más agua.

7. PARA HACER LOS TAMALES: añade aproximadamente 1 taza de masa en el centro de cada hoja de plátano. Extiéndela en forma de rectángulo de 1 cm de grosor y, con las manos, haz una pequeña hendidura en el centro. Añade una cantidad generosa de salsa y pollo, unas 2 cucharadas de cada una. Agrega 5 pasas, 5 garbanzos, 2 tiras de pimiento, 1 chile en escabeche (si lo usas), 2 almendras y 1 aceituna. No tiene que quedar perfecto; basta con que te asegurares de que todo está bien repartido sobre la salsa y el pollo.

8. Toma la hoja de plátano por los extremos largos y haz que se encuentren encima del relleno. Dóblalos sobre el centro del relleno, como si estuvieras envolviendo un regalo. Dobla también los laterales de la hoja hacia el centro. Dale la vuelta al tamal para que el cierre quede debajo de la parte rellena. Hay personas que prefieren envolver los tamales dos veces por si una de las hojas se rasga; si tienes la paciencia necesaria, envuelve el tamal en otra hoja de plátano y repite el mismo proceso. Después, ata el tamal por el centro con hilo de cocina para asegurarte de que no se abre.

9. ¡Se acabó lo difícil! Una vez que hayas terminado de envolver los tamales, coloca unas cuantas hojas de plátano (aprovecha y usa aquí las que se hayan rasgado) en el fondo de una olla sopera grande y añade 4 tazas de agua (la suficiente como para cubrir hasta la primera o dos capas de tamales). Apila los tamales sobre las hojas y cúbrelos con más hojas de plátano. Cubre la olla con la tapa. Cuece al vapor a fuego medio-bajo hasta que los tamales se endurezcan y las hojas hayan adquirido un color verde oscuro, de 45 minutos a 1 hora. Empieza a comprobar si están listos cuando hayan pasado unos 30 minutos. Si el agua se evapora, añade un poco más.

10. Retira los tamales de la olla con unas pinzas. Sírvelos calientes, teniendo cuidado al abrirlos (saldrá vapor). Se conservará en el refrigerador hasta 3 días o, en el congelador, 3 meses; solo tendrás que volver a calentarlos en una vaporera o en el microondas antes de servirlos.

LAHMACUN DE ALINE

El lahmacun es un pan plano de origen armenio cuyo nombre viene de las palabras árabes «carne con masa». Es muy popular en toda Turquía y Oriente Próximo. Aline Kamakian, restauradora libanesa de ascendencia armenia, no dudó en ponerse a preparar esta receta con su equipo para los voluntarios que limpiaban las calles de Beirut después de que una terrible explosión sacudiera la ciudad en agosto de 2020 (véase Heroísmo de urgencia en Beirut, pág. 88). Es perfecto para comer con las manos: basta con doblar la masa por la mitad y ¡listo! Aline asa tiras finas de berenjena sobre una llama abierta hasta que se ahúman, las espolvorea con un poco de sal marina y enrolla el lahmacun a su alrededor, pero un simple chorrito de jugo de limón también es un complemento perfecto para la sabrosa carne y la masa suave y crujiente de este platillo. Lo tradicional es prepararlo en un horno de leña, pero también obtendrás buenos resultados con una piedra para pizza caliente en un horno doméstico, o incluso en una charola de horno normal; eso sí, caliéntala antes de hornear.

PARA DOCE LAHMACUNS DE 20 CM

PARA LA MASA

4 tazas (480 g) de **harina común** tamizada, y un poco más según sea necesaria
2 c. c. de **leche en polvo**
1½ c. c. de **levadura seca activa**
¼ de c. c. de **sal marina**

PARA EL INGREDIENTE ADICIONAL (VÉASE NOTA)

225 g de **carne molida de ternera**
225 g de **cordero picado**
1 c. s. de **concentrado de jitomate**
1 c. s. de **pimienta gorda molida**
1 c. s. de **sal kosher**
1½ c. c. de **pasta de pimiento morrón rojo armenio** o **pimiento rojo asado** picado fino
1½ c. c. de **paprika dulce**
450 g de **jitomates saladet** cortados en cubos
1 **cebolla morada** mediana picada
1 **pimiento morrón rojo** pequeño picado
½ taza de **perejil fresco** picado
1 **diente de ajo** mediano picado
gajos de lima (opcionales), para acompañar

1. PARA LA MASA: combina la harina, la leche en polvo, la levadura, la sal y 1 taza de agua a temperatura ambiente en un *bowl* grande hasta obtener una masa cohesionada. Puede que tengas que añadir más agua para poder formar una bola con la masa; en ese caso, ve añadiéndola de cucharada en cucharada, amasando cada vez. Amasa sobre una superficie enharinada hasta que la masa esté lisa y recupere su forma al presionarla, de 4 a 5 minutos. Cúbrela con un paño de cocina limpio y déjala reposar en un lugar cálido hasta que doble su tamaño, de 30 minutos a 1 hora. Llegados a este punto, puedes continuar con la receta o cubrir el *bowl* con plástico adherente y reservar en el refrigerador 2 días como máximo. Antes de continuar, lleva la masa a temperatura ambiente.

2. PARA EL INGREDIENTE ADICIONAL: combina la ternera, el cordero, el concentrado de jitomate, la pimienta gorda, la sal, la pasta de pimiento rojo y la paprika en un *bowl* mediano. Incorpora con delicadeza el jitomate en cubos, la cebolla, el pimiento morrón, el perejil y el ajo hasta que estén bien repartidos (intenta no remover en exceso).

3. Calienta el horno a su temperatura máxima, si se puede con una piedra para pizza o una charola forrada de papel aluminio dentro.

4. Sobre una superficie ligeramente enharinada, divide la masa en 12 trozos (corta la bola de masa por la mitad, divídelo de nuevo por la mitad y, a continuación, cada cuarto en tres). Con cada trozo, forma un círculo de unos 20 cm de diámetro y 3 mm de grosor. Dispón 3 o 4 cucharadas de relleno en el centro del círculo y extiéndelo con una cuchara por toda la superficie, dejando un borde de 0.5 a 1 cm.

(la receta continúa)

5. Dependiendo del tamaño de la piedra o de la charola, hornea los lahmacun por tandas hasta que se empiecen a dorar, pero la masa esté aún lo bastante blanda como para doblarla; la capa de carne estará completamente cocida cuando la masa esté hecha. No hay reglas para el tiempo y la temperatura: cuanto más calientes estén el horno y la piedra, menor será el tiempo de cocción y más sabroso el lahmacun. En un horno doméstico que alcanza 260 °C, tardará de 6 a 8 minutos en hornearse.

6. Sírvelo caliente. Los lahmacun se sirven doblados, a veces con un chorrito de limón y un poco de salsa de yogur para untar, o el tradicional yogur armenio Ayran.

***Nota*: para una versión vegetariana, véase Lahmacun vegetariano (derecha).**

Lahmacun vegetariano

PARA DOCE LAHMACUNS DE 20 CM

2 **jitomates** medianos cortados en cubos de 6 mm
1 **calabacita** pequeña cortada en cubos de 6 mm
1 **berenjena** pequeña cortada en cubos de 6 mm
1 **papa cerosa** mediana cortada en cubos de 6 mm
1 **cebolla amarilla** pequeña cortada en cubos de 6 mm
1 **pimiento morrón verde** pequeño cortado en trozos de 6 mm
½ manojo de **perejil fresco** picado
4 **hojas de albahaca** fresca picadas
4 **hojas de menta** fresca picadas
1 c. s. de **pasta de pimiento rojo armenio** o **pimiento rojo asado** picado fino
1 c. s. de **aceite de oliva extra virgen**
1 c. s. de **melaza de granada**
1 c. c. de **sal kosher**
una pizca de **zumaque**

Combina los jitomates, la calabacita, la berenjena, la papa, la cebolla, el pimiento morrón, el perejil, la albahaca, la menta, la pasta de pimiento rojo, el aceite de oliva, la melaza de granada, la sal y el zumaque en un *bowl* grande. Utiliza este relleno igual que lo harías con el de carne. Se puede usar de inmediato o reservar en un recipiente hermético en el refrigerador hasta 24 horas antes de utilizarlo.

HEROÍSMO DE URGENCIA EN BEIRUT

El 4 de agosto de 2020, una enorme explosión sacudió el puerto de Beirut (Líbano). Cientos de personas perdieron la vida, miles resultaron heridas y cientos de miles se vieron obligadas a abandonar sus hogares. Fue una tragedia impensable.

Aline Kamakian (en la imagen de la derecha), escritora y embajadora de la gastronomía armenio-libanesa, estaba en la terraza de Mayrig, su restaurante de alta cocina armenia. Estaba reunida con el equipo directivo a solo quinientos metros (el equivalente a cinco campos de futbol) del almacén donde detonaron varias toneladas de nitrato de amonio. La explosión tiró al suelo a Aline y a su equipo. Perdió el conocimiento. Lo siguiente que recuerda es que estaba practicando la reanimación cardiopulmonar a un compañero. Un instinto, quizás, de sus días de *girl scout*. Junto con los miembros del equipo que podían andar, cargaron con los que no lo podían hacer y los subieron a coches que se dirigían al hospital. Logró llevar a un lugar seguro a cinco de los miembros de su equipo; en total, veinticinco tuvieron que ser hospitalizados. La propia Aline se rompió varias costillas y perdió la audición en un oído. Muchos de los miembros del equipo perdieron sus hogares y el restaurante quedó en ruinas.

Pero ese día, el heroísmo estaba a flor de piel. Toda la ciudad se vio afectada por la explosión y, en cuestión de horas, había equipos de voluntarios dedicados a la ardua tarea de limpieza. La ciudad estaba llena de cristales rotos de los coches y edificios destruidos. Los beirutíes (y también los más jóvenes) se movilizaron para echar una mano.

El equipo de WCK llegó a la ciudad treinta y seis horas después de la explosión y se puso en contacto con otra leyenda de la escena gastronómica de Beirut, Kamal Mouzawak, uno de los principales defensores de la agricultura local. En 2004 Kamal fundó Souk el Tayeb, el primer mercado agrícola moderno del Líbano, y ha sido un firme defensor de los agricultores y productores de alimentos del país (véase Freekeh de Kamal, pág. 246). También puso en marcha una cadena de restaurantes, Tawlet, dirigidos por mujeres de todo el país que sirven platillos de sus ciudades de origen.

Enseguida, Kamal y el equipo de WCK establecieron un comedor comunitario en uno de los locales de Tawlet, y empezaron a repartir comida entre los equipos voluntarios de limpieza de la ciudad, al personal de emergencias y a las familias desplazadas. En una semana, el equipo de Aline estaba de vuelta al trabajo, preparando miles de platillos en su otro restaurante, Batchig. El menú incluía recetas reconfortantes como mulujía, un guisado tradicional de los domingos, así como bocadillos y wraps fáciles de transportar: falafel, shawarma, kafta y el Lahmacun de Aline (pág. 85).

Posteriormente, Aline y dos miembros del equipo local de WCK, Reem y Tiffany, lanzaron un nuevo proyecto, Sawa Blessed (bendecidos juntos), para continuar la dura tarea de alimentar a los desplazados de Beirut. La cocina comunitaria de Kamal también

se mantuvo en funcionamiento en el único local de Tawlet que quedaba. Servían dos mil comidas al día gracias al apoyo de los agricultores y productores de alimentos de Souk el Tayeb. El horror de la explosión del puerto subraya la necesidad de estar preparados en todo momento, de estar dispuestos a actuar con urgencia. Líderes como Aline y Kamal (y las miles de personas que también ayudaron) son los héroes que toda comunidad necesita para superar una crisis inimaginable.

SÁNDWICHES DE BAGRE A LAS ESPECIAS DE MARCUS

Marcus Samuelsson, el chef del famoso restaurante Red Rooster de Harlem, siempre responde a la llamada de WCK. Durante la pandemia, sus restaurantes de Nueva York, Newark y Miami repartieron cientos de miles de comidas. «Cuando elaboramos menús semanales para WCK —dice Marcus—, intentamos que nuestros platillos destaquen por sus sabores frescos y vibrantes». Este sándwich de bagre de inspiración haitiana es un buen ejemplo. Combina a la perfección el sabor especiado del pescado frito, el ácido del pikliz y el frescor herbáceo del alioli de cilantro cimarrón (véase pág. 31), también conocido como shado beni. La receta es flexible y Marcus anima a adaptarla: pruébala con otro tipo de pan, sustituye el bagre por huachinango y, si no encuentras cilantro cimarrón, logra un sabor similar combinando perejil y cilantro.

PARA 4 SÁNDWICHES

PARA EL ALIOLI SHADO BENI

1 taza de **mayonesa**
el jugo de ½ **lima**
1 manojo (unos 50 g) de **shado beni** (cilantro cimarrón) o una mezcla a partes iguales de **hojas de perejil fresco** y **hojas de cilantro fresco**
2 **dientes de ajo** medianos pelados
1 c. s. de **jengibre fresco** picado
½ **chile Scotch bonnet** sin semillas (si se prefiere más picante, dejar las semillas)
1 **chalota** pequeña pelada
sal kosher y **pimienta negra recién molida**

PARA EL BAGRE A LAS ESPECIAS

4 c. c. de **paprika** ahumada
4 c. c. de **harina Wondra** (véase Nota)
2 c. c. de **chipotle en polvo**
2 c. c. de **comino molido**
2 c. c. de **sal kosher**
4 **filetes de bagre** sin piel (170-225 g cada uno)
2 c. s. de **aceite de canola**

PARA EL MONTAJE

4 **panecillos haitianos, panecillos de ciabatta** o **hoagies** (15 cm de longitud) abiertos y tostados
Pikliz (pág. 290)

1. PARA EL ALIOLI DE SHADO BENI: introduce la mayonesa, el jugo de lima, el shado beni, el ajo, el jengibre, el chile Scotch bonnet y la chalota en un procesador de alimentos. Tritura hasta obtener una mezcla fina. Salpimienta al gusto. Reserva el alioli hasta que vayas a hacer los sándwiches. En el refrigerador, se conservará hasta 1 semana en un recipiente hermético.

2. PARA EL BAGRE A LAS ESPECIAS: combina la paprika, la Wondra, el chipotle en polvo, el comino y la sal en un *bowl* pequeño. Frota la mezcla de las especias por ambos lados de los filetes de bagre y déjalos reposar a temperatura ambiente 15 minutos.

3. Mientras tanto, calienta el aceite a fuego medio-alto hasta que brille en una sartén grande de hierro fundido.

4. Fríe hasta que las especias se doren y la mitad inferior de cada filete se vuelva opaca, unos 4 minutos. Dales la vuelta y sigue friendo hasta que el otro lado esté también marrón oscuro y opaco, 3 minutos más. Pasa el pescado a un plato.

5. PARA HACER LOS SÁNDWICHES: unta un poco de alioli en cada lado de los panecillos. Coloca un trozo de pescado en uno de los lados del panecillo, y aproximadamente media taza de pikliz en la otra. Sirve.

Nota: **la harina Wondra es una marca comercial de harina instantánea, por lo que está precocida y secada. Es ideal para que las superficies queden crujientes al freír. Suele estar disponible en los supermercados estadounidenses, pero si no la encuentras, sustitúyela por una mezcla de 2 tazas de harina común y 1 cucharadita de maicena. Tamízala dos veces.**

CÓMO HACER UN BOCADILLO

ENTRE 2 REBANADAS DE PAN

Jamón y queso (nuestra versión del clásico): 3 rebanadas de jamón cocido, 2 rebanadas de queso (normalmente americano) y una buena cantidad de mayocátsup (véase Salsas, a la derecha). Si puedes conseguir jamón local, úsalo. En el oeste de Kentucky tuvimos la suerte de servir el de Col. Newsom's Aged Kentucky Country Ham.

Pavo y queso: en lugar de jamón, usa 3 rebanadas de pavo.

Ensalada de atún (la de siempre): atún en agua, desmenuzado y mezclado con mayonesa, apio, un poco de mostaza, sal y pimienta. Mejora aún más con pepinillos para un toque crujiente y un chorrito de salsa picante.

Salami, queso cheddar y pepino: sabroso por el salami, fresco y crujiente por los pepinillos en rodajas finas y con el sabor lácteo del queso cheddar. En Polonia, nos conquistó al primer mordisco.

Ensalada de pollo: preparamos esta receta a menudo, sobre todo cuando sobra pollo. Las pasas aportan un ligero dulzor y se conservan mejor que las uvas, la opción más clásica.

EN UN PANECILLO

Tilapia frita: la receta se desarrolló en Haití durante uno de los primeros proyectos de WCK en Pwason Beni, un restaurante de pescado anexo al orfanato de la ONG Partners in Health, que también gestionaba una panadería. Se hace con tilapia frita, Pikliz (pág. 290) y un poco de mayonesa.

Huevos fritos, alioli de albahaca y jitomate asado: ¡haz los huevos en una charola! Descubre cómo hacerlo en Sándwiches de desayuno con alioli de albahaca (pág. 96).

Pulled pork: uno de los favoritos de nuestros amigos de Excaliburger, socios de WCK en Arkansas. Prepáralo cuando te sobre Guisado de cerdo al pastor (pág. 60).

Ensaladilla de jamón cocido: la chef Mi-Sol Chevallier lo preparó en Puerto Príncipe con restos de jamón y una buena dosis de aceite picante.

WRAPS Y BURRITOS

Wrap de verduras: zanahorias en juliana, germinados, pepino en rodajas, hummus, quizás alguna aceituna... ¡Siempre un acierto!

Burrito de pollo: arroz, frijoles, pollo desmenuzado y cualquier otro ingrediente que desees, ya sea queso, salsa o aguacate. Tras el paso del huracán Barry, repartimos burritos a una localidad inundada de Luisiana en un vehículo anfibio.

Burrito de desayuno: igual que el anterior, pero sustituyendo el pollo por huevos revueltos. En las elecciones estadounidenses de 2020, los servimos calientes en Fairbanks, Alaska, a quienes esperaban su turno a -30 °C.

Baleadas: tortillas grandes rellenas de frijoles refritos y más, dobladas como si fueran un taco; hemos hecho miles de ellas en Honduras y Guatemala, con todo tipo de rellenos, desde frijoles refritos hasta jamón y queso (véase Baleadas sencillas, pág. 99).

Arepas: la respuesta venezolana al sándwich, masa plana con una variedad de rellenos entre los que elegir (pág. 109).

Djej: pollo asado con toum de ajo (salsa de ajo libanesa) enrollado en un pan de pita plano, al más puro estilo de Beirut.

SALSAS

Mayonesa: un básico. José asegura que es infalible. En 2018, un artículo de *The New York Times* proclamaba que «José Andrés combate el hambre con mayonesa».

Mayocátsup: una mezcla a partes iguales de cátsup y mayonesa cortesía de Puerto Rico (se le suele añadir ajo picado y cilantro; la receta exacta es objeto de debate).

Mayocátsup avanzado: añádele un poco de orégano seco para aromatizar.

Salsa especial polaca: cátsup, mayonesa, mostaza y eneldo mezclados con queso crema, una novedosa versión de la salsa especial.

Dijonesa: esta salsa es tan popular en España como la mayocátsup en Puerto Rico: mezcla 1 parte de mayonesa y 1 parte de mostaza Dijon.

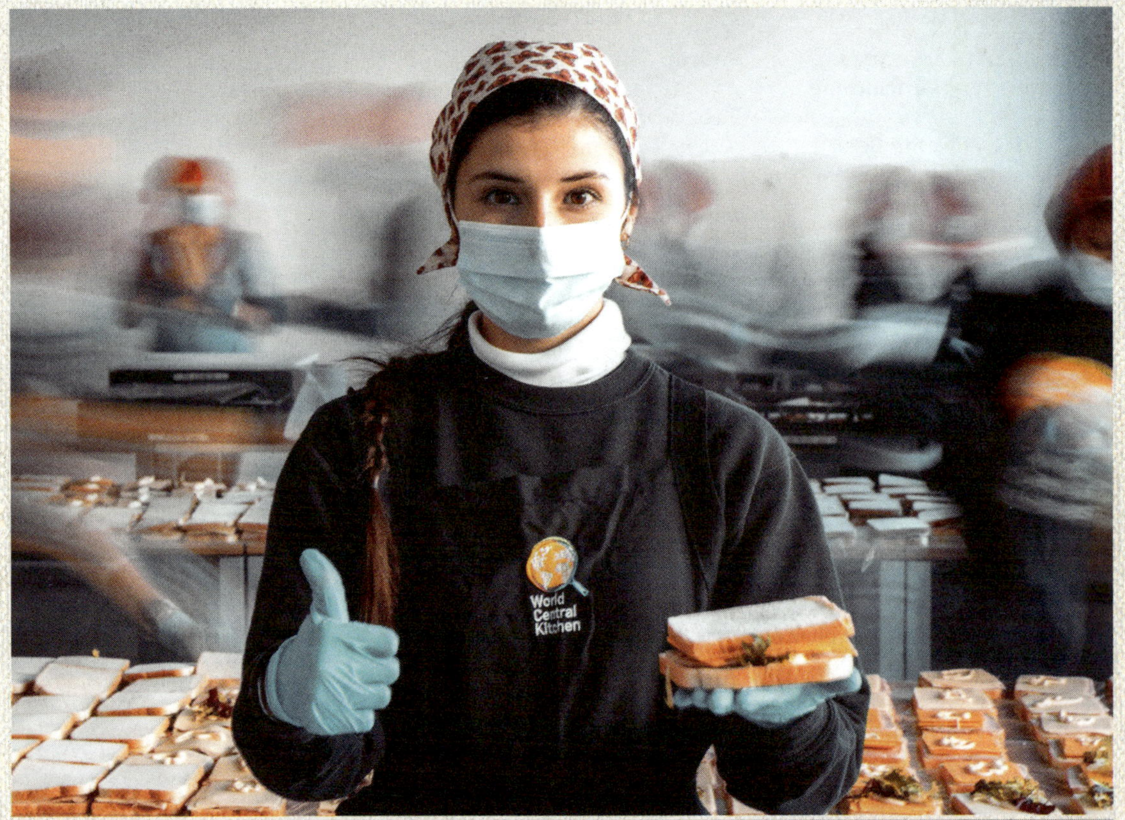
World Central Kitchen

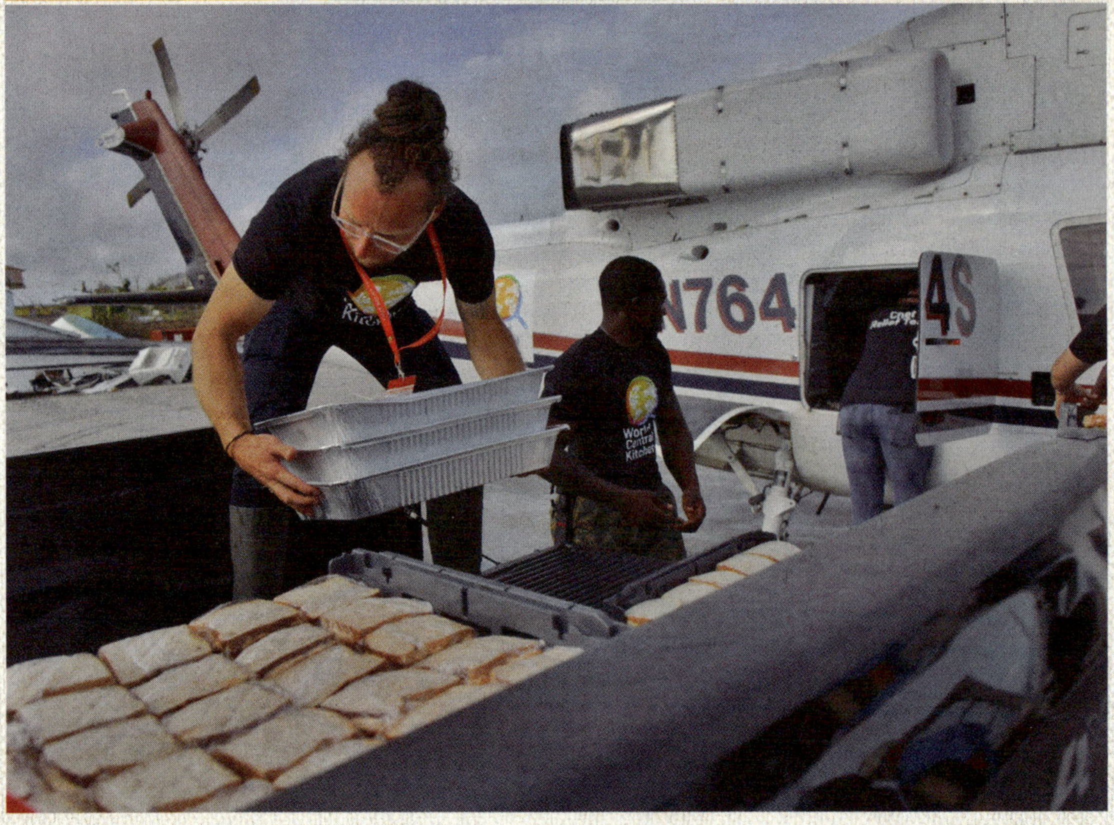
N764

¡MÁS MAYONESA!

En cualquier misión de ayuda de emergencia de World Central Kitchen, la actividad en la zona de sándwiches no cesa. Servimos sándwiches sencillos: 2 rebanadas de pan, unas rebanadas de jamón cocido o pavo, queso en rebanadas y una generosa cucharada de mayocátsup, una mezcla de mayonesa y cátsup de origen puertorriqueño que vuelve loco a José y que untamos sin miedo en ambos lados de cada rebanada («¡Más mayonesa!» no deja de resonar en nuestros oídos muchas horas después de que el día haya terminado).

Hacer el sándwich solo es una parte: también hacen falta mesas largas, muchas manos, algo de música, buena conversación y mucha paciencia. Una línea de sándwiches bien engrasada produce hasta mil bocadillos en una hora, diez mil al día, cada día. Cada sándwich se mete en una bolsa de papel marrón con una pieza de fruta y, a veces, ensalada. Las bolsas se cierran con una estampa de WCK y se envían a familias hambrientas, equipos de primeros auxilios y, bueno, a cualquiera que necesite algo que comer sobre la marcha.

Nuestras líneas de sándwiches han pasado por seis continentes y decenas de países. En Colombia, donde cocinamos junto a chefs venezolanos que habían huido de su país, preparamos arepas rellenas de queso y aguacate para los refugiados en su largo camino hacia la seguridad (véase Refugiados y migración, pág. 100). En Beirut (Líbano) servimos sándwiches de kafta y hummus con perejil y zumaque a los limpiadores voluntarios tras la terrible explosión en el puerto de la ciudad. Y en las Bahamas, preparamos sándwiches de atún picante para una comunidad de las islas Ábaco que no come cerdo por motivos religiosos. No importa dónde estemos; a las pocas horas de nuestra llegada ya estamos haciendo y repartiendo estos alimentos compactos y fáciles de transportar, unidos (o no) con mayonesa.

Tal vez la mayonesa sea una metáfora del aceite que engrasa nuestra máquina de hacer sándwiches. En la línea de sándwiches, la colaboración es vital, igual que la capacidad de resolver problemas: ¿pondrás la rebanada inferior del sándwich y añadirás los ingredientes para luego volver y colocar la otra rebanada? ¿O preferirás colocar ambas rebanadas para que el montaje sea más rápido, a costa de espacio en la mesa? Lo que en un principio parece un uso estratégico del espacio te hará perder tiempo más adelante, pues tendrás que hacer dos viajes. ¿Deberías untar la mayocátsup con una cuchara o será mejor usar una botella exprimible de cocina? (¡Pregunta trampa! Las botellas exprimibles son ineficaces). Haznos caso; lo hemos visto todo, y cada decisión cuenta. Una línea de sándwiches a pleno rendimiento es una imagen hermosa y participar en ella, una experiencia casi religiosa. Y todo empieza con la mayonesa.

SÁNDWICHES DE DESAYUNO CON ALIOLI DE ALBAHACA

Para freír un par de huevos, lo haces con una sartén. Pero ¿y si quieres hacer huevos fritos para miles de personas? Te confesaremos nuestro secreto: hacer los huevos en una charola. Servimos este sándwich durante la iniciativa Chefs For Feds, nuestra respuesta al cierre del Gobierno federal estadounidense en 2018-2019 durante el cual los empleados federales estuvieron semanas sin cobrar. Instalamos una cocina entre la Casa Blanca y el Capitolio, y servimos bocadillos y sopas calientes que les dieran un poco de calor y confort en esos fríos días de invierno. Nos encanta esta versión vegetariana, con suave jitomate asado y un alioli de albahaca verde brillante, pero le puedes añadir tocino o jamón si quieres que tu sándwich de desayuno lleve carne.

PARA 4 SÁNDWICHES

PARA LOS JITOMATES ASADOS

4 **jitomates saladet** partidos por la mitad a lo largo
2 c. s. de **aceite de oliva extra virgen**
3 **dientes de ajo** pelados
5 **ramitas de tomillo fresco**
sal kosher y **pimienta negra recién molida**

PARA EL ALIOLI DE ALBAHACA

1 c. s. de **piñones**
½ taza de **hojas de albahaca fresca** desmenuzadas
2 **dientes de ajo** pelados
1 c. c. de **jugo de limón fresco**, y un poco más al gusto
½ c. c. de **sal kosher**, y un poco más al gusto
½ taza de **mayonesa**

PARA LOS HUEVOS EN CHAROLA

4 **huevos** grandes
aceite en espray o **aceite de oliva extra virgen**
sal kosher y **pimienta negra recién molida**

PARA EL MONTAJE

4 **panecillos Kaiser** por la mitad u 8 rebanadas de **pan de caja**
aceite de oliva extra virgen
8 rebanadas de **queso provolone** o **cheddar**
2 tazas de **arúgula baby** (unos 50 g)

1. PARA LOS JITOMATES ASADOS: calienta el horno a 200 °C y forra una charola con papel aluminio.

2. Combina los jitomates, el aceite de oliva, el ajo y las ramitas de tomillo en un *bowl* mediano. Sazona con sal y pimienta y remueve hasta que los jitomates estén completamente cubiertos. Reparte los jitomates por la charola en una capa, con la parte cortada hacia arriba. Asa hasta que estén tiernos y burbujeantes, de 40 a 50 minutos.

3. MIENTRAS, PARA EL ALIOLI DE ALBAHACA: tuesta los piñones en el horno en una charola pequeña o una sartén apta para horno hasta que se doren y desprendan su aroma, unos 5 minutos. Remuévelos una vez. Sácalos del horno y deja que se enfríen en la charola.

4. Cuando estén fríos, añádelos a un procesador de alimentos pequeño con la albahaca, el ajo, el jugo de limón y la sal. Tritura hasta que quede picado grueso. Quizás tengas que rebañar las paredes varias veces. Añade la mayonesa y bate hasta que quede bastante fino. Rectifica el sabor con más sal o jugo de limón según sea necesario. Pásalo a un recipiente hermético y reserva.

5. PARA LOS HUEVOS EN CHAROLA: cuando los jitomates estén listos, sácalos del horno, pásalos a un plato y reserva para que se enfríen. Deja el horno encendido para los huevos en charola y sube la temperatura a 220 °C. Retira el papel aluminio de la charola y vuelve a forrarla con papel encerado. Coloca la charola en la rejilla central del horno y caliéntala 10 minutos.

6. Pela los huevos y échalos a un vaso medidor. Cuando la charola esté caliente, sácala del horno y colócala en una superficie plana. Rocíala con aceite en espray, aplicando una buena capa para que los huevos no se peguen. Vierte los huevos de la taza medidora en el centro de la charola y, a continuación, introdúcela de nuevo en el horno. Hornea hasta que las claras se cuajen, pero las yemas se sigan moviendo, unos 5 minutos, o hasta lograr el punto deseado. Salpimienta los huevos.

7. PARA HACER LOS SÁNDWICHES: aprovechando que el horno aún está caliente, coloca los panecillos en otra charola, con cl lado cortado hacia arriba. Pinta los panecillos o rebanadas de pan con aceite de oliva y hornéalos hasta que se calienten y tuesten (también puedes tostarlos en una tostadora).

8. Unta 1 cucharada del alioli de albahaca en cada mitad de panecillo o rebanada de pan. Con un cuchillo o un cortapastas, corta los huevos en charola en 4 trozos iguales, intentando que la yema quede en el centro del trozo. Coloca un huevo en la base de cada panecillo o en 4 de las rebanadas de pan. Añade 2 mitades de jitomate, 2 rebanadas de queso y un poco de arúgula. Cicrra los sándwiches y sírvelos.

Nota: si lo prefieres, puedes utilizar tortillas de harina compradas. Necesitarás 6 tortillas de 25 a 30 cm de diámetro.

BALEADAS SENCILLAS

Las baleadas pueden ser tan sencillas o complejas como quieras. La versión básica de este platillo típico centroamericano, originario de Honduras, consiste en tortillas de harina rellenas de frijoles refritos, crema agria y queso desmenuzado, que se sirven dobladas. Deberás decidir lo siguiente: ¿harás frijoles refritos caseros? ¿Y tortillas? ¿Les añadirás huevos revueltos, pollo o ternera? Si preparas la versión guatemalteca, ¿les pondrás guacamole, mayonesa, repollo y cebollas cambray? (Así es como preparamos miles de baleadas allí y en Honduras cuando los huracanes Eta e Iota siguieron casi exactamente el mismo camino de destrucción por América Central en 2020). Si vas a preparar cientos de baleadas, organizar una línea de producción con todos los ingredientes es fácil; sin embargo, para cocinar en casa, probablemente sea más inteligente elegir unos pocos rellenos. Sigue la receta de la baleada sencilla, a continuación, y a partir de ahí, ¡elige tu propia aventura!

PARA 6 BALEADAS

PARA LAS TORTILLAS (OPCIONAL; VÉASE NOTA)

3 tazas de **harina común** tamizada, y un poco más para trabajar con la masa
1½ tazas de **margarina** o **manteca de cerdo**
2 c. s. de **leche en polvo**
1 c. s. de **sal kosher**
1 c. s. de **levadura en polvo**
2 c. c. de **azúcar**
1 taza de **agua tibia**
aceite vegetal para el rodillo

PARA EL RELLENO

12 **huevos** grandes cocinados en tortilla (véase pág. 113) o siguiendo tu receta de huevos revueltos favorita
2 tazas de **frijoles refritos** (pág. 296) o **frijoles refritos de lata**
1 taza de **crema agria** o **crema hondureña**
1 taza de **queso fresco** desmenuzado

1. PARA LAS TORTILLAS CASERAS: combina la harina, la manteca, la leche en polvo, la sal, la levadura química y el azúcar en un *bowl* grande y mézclalos con un tenedor o con los dedos hasta obtener una masa gruesa. Añade poco a poco el agua tibia y empieza a remover con una cuchara de madera hasta que la masa cohesione. Vuélcala sobre una tabla limpia enharinada y amasa hasta que la masa esté lisa y no se pegue a las manos, de 10 a 15 minutos. Añade más harina a la superficie según sea necesario (y, si la masa es muy pegajosa, incorpora harina de cucharada en cucharada). Enharina ligeramente el *bowl* y coloca la masa dentro. Cúbrelo con plástico adherente o un paño de cocina limpio y déjalo reposar a temperatura ambiente unas 2 horas.

2. Divide la masa en 6 porciones iguales y, con las manos, dales forma de bola haciéndolas rodar contra la superficie (no uses más harina). Coloca una bola de masa sobre un tapete de silicona o una superficie de trabajo muy limpia y, con un rodillo ligeramente aceitado, extiéndela desde el centro hacia afuera hasta alcanzar un grosor de aproximadamente 1 mm (pueden ser un poco más delgadas o más gruesas, esto solo afecta a la flexibilidad de la tortilla).

3. Calienta una plancha, sartén antiadherente o sartén de hierro fundido a fuego medio. Cocina las tortillas (ya sean caseras o compradas) hasta que estén tiernas y flexibles y se empiecen a tostar, un minuto y medio o dos minutos por cada lado (un poco menos en el caso de las compradas). Si las tortillas se doran en exceso, no se doblarán fácilmente. Calienta todas las tortillas y resérvalas envueltas en un paño de cocina limpio para que no se enfríen mientras preparas los rellenos: huevos revueltos, frijoles refritos y cualquier otra cosa que desees.

4. Para servir, extiende una capa de frijoles refritos en cada tortilla, añade unas cucharadas de huevo en un lado y termina con un poco de crema agria y queso fresco. Dóblalas por la mitad y sírvelas de inmediato.

REFUGIADOS Y MIGRACIÓN

En sus orígenes, WCK se dedicaba principalmente a ayudar tras una catástrofe natural. Pero, con el paso de los años, dar de comer a migrantes y refugiados que huyen de crisis provocadas por el ser humano se convirtió en una pieza clave de nuestra misión. Las personas que huyen de la inseguridad económica, la persecución política, la violencia y el hambre se ven expuestas a toda una serie de riesgos durante su viaje. Y muchas familias carecen de un sistema de apoyo.

2018, Tijuana (México): WCK llegó al campamento de refugiados El Barretal, creado en respuesta a la gran afluencia de familias procedentes de Centroamérica que llegaban a la frontera entre México y Estados Unidos. Instalamos una cocina de campaña y, en pocos días, estábamos repartiendo miles de comidas al día, la mayoría a mujeres y niños que llegaban al campamento. Aquella Navidad servimos una cena completa, con pavo incluido, ¡y vino Santa Claus!

En los años transcurridos desde entonces, el número de personas que llegan a la frontera no ha dejado de aumentar. No solo huyen de la pobreza y la violencia; también del cambio climático: muchos agricultores, cuyas cosechas se han echado a perder, se ven obligados a abandonar su tierra y quieren pedir asilo en Estados Unidos, un proceso que puede llevar años, si es que llega a producirse. Mientras tanto, las familias se quedan atrapadas cerca de la frontera a la espera de que sus casos sean atendidos. Pueden pasar días, semanas, meses... incluso años.

Teresa «Tere» Picos, que se puso al mando de la cocina de WCK en Tijuana a finales de 2018, ha conocido a miles de refugiados. Diseñó los menús pensando en ellos, asegurándose de que nada fuera demasiado repetitivo (en la página 130 encontrarás su popular receta de chilaquiles, que se servía cada lunes). WCK y Tere contrataron a migrantes para que trabajaran con ella en la cocina. Los migrantes aprendieron técnicas culinarias y, a cambio, descubrieron al equipo de WCK sus tradiciones culinarias. Los menús resultantes incluían recetas de México, Honduras, El Salvador y más allá; una combinación de platillos de toda Latinoamérica que hacía que todos se sintieran como en casa.

2019, Colombia: tras unos meses especialmente tensos en la política venezolana, empezamos a repartir comida a quienes huían del país. Nos asentamos en Cúcuta (Colombia), justo al otro lado de la frontera. Instalamos una cocina de campaña allí y pronto sumamos otras a lo largo de la ruta de los migrantes. Los caminos que atraviesan, especialmente el trayecto de doscientos kilómetros con 2 700 metros de desnivel que separa Cúcuta y Bucaramanga, son muy peligrosos. Conocimos a miles de venezolanos, muchos de los cuales sufrían graves problemas de salud y desnutrición. Compartieron historias sobre la hiperinflación de su país: un kilo de carne podía llegar a costar el sueldo de todo un mes y encontrar leche para sus hijos resultaba imposible.

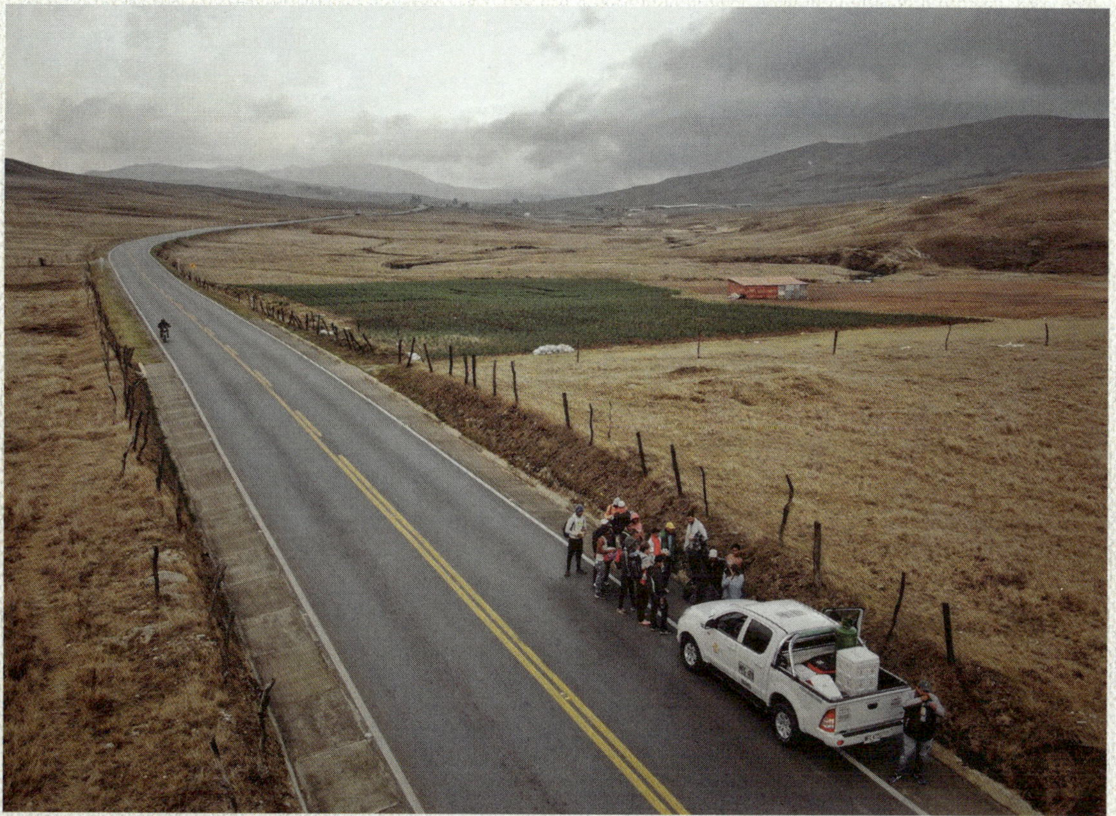

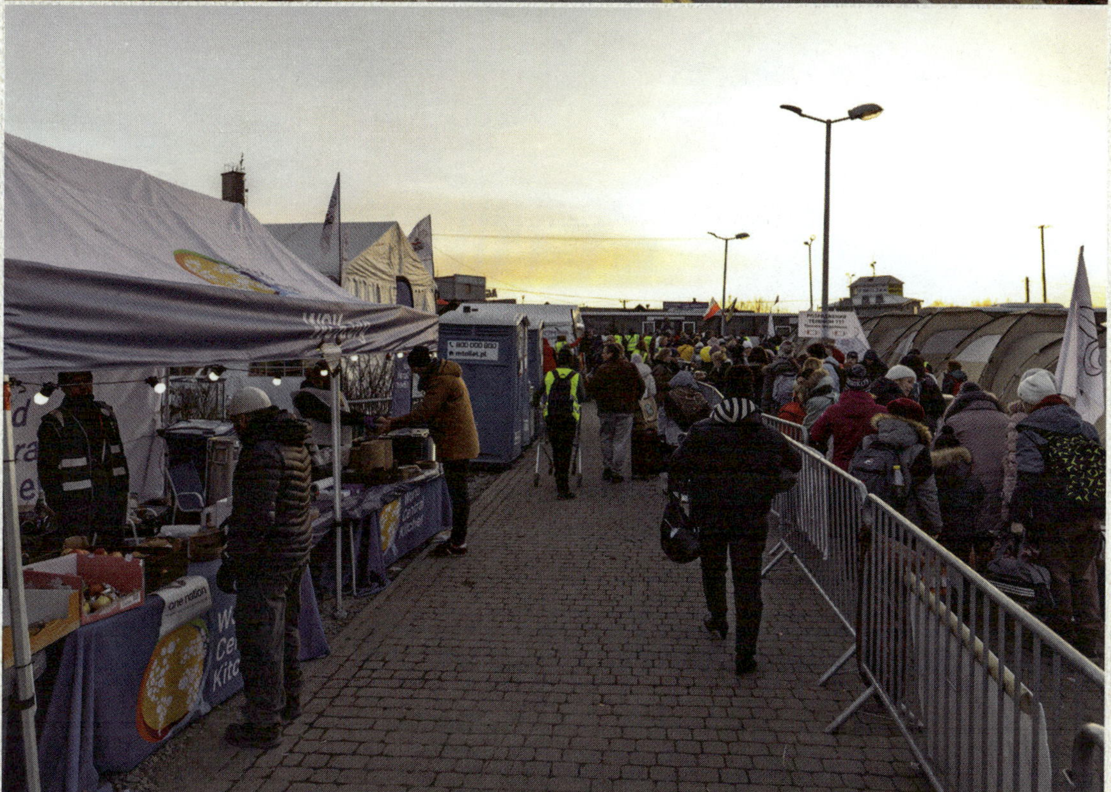
800 000 800
mtoilet.pl
one nation

En 2018, WCK empezó a repartir comida en El Barretal, un campamento de refugiados cerca de la frontera entre México y Estados Unidos.

Para muchos venezolanos, aquel peligroso camino era la única opción; la alternativa era quedarse y morir de hambre. Algunos nos dijeron que se dirigían a Medellín, la segunda ciudad más grande de Colombia, donde pensaban que encontrarían trabajo; otros iban más lejos, a Perú, Panamá o México. Muchos habían partido sin un plan más allá de saber que no podían quedarse.

Al principio, eran sobre todo hombres los que se aventuraban a aquel peligroso viaje, pero a medida que la situación se agravaba, empezamos a ver familias enteras. A lo largo de la ruta hay refugios de paso, lugares en los que los venezolanos pueden descansar, bañarse, comer y recibir ropa y servicios médicos gratuitos. Hemos servido millones de comidas en estos puestos, y un día oímos un grito: «¡Estamos comiendo carne! ¡Y fruta! ¡Y pollo! Hacía tiempo que no comíamos así».

2021, una respuesta global: en agosto, tras una rápida ofensiva de los talibanes y la posterior retirada de las tropas estadounidenses, muchos afganos sintieron que no tenían otra opción que huir de sus hogares y rehacer sus vidas a miles de kilómetros de distancia. Aquel repentino éxodo hizo que familias viajaran en avión durante días, cargando solo con las maletas que habían hecho a toda prisa y sin nada que comer salvo los aperitivos de la aerolínea.

Algunas de estas familias nunca habían salido de Afganistán. WCK los recibió con una comida caliente a su llegada a Estados Unidos, España y Catar. En el área de Washington D. C. colaboramos con restaurantes afganos locales para que los recién llegados tuvieran platillos que les resultaran familiares. Les servimos comida recién hecha mientras esperaban para pasar la aduana en el aeropuerto de Dulles. Algunos de estos restaurantes estaban dirigidos por refugiados afganos que habían huido en conflictos anteriores. «Yo también fui refugiado, en los años ochenta. Darles una comida hecha con amor después de que hayan estado viajando durante días les dice que tienen a alguien aquí que les entiende», nos contó Khaleeq Ahmad, propietario de un restaurante.

En Madrid colaboramos con Nadia Ghulam, cocinera y escritora que creció en Afganistán (en la página 190 encontrarás su receta de qorma-e-nakhod, un guisado de garbanzos con una cremosa salsa de queso de cabra). Ella también perdió su infancia por la guerra en los años ochenta: su casa fue bombardeada y, con solo ocho años, estuvo seis meses en coma. Tardó años en recuperarse. A los once se dio cuenta de que la única forma de sobrevivir en Afganistán era vestirse de chico. Lo hizo los diez años siguientes, hasta que se trasladó a España para recibir tratamiento médico. «Me sentí muy feliz de poder dar algo a mi gente», dijo Nadia sobre su trabajo alimentando a refugiados afganos. «Estoy muy contenta de hacer algo por mi país, aunque sea desde lejos. Me alegra que no se sientan solos, que sientan que hay personas que los quieren».

2022, Ucrania: una nueva crisis de refugiados comenzó a principios de año, esta vez debido a la invasión rusa de Ucrania. Pocas horas después del primer ataque, las familias empezaron a huir de sus hogares: se calcula que más de seis millones de ucranianos se marcharon a países vecinos, y otros diez millones se desplazaron internamente. WCK se estableció rápidamente en la frontera occidental con Polonia, instalando estaciones de acogida cálidas y cómodas. También lo hizo en otros cuatro países fronterizos con Ucrania y dos que acogían refugiados.

Instalamos una enorme cocina de campaña en Przemyśl, una ciudad del sureste de Polonia a pocos kilómetros de la frontera ucraniana. Era una de las más grandes que jamás habíamos dirigido. Nos acompañaron cocineros de todo el mundo, entre los que había refugiados ucranianos y polacos que querían ayudar a sus vecinos. Muchos nos decían lo mismo: querían sentirse ocupados, sentirse útiles. «Si no tienes nada que hacer, solo piensas en Ucrania y los que se quedaron allí. El trabajo te ayuda a pensar en otras cosas», nos confesó uno de los voluntarios.

En Ucrania, colaboramos con cientos de restaurantes para repartir comida en ciudades sitiadas, cocinar para pueblos que habían estado bajo ocupación rusa y alimentar a familias obligadas a huir de sus hogares en busca de seguridad. En ciudades como Leópolis y Dnipro, que acogieron a cientos de miles de familias desplazadas, las comunidades de restaurantes dieron un paso al frente para ayudar a sus conciudadanos. Se sumaron a la lucha como mejor sabían: cocinando. El chef Yurii, que dirige uno de los restaurantes asociados a WCK en Leópolis, al oeste de Ucrania, nos contó que su hermano se había alistado al ejército al principio de la guerra, pero él había decidido seguir cocinando. «Es más que comida y calorías. Cuando una persona baja de un tren y prueba un tazón de sopa caliente que sabe a hogar, siente que es alguien importante y que no le olvidan; es como el abrazo de una madre», afirma Yurii.

En todos estos casos, desempeñamos una labor urgente y necesaria. Las personas no abandonan su hogar si no tienen más remedio: a la mayoría de los migrantes y refugiados les encantaría haberse quedado en sus lugares de origen. Huyen de un sinfín de problemas, ya sean personales, políticos, económicos o sociales, y llevan a sus espaldas algo más que sus maletas. Cuando nos encontramos con ellos en el camino, están solo en la primera etapa de un viaje muy, muy largo. Así que hacemos lo que está en nuestras manos para llenar sus estómagos y sus corazones durante el breve tiempo en que nuestros caminos se cruzan.

En el contexto de estas horribles y devastadoras crisis, un bocadillo o una arepa pueden parecer asuntos triviales. Pero la comida es siempre una preocupación acuciante, y aliviarla mejora el día de cualquiera. Aporta las calorías que necesitan para seguir adelante, pero es más que eso. Nuestra comida les tranquiliza. Crea un nuevo y buen recuerdo. Y los representa. Intentamos cocinar platillos auténticos del lugar en el que estamos, que tengan un vínculo con la comunidad que alimentamos. Siempre ha habido migraciones, y muchos de estos platillos tienen vínculos ancestrales con los viajes: los tamales existen desde hace diez mil años y son una de las primeras comidas que se podían transportar (¡y con envoltorio biodegradable!); y las arepas evolucionaron de empanadas de harina de maíz aptas para viajar que datan de hace dos mil años.

Son historias que parecen inabarcables, pero entender estas recetas y sus orígenes ayuda a contextualizar la condición humana en su conjunto. Preparar estas recetas, reflexionar sobre su historia y lo que significan para quienes las crearon y las mantienen vigentes nos puede ayudar a comprender a los demás y hacer crecer nuestra empatía.

AREPAS

Esta receta es de Gaby María Chirinos, una cocinera venezolana que se sumó al equipo de WCK en Cúcuta (Colombia), en la frontera con Venezuela, y nos ayudó a cocinar para los refugiados (véase Refugiados y migración, pág. 100). Muchos venezolanos y colombianos comen arepas todos los días; tienen el tamaño perfecto para viajar y se pueden rellenar de lo que uno quiera: jamón cocido, queso, huevo, carne deshebrada... En esta misión, el relleno que más preparamos era el más sencillo: aguacate maduro y queso llanero venezolano, un queso curado suave. Según Gaby: «Cualquier venezolano que se precie come las arepas con queso y aguacate», pero no te juzgaremos si quieres rellenar la tuya con todo lo que encuentres en la cocina.

PARA 8 AREPAS DE 10 CM

PARA LA MASA

2 tazas (135 g) de **masarepa amarilla** o **blanca** (véase Nota)
1 c. c. de **sal kosher**
2 o 3 tazas de **agua tibia**
aceite vegetal para formar y freír las arepas

PARA EL RELLENO

4 c. s. de **mantequilla sin sal** a temperatura ambiente
2 **aguacates** cortados en rodajas
2 tazas de **queso rallado**, como queso llanero venezolano, mozarela o queso Oaxaca
sal kosher

1. PARA LA MASA: combina la masarepa y la sal en un *bowl* mediano. Añade el agua poco a poco (la cantidad de agua necesaria dependerá de la marca de masarepa; comprueba las indicaciones del envase). Amasa a mano hasta obtener una masa blanda, con una consistencia similar a la arena mojada o la polenta suelta y que, cuando le des forma, no se agriete. Cuando la mezcla esté fina y no tenga grumos, déjala reposar unos 10 minutos.

2. Divide la masa en 8 porciones iguales y dales forma de bola. Úntate las manos con un poco de aceite vegetal y aplasta cada bola hasta obtener un disco plano de aproximadamente 1 cm de grosor. El aceite evita que la masa se pegue; utiliza más según sea necesario.

3. Unta de aceite una plancha o sartén de fondo grueso y caliéntala a fuego medio-alto.

4. Añade las arepas a la plancha y séllalas a fuego vivo 3 o 4 minutos por cada lado, hasta que se doren y estén crujientes por ambos lados. Baja el fuego a bajo y hazlas unos 5 minutos más por cada lado, hasta que se hinchen ligeramente y estén hechas; cuando abras una arepa, debe estar seca por dentro, sin que se quede demasiada masa pegada en el cuchillo. (Ser capaz de entender en qué momento se ha terminado de cocer una arepa puede ser complicado: un miembro del equipo venezolano de WCK dice que describir la textura correcta es como describir por qué un arcoíris es hermoso. No hay palabras para hacerlo). Si lo prefieres, después de sellar las arepas, las puedes pasar a una charola de horno forrada con papel aluminio o papel encerado y asarlas en un horno precalentado a 180 °C hasta que el exterior esté crujiente y dorado y el interior bien cocido, 7 u 8 minutos.

5. PARA SERVIR: abre las arepas con cuidado con un cuchillo mojado. Para servir las arepas como lo haría un auténtico venezolano, úntalas con un poco de mantequilla por dentro y rellénalas con rodajas de aguacate y queso rallado. Espolvorea un poco de sal kosher.

***Nota*: la masarepa es harina de maíz precocida diseñada para preparar arepas. Hay masarepa amarilla y blanca. Para esta receta sirve cualquiera de ellas. Nuestra favorita es la de la marca P.A.N.**

TACOS DE DESAYUNO DE MICHELLE OBAMA

Los Obama cenan ternera una vez a la semana: «Es una tradición familiar que nos encanta y, cuando nuestras hijas están en casa, sentarnos a cenar juntos es muy importante para todos nosotros», afirma Michelle Obama. A la mañana siguiente suele haber sobras, lo que solo puede significar una cosa: tacos de desayuno. Esta receta, la forma favorita de Michelle Obama de aprovechar las sobras de ternera, es del chef Tafari Campbell, que cocinaba para los Obama en la Casa Blanca y luego siguió trabajando para la familia. La ex primera dama nos cuenta que los huevos y la ternera son proteínas saludables que llenan nuestro organismo de energía, mientras que las setas aportan nutrientes y un toque de umami extra. Los Chefs de Respuesta Inmediata de WCK han incorporado este platillo a nuestra rotación de desayunos; a veces lo preparamos como un bufet, invitando a los niños (y a sus padres) a que añadan los ingredientes que prefieran. No solemos revelar de dónde viene la receta, pero es un honor compartir un platillo de alguien que sabe tanto de buena alimentación y nutrición como esta ex primera dama.

PARA 4 PERSONAS

PARA LAS CONSERVAS

6 **chiles fresno** sin semillas en tiras de 6 mm
1½ tazas de **vinagre blanco destilado**
¼ de taza de **azúcar**
2 **dientes de ajo** aplastados y pelados
1 **hoja de laurel**
1 **cebolla morada** mediana cortada en rodajas

PARA LA TERNERA

2 c. c. de **sal marina fina**
1½ c. c. de **chipotle en polvo** o **chile de árbol triturado**
1½ c. c. de **ajo granulado**
1½ c. c. de **azúcar morena clara**
1 c. c. de **pimienta negra recién molida**
1 c. c. de **mostaza en polvo**
1 c. c. de **jengibre en polvo**
una pizca de **canela molida**
225 g de **entrecot deshuesado** cortado en contra de la fibra en tiras de 1 cm de grosor

PARA LAS SETAS

2 c. s. de **aceite de oliva extra virgen** o de **aceite de aguacate**
2 c. s. de **mantequilla sin sal**
225 g de **champiñones de París**, **setas de ostra**, **setas shiitake** o una mezcla de setas en láminas
1 **chalota** mediana por la mitad y cortada en rodajas finas
1 **chile pasilla** sin semillas cortado en rodajas finas
1 **diente de ajo** mediano picado
1 c. s. de **chiles chipotle en adobo** picados
sal kosher y **pimienta negra recién molida**

PARA LOS HUEVOS

6 **huevos** grandes
2 c. s. de **leche** o **agua**
2 c. s. de **mantequilla sin sal**
¼ de taza de **queso Monterey Jack** rallado

PARA LOS TACOS

8 **tortillas de maíz** (15 cm)
queso cotija desmenuzado
cilantro fresco picado

1. PARA LAS CONSERVAS: la noche anterior a preparar los tacos combina los chiles, el vinagre, el azúcar, el ajo, la hoja de laurel y media taza de agua en una cacerola pequeña y llévalo a ebullición. Cuando el azúcar se haya disuelto, retíralo del fuego y pasa los chiles y el líquido a un recipiente hermético. Añade la cebolla y refrigéralo toda la noche.

2. PARA LA TERNERA: combina la sal marina, el chipotle en polvo, el ajo granulado, el azúcar morena, la pimienta negra, la mostaza en polvo, el jengibre en polvo y la canela en un *bowl* pequeño. En un *bowl* mediano, mezcla 2 cucharadas de la mezcla de especias con el entrecot cortado y mézclalo para que la

(la receta continúa)

carne quede bien cubierta (con las cantidades indicadas te sobrará un poco de las especias. Guárdalas en un recipiente hermético a temperatura ambiente y úsalas la próxima vez que hagas ternera). Reserva mientras preparas las setas (también puedes hacer como los Obama y usar las sobras de carne que tengas en casa).

3. PARA LAS SETAS: combina 1 cucharada de aceite de oliva y 1 cucharada de mantequilla en una sartén mediana de hierro fundido y ponla a fuego medio-alto hasta que la mantequilla se funda. Añade las setas, remueve para que se impregnen de la grasa. Sin remover, déjalas cocer de 5 a 7 minutos, hasta que se empiecen a dorar. Remueve unas cuantas veces con una cuchara de madera y, a continuación, incorpora la chalota, el chile pasilla y el ajo. Continúa hasta que se empiece a caramelizar, de 3 a 5 minutos más. Añade el chipotle picado y salpimienta al gusto.

4. Pasa las setas a un *bowl* resistente al calor. Limpia la sartén y vuelve a ponerla en el fuego a fuego medio-alto. Añade la cucharada de aceite de oliva restante y la mantequilla, luego agrega el filete y saltéalo por ambos lados hasta que se dore y alcance el punto deseado: 1 o 2 minutos si lo quieres poco hecho y de 3 a 5 si lo prefieres bien hecho. Devuelve las setas a la sartén con el filete para recalentarlas y reserva.

5. PARA LOS HUEVOS: bate los huevos y la leche en un *bowl* hasta obtener una mezcla ligera y espumosa.

6. Funde 1 cucharada de mantequilla a fuego medio en una sartén antiadherente mediana. Gira el sartén para que la mantequilla la cubra. Añade la mitad de los huevos a la sartén y deja que se hagan sin removerlos hasta que cuajen por encima. Agrega la mitad del queso en una línea perpendicular al mango de la sartén. Con la ayuda de una espátula, ve despegando los huevos suavemente lejos de ti mientras inclinas la sartén hacia abajo. Los huevos se enrollarán sobre sí mismos en tercios. Pasa los huevos a un plato y repite el proceso con el resto de la mantequilla, huevos y queso. Corta cada tortilla en cuartos y reserva.

7. PARA LOS TACOS: calienta las tortillas a fuego medio en la sartén de hierro fundido (asegúrate de limpiarla primero) o en la sartén antiadherente, de 30 segundos a 1 minuto por cada lado, hasta que empiecen a adquirir algo de color.

8. Coloca un cuarto de tortilla en cada tortilla. Encima, añade las setas y un par de tiras de entrecot. Termina cada taco con los chiles y cebollas en escabeche, queso cotija y cilantro y sírvelos de inmediato.

ADAPTACIÓN

CHAROLAS, PAELLERAS Y VARIANTES

¿Y sabes qué pasó? Cuando necesitábamos un restaurante, nos dieron el suyo. Necesitábamos un lugar donde aparcar y nos lo dieron. Y empezamos a preparar sancocho, el mejor sancocho de la historia de la humanidad. A preparar sándwiches, los mejores sándwiches con mayonesa en la historia de la humanidad. Y luego en el estacionamiento empezamos a recibir camiones de comida. Y empezamos a recibir paelleras. ¡Paelleras! Un tipo loco llamado Manolo vino de Miami porque quería cocinar arroz. Su equipo y él han preparado cientos de miles de comidas de arroz con pollo, día tras día.

JOSÉ ANDRÉS, *ALIMENTAMOS UNA ISLA*

SE HA CONVERTIDO EN UNA ESPECIE DE BROMA INTERNA: EN WCK NO TENEMOS REUNIONES. Si hay un tema que tratar con los compañeros, lo hacemos con una charla, una llamada rápida o mientras tomamos un café... Pero nunca organizamos reuniones. Esto viene dado por el propio ADN de la organización: nos adaptamos y no planificamos. Y es que, si estás en una reunión, es porque estás planificando algo.

En cambio, estamos de lo más cómodos leyendo el viento y reaccionando a las circunstancias según se desarrollan. Es una necesidad. Los terremotos son completamente impredecibles. Los incendios forestales pueden tomar una nueva dirección en cuestión de segundos. Los volcanes pueden estar tranquilos un minuto y, al siguiente, empezar a escupir lava. Como ha dicho José: «Los huracanes no hacen caso; no les puedes decir hacia dónde se debe dirigir». Somos de los primeros en responder a una catástrofe natural, por lo que tratamos con la naturaleza y tenemos que hacer todo lo que esté en nuestras manos para seguirle el ritmo.

La capacidad de adaptación es algo casi innato, una habilidad difícil de enseñar. Pero está en la naturaleza de los chefs profesionales que constantemente tienen que estar arreglando sus equipos, buscando nuevos proveedores de los productos más difíciles de encontrar y echando una mano al sector de la cocina que se está quedando atrás. Esto es lo que distingue a WCK de otras organizaciones que responden a las catástrofes con un plan elaborado en reuniones (¡reuniones!), codificado y estructurado. Hay equipos que se sientan en sus oficinas con aire acondicionado y planifican su siguiente paso durante días, semanas, meses... y otros que se ponen manos a la obra.

De todos modos, la naturaleza imprevisible de las catástrofes hace imposible planificar antes de estar sobre el terreno. Tras el paso del huracán Dorian por las islas Ábaco, en el norte de Bahamas, fuimos los primeros en llegar. Lo hicimos con cajas de bocadillos que ya se podían distribuir y empezamos a reunir información sobre quién necesitaba qué y dónde, a las pocas horas de que la tormenta amainara. Nuestro equipo se estableció en un club náutico abandonado de Marsh Harbour, desde donde podíamos distribuir las comidas que traíamos en avión desde Nassau dos veces al día.

No había electricidad en toda la isla. Había generadores, pero necesitaban gasóleo para funcionar. Y tampoco había gasóleo. Pero estábamos en un club náutico, lleno de

Cargando comidas para llegar a las islas más remotas desde las islas Ábaco en Las Bahamas, 2019.

9MPA703N

barcos varados que funcionaban con... ¡gasóleo! Así que, con el permiso de sus dueños, extrajimos el combustible de los barcos para alimentar los generadores. Así, enseguida nos pusimos manos a la obra.

En este capítulo encontrarás recetas que hemos creado y adaptado a lo largo de los años para toda una variedad de situaciones, cocinas y gustos. Se pueden preparar en cualquier lugar y en cualquier momento, ya sea en cocinas profesionales totalmente equipadas o en minúsculas cafeterías de escuela. Los resultados variarán, pero siempre aspiramos a hacerlo lo mejor posible, a crear algo que no dudaríamos en servir a nuestras familias.

NO LE PUEDES DECIR A UN HURACÁN HACIA DÓNDE SE DEBE DIRIGIR; LO ÚNICO QUE PUEDES HACER ES *REACCIONAR* A ESA DIRECCIÓN.

A veces tomamos una receta clásica (por ejemplo, las enchiladas) y cambiamos el método para que sea más fácil dar de comer a muchos, como en el caso de nuestras Enchiladas de verduras en capas (pág. 134), que se parecen más a una lasaña, o el Pepito en charola (pág. 143) de inspiración venezolana. Hay platillos que se pueden adaptar de mil maneras: por ejemplo, en muchas de nuestras actuaciones hemos preparado alguna de las versiones de nuestros Macarrones con queso clásicos (pág. 151), a cuya sencilla receta base puedes incorporar casi cualquier otra receta de este libro. En este capítulo también encontrará recetas de dos amigos y socios de WCK: el Kafta bil bandora (pág. 141) de Reem Assil y el Pollo a la parmesana (pág. 148) de Ayesha Curry. Y, por supuesto, podrás probar el famoso Arroz con pollo (pág. 147) de Manolo, el «loco» mencionado en la cita de *Alimentamos una isla* (pág. 114), que llegó a Puerto Rico desde Miami con ganas de cocinar arroz.

No le puedes decir a un huracán hacia dónde se debe dirigir; lo único que puedes hacer es *reaccionar* a esa dirección. Y, en el caso de WCK, lo que queremos es asegurarnos de que estamos en el lugar correcto desde el que empezar a trabajar.

PASTEL DE POLLO A LAS HIERBAS DE MOLLIE

con panecillos de mantequilla

El pastel de pollo era uno de los platillos habituales durante nuestra respuesta a la pandemia en Washington D. C., cuando decenas de voluntarios cocinaban en el Nationals Park, el estadio de beisbol que tuvo que cerrar temporalmente. La receta es de la chef de WCK Mollie Kaufmann (en la imagen de la página 124), que ha cocinado en restaurantes de lujo de toda la ciudad. Está deliciosa, con una sencilla salsa sedosa sobre pollo desmenuzado, zanahorias y chícharos, y el sutil sabor a hierbas que aportan la salvia y el tomillo. La masa de los panecillos se prepara con antelación y se reserva en el refrigerador para, después, hornear todos los componentes juntos. Esta receta se puede preparar fácilmente para tantos comensales como desees y es estupenda para compartir con vecinos o amigos que necesiten consuelo. Puedes guardar el relleno y los panecillos sin hornear por separado y explicarles cómo construir el platillo final. «De alguna manera, se convirtió en mi receta estrella. Aún no sé muy bien por qué —dice Mollie—. Pero mientras la gente lo disfrute, yo soy feliz».

PARA 4-6 PERSONAS

PARA LOS PANECILLOS DE MANTEQUILLA

2 tazas (240 g) de **harina común**, y un poco más para dar forma
1 c. s. de **levadura en polvo**
1 c. s. de **azúcar**
½ c. c. de **sal marina fina**
6 c. s. (85 g) de **mantequilla sin sal** fría, más 1 c. s. fundida para pintar
¾ de taza (170 g) de **leche entera**

PARA EL RELLENO

4 c. s. de **mantequilla sin sal**
1 **cebolla amarilla** pequeña cortada en cubos
2 **dientes de ajo** medianos picados
1 c. s. de **salvia fresca** picada
3 **ramitas de tomillo fresco**
1 **hoja de laurel**
2 **zanahorias** medianas peladas y cortadas en cubos
2 **ramitas de apio** cortada en cubos
½ taza de **leche entera**
3 c. s. de **maicena**
1½ tazas de **caldo de pollo** casero o comprado
4 tazas de **pollo cocido** desmenuzado (véase la Nota de la pág. 124), carne blanca y oscura
1 taza de **chícharos congelados**
1 c. c. de **sal kosher**, y un poco más al gusto
1 c. c. de **pimienta negra recién molida**, y un poco más al gusto

1. PARA LOS PANECILLOS DE MANTEQUILLA: combina la harina, la levadura, el azúcar y la sal en un *bowl*. Ralla la mantequilla fría sobre el *bowl* usando los agujeros más grandes de un rallador e incorpórala a la mezcla seca con las manos hasta obtener una textura de arena gruesa. Añade la leche y remueve suavemente con un tenedor hasta obtener una masa húmeda.

2. Forra una charola de horno con papel encerado. Vuelca la masa sobre una tabla limpia ligeramente enharinada. Extiéndela suavemente con las manos hasta formar un rectángulo de unos 2.5 cm de grosor. Dobla la masa en tres partes, como si fuera una carta, y presiona de nuevo con las manos hasta obtener un rectángulo de masa de 2.5 cm de grosor. Con un cortador de galletas redondo de 5 a 7 cm, o un vaso limpio del mismo tamaño, haz de 6 a 8 círculos de masa (el número dependerá del diámetro del cortador). Haz los cortes lo más juntos posible para no desperdiciar masa. Coloca la masa recortada en la charola forrada. Junta los restos de la masa, enharina la superficie de nuevo si es necesario y extiende la masa hasta obtener una lámina de 2.5 cm de grosor (refrigérala de 10 a 15 minutos si está demasiado blanda para trabajar con ella). Corta tantos círculos como te sea posible y desecha los restos que queden. Reserva la charola en el refrigerador mientras preparas el relleno.

3. Calienta el horno a 230 °C.

4. PARA EL RELLENO: funde a fuego medio las 4 cucharadas de mantequilla en una ca-

(la receta continúa)

zuela de hierro fundido o una olla de fondo grueso apta para horno. Añade la cebolla, el ajo, la salvia, el tomillo y el laurel y rehoga, removiendo con frecuencia, hasta que la cebolla esté translúcida y todo desprenda su aroma, 4 o 5 minutos. Agrega las zanahorias y el apio y rehoga hasta que desprendan su aroma, unos 5 minutos.

5. En una taza medidora pequeña, disuelve la maicena en la leche con un tenedor o bate y mezcla hasta obtener una mezcla homogénea.

6. Vierte el caldo de pollo sobre las verduras y cuece a fuego lento. Una vez que el líquido hierva a fuego lento, añade la mezcla de leche y maicena y llévalo a ebullición. Empezará a espesar en unos minutos. Añade el pollo, los chícharos, la sal y la pimienta, y remueve hasta que todo esté bien distribuido. Si fuera necesario, rectifica el punto de sal y pimienta. Retira la hoja de laurel.

7. Saca los panecillos del refrigerador y distribúyelos encima del relleno. También los puedes hornear en la charola forrada. Pinta los panecillos con la mantequilla fundida y hornéalos hasta que el relleno esté caliente y burbujee y los panecillos se doren y estén hechos, de 15 a 20 minutos.

8. Sirve de inmediato en tazones, cubriendo el relleno de pollo con uno o dos panecillos.

***Nota*: de un pollo asado entero de 1.4 kg se obtienen 4 tazas de carne desmenuzada. También puedes cocer 3 pechugas de pollo medianas deshuesadas y sin piel o 5 o 6 muslos deshuesados y sin piel en agua salada a fuego lento hasta que estén bien hechos, unos 15 minutos para las pechugas y 12 minutos para los muslos. ¡O utilizar las sobras de pavo del Día de Acción de Gracias!**

EL ESPÍRITU DE WCK

A veces, cuando conoces a una persona, sientes que la conoces de toda la vida. Esto es lo que nos pasó con estas cuatro mujeres de diferentes rincones del mundo, que se han implicado en WCK y entienden y encarnan a la perfección la misión de la organización. Su trabajo y dedicación han cambiado nuestro rumbo, y ellas siempre se han mostrado dispuestas a prestar su ayuda.

La chef Elsa Corrigan (en la imagen de la página 127, arriba) es una voluntaria superestrella que colaboró con WCK por primera vez en Hawái, en 2018. También ha estado en California (donde vive a tiempo parcial y ha prestado su ayuda en más de una docena de incendios forestales), las Bahamas, Australia, Mozambique... Estuvo años al frente de restaurantes en Fiyi y California (es una experta en sushi), pero cuando decidió dedicar algo menos de tiempo a Mamasake, cerca de Truckee (California), buscó otra forma de utilizar su talento. Elsa vio que World Central Kitchen estaba trabajando en Hawái tras la erupción del volcán Kilauea. Al recordar la forma en que el huracán Katrina había arrasado partes de Nueva Orleans, quiso poner sus conocimientos al servicio de quienes habían vivido una catástrofe. No lo dudó: se subió a un avión rumbo a Hawái.

«Empecé a trabajar en la cocina y aprendí la primera lección, y la más valiosa, de los voluntarios que me rodeaban —dijo Elsa—. No estábamos allí solo para cocinar tanto y tan rápido como fuera posible. WCK daba a aquellas personas un lugar en el que sentirse útiles, donde distraerse del desastre que no detenía su avance y que nos afectaba a todos. Estábamos allí para que, por un momento, pensaran en otra cosa».

Esto se repite en todas nuestras actuaciones: los voluntarios quieren participar no solo para dar de comer a la gente, sino para formar parte de la recuperación de su comunidad. «No solo estaba haciendo llegar comida a los damnificados, sino que también los estaba ayudando a ayudar», afirma Elsa.

Pero que las palabras de Elsa no te hagan subestimar su capacidad de alimentar a los demás: es uno de los miembros incondicionales de nuestro equipo de cocina. De hecho, algunas de sus recetas se han hecho famosas en los frentes de los incendios forestales, como su Chili verde de pollo (pág. 167), que ha cautivado a tantos bomberos forestales del norte de California que lo piden así: «¿Hoy tienen el chili de la chef Elsa?».

Rima Aritonang (en la imagen de la página 127, abajo a la derecha), que está al frente de WCK en Indonesia, se unió a nuestro equipo como traductora en 2018, cuando acudimos tras el terremoto y tsunami que asolaron Célebes Central, causando importantes daños en la ciudad de Palu. Por aquel entonces, Rima trabajaba como profesora en la Alliance Française de Balikpapan, una ciudad al otro lado del estrecho de Macasar, frente a Palu.

Cuando el tsunami golpeó Palu, un amigo le preguntó si podía ayudar a traducir a una organización de ayuda humanitaria que venía a evaluar los daños. Rima domina el francés (ha dado clases de este idioma durante casi una década y vivió dos años en el sur de Francia), pero le preocupaba que su inglés no fuera lo bastante bueno. Aceptó cuando le dijeron que el equipo de WCK necesitaba su ayuda para comprar ingredientes en los mercados locales: su madre es cocinera y trabaja en un catering, así que Rima está muy familiarizada con el lenguaje de la comida.

El equipo de WCK llegó y empezaron a trabajar para conseguir ingredientes frescos en Balikpapan y enviarlos a Palu, donde no tenían nada tras la tormenta. Los obstáculos no tardaron en aparecer: los funcionarios indonesios no nos permitían llevar los productos en el avión. «No era tan fácil como pensaba; solo queríamos ayudar, pero los problemas no dejaban de surgir», recuerda Rima. El trabajo era agotador: de día, Rima y el equipo de WCK suplicaban a los funcionarios locales que les permitieran llevar ayuda; de noche, se abastecían de más ingredientes y suministros. Tras seis días nos permitieron viajar, siempre que comprásemos todos los ingredientes en el país. «Nos sentíamos como si nos hubiera tocado la lotería. Estábamos muy contentos».

Rima se ha convertido en la persona de referencia de WCK en cualquier crisis en Indonesia, desde terremotos hasta la pandemia de covid-19. «He aprendido a estar más agradecida por lo que tengo, por la familia que tengo. Y por la comida que mi familia puede poner sobre la mesa», afirma. Rima compartió dos recetas de su madre: la de Sayur gori (pág. 204), un sabroso curri vegano de yaca, y la de Rendang de ternera (pág. 51), tan popular que amigos y familiares que viajan fuera de Indonesia le piden que se la prepare para poder llevársela y sentir el sabor a casa aun estando lejos de ella.

En 2017, cuando el huracán María azotó Puerto Rico, la chef Karla Hoyos (en la imagen de abajo a la izquierda) trabajaba en Bon Appétit Management Company, una gran empresa de catering institucional, en Indiana. Tenía una clara inclinación filantrópica y dedicaba tiempo y esfuerzo a recaudar fondos para diversas fundaciones y ONG. La generosidad siempre formó parte de la vida familiar de Karla. De hecho, cuando Santa Claus visitaba a su familia en Veracruz (México), le dejaba una nota junto a los juguetes: «Tienes que elegir uno de los regalos y dárselo a un niño menos afortunado». También había ayudado antes en catástrofes naturales; cuando un huracán azotó Veracruz, Karla, que entonces dirigía una empresa de catering, cocinó para una comunidad de trescientas personas desplazadas por la tormenta.

Es por eso que cuando José llamó a su amigo Fedele Bauccio, director general de Bon Appétit, para que le recomendara chefs dispuestos a unirse al equipo en Puerto Rico, Fedele supo a quién preguntar. Karla no dudó en hacer las maletas y partir rumbo

World
Central
Kitchen

World
Central
Kitchen
CHEF RELIEF TEAM

a San Juan. Cuando llegó a nuestra base de El Choliseo, se hizo imprescindible en la operación: ayudó a dirigir la cocina y era quien impedía que el ánimo decayera. No era fácil; no había electricidad, los días eran largos e incluso conseguir un café era una odisea. Pero Karla no se rendía. «Pensaba: "¿De verdad voy a volver a mi casa con aire acondicionado a ver la tele cuando queda tanto por hacer?"». Se quedó más de un mes.

Cuando concluyó la misión en Puerto Rico, Karla asumió un nuevo cargo: se incorporó al equipo de cocina de José en The Bazaar, de Miami, como chef ejecutiva. Nunca se ha desvinculado de WCK, ni durante su tiempo en The Bazaar ni después, viajando y cocinando siempre que podía. Karla ha trabajado con nuestro equipo en las Bahamas, Polonia, Bangladesh, Haití y Turquía, entre otros países. «Cocinar para una organización de ayuda humanitaria no es, en absoluto, como hacerlo en una cocina normal. [...] Cualquiera que quiera hacerlo, debe contar con una gran capacidad de adaptación», afirma Karla.

Karla desarrolló su receta de Pasta cremosa al curri (pág. 133) en Haití, a donde acudió tras el terremoto que asoló el sur del país en 2021. «Cuando empiezo a cocinar, me fijo en tres cosas: ¿qué equipo tenemos, cuántas comidas vamos a preparar y con qué producto contamos?». En Haití, las respuestas planteaban dificultades: trabajaba en una cocina en la que solo tenía tres paelleras, y tenía que preparar diez mil comidas al día. Apenas teníamos cámaras de refrigeración, así que teníamos que repartir a diario. Pero de esta complejidad logística surgió este sencillo platillo que se prepara en una sola olla.

Kim Stemple (en la imagen de la derecha) fue voluntaria de WCK a principios de 2019 durante la breve pero intensa iniciativa Chefs For Feds, nuestra respuesta al cierre del Gobierno federal de Estados Unidos. Kim estaba llena de vida, y su personalidad cautivaba a cualquiera que trataba con ella. Si no nos lo hubiera dicho, nunca habríamos sabido que estaba recibiendo cuidados paliativos. Hacía una década que le habían diagnosticado una serie de enfermedades autoinmunes. Pero Kim quería asegurarse de que sus últimos días estuvieran dedicados a ayudar a sus vecinos. Su primer día como voluntaria, estaba muy emocionada; había sido profesora, y le encantaba relacionarse con otros voluntarios. Volvió siempre que pudo, a menudo con su hijo, Connor. Se encargaba de gestionar el inventario.

Kim, ávida corredora, fundó la organización We Finish Together, cuya misión es recoger medallas deportivas, añadirles mensajes de esperanza personalizados y distribuirlas entre personas que necesitan que les muestren un poco de amabilidad. Encarnaba muchos de los valores de World Central Kitchen: era empática, alegre y resiliente. Pero, por encima de todo, Kim creía en el poder de la esperanza. Quería ser una fuente de esperanza, que la gente supiera que, incluso en los momentos más oscuros,

había personas dispuestas a estar a su lado y preocuparse por ellos. En sus últimos días, y por medio de su trabajo con WCK, Kim se convirtió en una fuente constante de esperanza, amor y compasión para todos los que trabajaron con ella. Aunque ya no está entre nosotros, su empatía y cariño inagotables nos siguen inspirando.

Estas mujeres son solo un ejemplo de las tantas que han trabajado con nosotros, que nos han inspirado con su esfuerzo y encarnado el espíritu y la misión de World Central Kitchen.

CHILAQUILES

Teresa «Tere» Picos (en la imagen de la página 121, arriba a la izquierda) estuvo al frente de la acción de WCK en Tijuana (México) desde 2018 hasta 2022, cuando un socio local asumió nuestras funciones. Decenas de miles de migrantes y refugiados de toda Latinoamérica y el Caribe han pasado por Tijuana en su camino en busca de asilo en Estados Unidos (para más información sobre nuestro trabajo en Tijuana, véase Refugiados y migración, pág. 100). Y WCK estaba allí para darles de comer. Estos chilaquiles surgieron un día en que el equipo de chefs tuvo que atender una emergencia, dejando a Tere a cargo del menú. Era un lunes con mucho trabajo, así que preparó lo más sencillo que se le ocurrió: totopos cubiertos de salsa roja y servidos con huevos fritos, aguacate, frijoles y queso. Esta receta es perfecta para un *brunch* vegetariano, pero no dudes en añadirle Cerdo guisado al pastor (pág. 60) o Chili verde de pollo (pág. 167) para hacer de ella una comida más sustanciosa.

PARA 4 PERSONAS

PARA LA SALSA ROJA

3 c. s. de **aceite vegetal**
1 **cebolla blanca** pequeña picada fina
3 **dientes de ajo** picados
1-2 **chiles serranos** o **jalapeños** pequeños por la mitad sin semillas y picados fino
½ taza de **caldo de pollo** o **de verduras**, o más según sea necesario
450 g de **jitomates saladet** cortados en cuartos
3 **chiles guajillo secos** pequeños sin tallo ni semillas
3 **chiles pasilla** pequeños sin tallo ni semillas
2 tazas de **nopalitos** en conserva escurridos y picados
2 tazas de **espinaca fresca** picada gruesa
½ taza de **cilantro fresco** picado fino
sal kosher y **pimienta negra recién molida**

PARA LOS CHILAQUILES

4-8 **huevos en charola** (de Sándwiches de desayuno con alioli de albahaca, pág. 96) o tu receta de huevos fritos favorita
2 tazas de **frijoles refritos** (pág. 296) o comprados
680 g de **totopos**
½ taza de **crema agria**
½ taza de **queso fresco** desmenuzado
1 **cebolla morada** picada fina
½ taza de hojas de **cilantro fresco**
2 **aguacates** (opcional) cortados en cubos

1. PARA LA SALSA ROJA: calienta el aceite vegetal a fuego medio-bajo en una olla de fondo grueso o una cazuela de hierro fundido. Añade la cebolla, el ajo y los chiles frescos. Suda las verduras, removiendo con frecuencia, hasta que la cebolla esté translúcida y los chiles, blandos, unos 10 minutos.

2. Agrega el caldo de pollo, los jitomates y los chiles secos. Baja a fuego lento y deja que cueza, removiendo de vez en cuando, hasta que los jitomates estén tiernos y se deshagan, unos 20 minutos.

3. Tritura la salsa con una licuadora hasta que quede fina. Si lo prefieres, deja que la salsa se enfríe al menos 15 minutos, tritúrala en una batidora de pie hasta que quede fina y devuélvela a la olla.

4. Incorpora los nopalitos, las espinacas y el cilantro y deja que hierva a fuego lento. Sigue cocinando a fuego lento hasta que espese y adquiera una consistencia similar a la de una salsa boloñesa, unos 10 minutos. Salpimienta al gusto. Si queda demasiado espesa, dilúyela con caldo de pollo o agua.

5. PARA LOS CHILAQUILES: empieza por preparar los huevos en charola o fritos; haz uno o dos por persona, según el hambre que tengan los comensales.

6. Extiende una capa uniforme de frijoles refritos en cada plato, aproximadamente media taza. Esparce una capa de totopos encima de los frijoles. Pon un poco de salsa roja encima, asegurándote de que cada ración tenga nopalitos y espinacas. Coloca 1 o 2 huevos fritos encima. Decora con una cucharada de crema agria, queso fresco desmenuzado, cebolla morada y cilantro. Si quieres, termina la receta con trozos de aguacate por encima.

PASTA CREMOSA AL CURRI DE KARLA

La chef Karla Hoyos desarrolló esta receta en Haití, cuando WCK estaba allí en respuesta a un terremoto que sacudió el sur del país en 2021; es el epítome de la adaptación (véase El espíritu de WCK, pág. 125). El equipo tuvo que idear recetas que incluyeran proteínas, verduras y féculas, todo ello elaborado en una sola paellera. A esto se sumaron otras restricciones: apenas tenían cámaras de refrigeración, y solo había tres paelleras para preparar diez mil comidas diarias. En el resultado final no hay rastro de ellas. Se trata de un platillo ingenioso en el que la pasta se cuece en el caldo especiado, por lo que no hace falta hervirla previamente (en esto se parece a nuestra Boloñesa de pavo, pág. 173). La combinación del almidón de la pasta y la leche de coco produce una salsa muy cremosa, y la proteína se obtiene del pescado y los mejillones. Karla solo tenía verduras congeladas, lo que reduce el tiempo de preparación de la receta, pero no dudes en picar zanahorias, calabacitas y coliflor frescos.

PARA 6 PERSONAS

½ taza de **aceite de oliva extra virgen**
1 c. s. de **ajo** picado
1 c. s. de **jengibre fresco** picado
1 lata (400 ml) de **leche de coco**
2 c. s. de **curri en polvo**
340 g de **menestra de verduras congelada**
sal kosher
¾ de taza de **concentrado de jitomate**
450 g de **penne, rigatoni, farfalle** o **fusilli**
900 g de **filetes de pescado** (como huachinango, fletán o mero) cortados en cubos de 2.5 cm
450 g de **mejillones** limpios
½ taza de **cilantro fresco** picado

1. Combina el aceite de oliva, el ajo, el jengibre, la leche de coco, el curri en polvo y 8 tazas de agua en una cazuela de hierro fundido. Llévalo a ebullición a fuego medio.

2. Añade las verduras congeladas y 1 cucharadita de sal y vuelve a llevarlo a ebullición. Incorpora el concentrado de jitomate y cuece hasta que se disuelva removiendo con frecuencia, unos 2 minutos. Agrega la pasta, removiendo con frecuencia para que no se pegue al fondo, y cuece 8 minutos.

3. Incorpora el pescado y los mejillones. Cubre y cocina hasta que la pasta haya absorbido todo el líquido, el pescado esté hecho y se desmenuce y los mejillones se hayan abierto, de 5 a 7 minutos. Elimina los mejillones que no se hayan abierto. Sala al gusto y sirve con cilantro encima.

ENCHILADAS DE VERDURAS EN CAPAS

Hemos preparado enchiladas por todo el mundo, con todo tipo de rellenos. El truco de esta versión está en cómo se hacen: en lugar de rellenar tortillas individuales, las colocamos en capas con el relleno entre medias, como si fuera una lasaña. Ahorra mucho tiempo y hace más fácil multiplicar el platillo; si quieres dar de comer a más gente, basta con prepararlas en una sartén más grande. Nosotros solemos utilizar charolas Gastronorm de hostelería, con las que se puede alimentar a treinta personas, pero una charola de horno de 23 × 33 cm será suficiente para dar de comer a una familia (¡y te quedarán sobras!). Con recetas como esta, incluimos un montón de verduras en la dieta sin que parezca un «platillo sano»: el resultado es un platillo rebosante de queso y salsa, irresistible para los más pequeños (y que los adultos también disfrutarán). Y, para acompañar a todas esas verduras, lo mejor es utilizar tortillas de calidad, del mejor maíz a tu disposición.

PARA 6-8 PERSONAS

PARA EL RELLENO

3 c. s. de **aceite de oliva extra virgen**
1 c. s. de **mantequilla sin sal**
1 **cebolla amarilla** grande cortada en cubos
1 **pimiento morrón rojo** cortado en cubos
1 **pimiento morrón verde** cortado en cubos
225 g de **champiñones** sin tallo en láminas
4 **dientes de ajo** medianos picados
1 **chile pasilla** sin tallo ni semillas
1 **calabacita** mediano cortado en cubos de 1 cm
225 g de **espinacas** picadas gruesas
225 g de **jitomates saladet** cortados en cubos o 1 lata (410 g) de **jitomates** cortados en cubos
½ taza de **caldo de verduras**
el jugo de 2 **limas**
2 c. s. de **pasta de chipotle y adobo** o el líquido de una lata de chipotle en adobo
1 c. s. de **concentrado de jitomate**
1 c. s. de **comino molido**
2 c. c. de **orégano seco**
1 lata (440 g) de **frijoles negros** escurridos y lavados
1 taza de **crema agria**
½ taza de **cilantro fresco** picado grueso
2 c. s. de **cebollas cambray** picadas finas
1 c. s. de **sal kosher**, y un poco más al gusto
2 c. c. de **pimienta negra recién molida**
2 c. c. de **paprika** ahumada

PARA EL MONTAJE Y ACOMPAÑAR

16-18 **tortillas de maíz** (15 cm)
2 tazas de **queso Monterey Jack** rallado
guacamole, para acompañar
jalapeños frescos cortados en rodajas, para acompañar
crema agria, para acompañar

(la receta continúa)

1. Calienta el horno a 180 °C.

2. PARA EL RELLENO: calienta el aceite y la mantequilla a fuego medio-alto en una olla grande hasta que la mantequilla se funda. Añade la cebolla y sofríela removiendo de vez en cuando hasta que esté translúcida, de 3 a 5 minutos. Agrega los pimientos y sigue cocinando y removiendo 2 o 3 minutos, hasta que empiecen a estar tiernos. Echa los champiñones, el ajo y el chile pasilla y cuece 3 minutos más, removiendo de vez en cuando, hasta que la mezcla empieza a desprender su aroma. Añade la calabacita y sofríe unos 2 minutos más, hasta que se empiece a ablandar.

3. Incorpora, por tandas, las espinacas y los jitomates; remueve bien las espinacas para que reduzca su tamaño antes de añadir el siguiente puñado. Cuando las espinacas hayan reducido su tamaño y los jitomates se estén ablandando, añade el caldo de verduras, el jugo de lima, la pasta de chipotle, el concentrado de jitomate, el comino y el orégano y deja que todo hierva a fuego lento. Baja el fuego a medio y cuece unos 5 minutos, hasta que empiece a desprender su aroma. Añade los frijoles y deja que cueza a fuego lento 5 minutos más; empezará a espesar ligeramente. Desecha el chile pasilla.

4. Retira la sartén del fuego y añade la crema agria, el cilantro, las cebollas cambray, la sal, la pimienta negra y la paprika. Pruébalo y rectifica de sal y pimienta si fuera necesario.

5. PARA ARMAR EL PLATO: esparce una capa uniforme de alrededor de 1 taza de relleno de enchilada sobre el fondo de una charola de horno de 23 × 33 cm o de una charola Gastronorm mediana. Forma las capas siguiendo este orden: 4 o 6 tortillas (dependiendo del tamaño de la charola; no pasa nada si se solapan un poco), 1 taza de relleno y un cuarto del queso Jack rallado. Haz dos capas más de la misma manera. Termina con las 4 o 6 tortillas restantes y el resto del relleno. Reserva el queso restante.

6. Cubre la charola con papel aluminio y hornea hasta que la salsa burbujee, unos 15 minutos. Destápala, añade el queso y devuélvela al horno, destapada. Hornea 5 minutos más para que el queso se funda.

7. Deja reposar 5 minutos antes de servir. Sirve las enchiladas acompañadas de guacamole, rodajas de jalapeño y crema agria.

EL MUNDO EN UN GRANO DE ARROZ

Si tomaras al azar diez recetas de WCK de cualquier lugar del mundo, seis de ellas compartirían un mismo ingrediente: el arroz. De Indonesia a Madagascar, de Ucrania a Luisiana, y por todo el Caribe y Latinoamérica, el arroz es la base de muchas de nuestras recetas. Y esto no es cosa de WCK: casi la mitad de la humanidad come arroz a diario.

Históricamente, en el mundo se cultivaron dos especies de arroz diferentes: la *Oryza sativa*, cultivada en China y la *Oryza glaberrima* de África Occidental. La especie asiática se ha impuesto en casi todo el mundo, y la mayoría de las variedades de arroz que se encuentran en los supermercados (jazmín, basmati, glutinoso, de sushi...) son cultivares de arroz asiático. El arroz africano sigue representando una parte del cultivado en África Occidental, y es muy probable que una de las cepas más conocidas en Estados Unidos, Carolina Gold, tenga su origen en Ghana. Aunque la gran mayoría del arroz que preparamos es de la especie asiática, servimos Carolina Gold en Carolina del Norte tras el paso del huracán Florence en 2018.

Servimos arroz de todas las formas imaginables. Suele estar en el corazón de los platillos que preparamos cuando empezamos a cocinar en algún sitio, y no es raro que buena parte de nuestras operaciones estén dedicadas a este ingrediente. En Puerto Rico, después del huracán María, el Arroz con pollo (pág. 147) y otros platillos con arroz, siempre cocinados en enormes paelleras con las que obteníamos quinientas raciones, se convirtieron en parte de nuestro día a día. Aceite, sofrito, pollo, caldo, arroz. Servir, limpiar, repetir. Consumíamos más de mil trescientos kilos de arroz al día, con los que alimentábamos a decenas de miles de personas.

En 2018 en Indonesia, después de que un terremoto y un tsunami azotaran la isla de Lombok, tuvimos que construir nuestra cocina desde cero porque muchas estructuras de la isla quedaron destruidas. Reservamos una zona al arroz. La dirigía Rozy, un cocinero local que, él solito, preparaba más de doscientos kilos de arroz al día en cuatro grandes ollas. El proceso tenía dos fases: primero hervía el arroz hasta que estaba parcialmente cocido y, a continuación, lo hacía al vapor hasta que quedaba perfecto. Casi todas nuestras comidas iban acompañadas de arroz, normalmente también con una buena dosis de Sambal (pág. 289).

En 2022, tras el paso de un potente ciclón por la costa oriental de Madagascar, descubrimos la importancia del arroz para la vida en la isla. Acompaña a todas las comidas y los locales comen casi dos tazas de arroz al día. Madagascar es uno de los países en los que más arroz se consume de todo el mundo, y la importancia de este cereal va mucho más allá de su lugar en el plato. Forma parte de la cultura y la agricultura de la isla; de hecho, si invitas a alguien a comer, lo «invitas a comer arroz».

Tampoco se debe menospreciar el crujiente arroz chamuscado que se queda al fondo de la olla que se considera un codiciado último bocado o parte integrante de los platillos de arroz en diferentes lugares de todo el mundo: es el *socarrat* de España, *tahdig* de Irán, *pegao* de Puerto Rico, *graten* de Haití o *nurungji* de Corea. Madagascar también tiene su propia versión: *ranovola*, que en malgache significa «agua dorada». El arroz se retira del fondo de la olla, se añade agua al mismo recipiente y se hierve para preparar un té con sabor tostado y a fruto seco, que se sirve caliente o frío después de las comidas. Ayuda a hacer la digestión y también limpia la olla: ¡dos por uno!

Servir arroz por todo el globo nos ha hecho ser conscientes del impacto de la globalización y del sistema agrícola internacional. Por ejemplo, la historia del arroz en Haití nos hizo reflexionar sobre la desigualdad en el mundo. El arroz es, históricamente, una parte importante de la dieta haitiana que se remonta a la época colonial y al comercio de esclavos con África Occidental; de hecho, es probable que la producción de arroz de Haití se originara con la especie de África Occidental. A lo largo de la historia de la nación, los agricultores locales cultivaban arroz suficiente para alimentar a la población. Pero eso cambió en la década de 1980, cuando el país empezó a depender de arroz importado de Estados Unidos. Fueron varias las causas de ello, entre las que destaca la Iniciativa de la cuenca del Caribe lanzada por el presidente Reagan en 1984 que debía impulsar la economía de Haití convirtiendo en cultivos de exportación un tercio de la producción alimentaria de la isla (hasta entonces destinada al consumo local). Esa iniciativa, unida a la avalancha de arroz barato subvencionado que llegaba de Estados Unidos, desembocó en el práctico colapso de la industria arrocera haitiana. Los arroceros industriales estadounidenses prosperaron a costa de los miles de arroceros haitianos, que se vieron sumidos en la pobreza. La política sigue teniendo consecuencias en Haití.

Aunque sea humilde, el arroz es el denominador común que conecta historia y cultura, colonialismo y agricultura. El mundo cabe en un grano de arroz: forma parte de los mejores momentos de la humanidad, aquellos en los que nos reunimos a comer alrededor de un tazón, pero también de algunas de las peores historias de expolio y codicia. Usamos el arroz como una lente a través de la cual entender las comunidades en las que trabajamos y lo cocinamos de una forma respetuosa que refleja esa cultura. Es una lección que hemos aprendido allá donde hemos estado: si escuchas, aprendes y te muestras dispuesto a adaptar tu sistema al contexto local (y usas el arroz adecuado), no solo garantizarás que la gente se llene el estómago, sino que lo harás con amor y humanidad.

World

KAFTA BIL BANDORA DE REEM

Cuando era niña en Boston, la comida favorita de la panadera y activista Reem Assil era el kafta bil bandora: jugosas albóndigas en salsa de jitomate especiada. «Era lo que mi madre siempre preparaba para las cenas del fin de semana, y lo solía servir con espaguetis para que nosotros, niños árabes de primera generación, nos sintiéramos un poco más como nuestros amigos estadounidenses». Reem's California, panadería árabe con establecimientos en Oakland y San Francisco, fue una de las mayores socias de WCK durante la pandemia. «Ya antes de la pandemia, este era un platillo reconfortante que solíamos preparar para repartirlo entre personas desatendidas, olvidadas y en situación de inseguridad alimentaria. Ellos fueron, también, los más afectadas por esta crisis». El *kafta* de Reem no solo es una adaptación deliciosa de un clásico árabe, sino una metáfora de cómo los inmigrantes se adaptan a su nuevo entorno. Los padres de Reem llegaron a Estados Unidos desde Palestina y Siria y buscaron formas de conservar su esencia y, al mismo tiempo, adaptarse. Si miras el plato, quizás te parezcan unas albóndigas en salsa de jitomate, pero con solo oler sus especias calientes, sabes que estás ante algo especial.

PARA 4-6 PERSONAS

PARA EL KAFTA

1 **cebolla amarilla** mediana
1 taza de **perejil fresco** picado fino (aprox. 1 manojo)
1 c. s. de **sal kosher**
2 c. c. de **pimienta gorda molida**
1 c. c. de **zumaque**
1 c. c. de **canela molida**
1 c. c. de **pimienta negra recién molida**
½ c. c. de **nuez moscada recién rallada**
900 g de **carne molida de ternera** o **de cordero** (o mezcla)

PARA EL RUZ ARABI (ARROZ ESPECIADO CON FIDEOS FRITOS)

¼ de taza de **aceite neutro**, como de girasol o de canola
1 taza de **fideos vermicelli** o **cabello de ángel** partidos en trozos de no más de 2.5 cm
1 taza de **arroz basmati** lavado
2 c. c. de **baharat** (véase Nota, pág. 142) o ½ c. c. de **pimienta gorda molida** más 1½ c. c. de **garam masala**
1 c. c. de **sal kosher**

PARA LA SALSA ROJA

1 c. s. de **aceite de oliva extra virgen**
1 **cebolla amarilla** mediana cortada en cubos medianos
2 **dientes de ajo** medianos picados gruesos
1 lata (790 g) de **jitomates San Marzano** enteros o cortados en cubos, sin escurrir
2 c. c. de **baharat** o ½ c. c. de **pimienta gorda molida** más 1½ c. c. de **garam masala**
1 c. c. de **sal kosher**
½ c. c. de **pimienta negra recién molida**

PARA EL MONTAJE

2 c. s. de **aceite vegetal**
1 c. c. de **zumaque**

(la receta continúa)

1. PARA EL KAFTA: ralla fina la cebolla usando los agujeros grandes de un rallador (o tritúrala en un procesador de alimentos). Forra con muselina un colador y escurre las cebollas. Si lo prefieres, exprime el líquido con la mano.

2. Combina la cebolla escurrida, el perejil, la sal, la pimienta gorda, el zumaque, la canela, la pimienta negra y la nuez moscada en un *bowl* grande. Añade la carne molida y, con las manos, trabaja la carne para incorporarla a la mezcla de cebolla y especias hasta que se distribuya de manera uniforme. Forma albóndigas del tamaño de una pelota de ping pong con la masa de kafta y reserva.

3. PARA EL RUZ ARABI: calienta el aceite de oliva a fuego medio en una cazuela. Cuando el aceite esté caliente, fríe los fideos hasta que se doren, removiéndolos a menudo, 1 o 2 minutos. Añade el arroz, remuévelo para cubrirlo de aceite y fríelo, removiendo con frecuencia unos 3 minutos, hasta que desprenda un aroma tostado. Agrega la mezcla de especias, la sal y 2 ½ tazas de agua. Llévalo a ebullición a fuego medio. Baja el fogón y cocina a fuego lento hasta que se absorba toda el agua, unos 15 minutos. Destapa la olla, esponja el arroz con un tenedor y reserva hasta el momento de servir.

4. PARA LA SALSA ROJA: calienta el aceite de oliva a fuego medio en una cacerola. Añade la cebolla y rehoga hasta que esté translúcida, unos 5 minutos. Agrega el ajo y sofríe unos 2 minutos, hasta que esté tierno y desprenda su aroma. Incorpora los jitomates con su líquido, la mezcla de especias, sal y pimienta. Llévalo a ebullición y cuece hasta que espese ligeramente, unos 10 minutos. Bate con una batidora hasta obtener una mezcla homogénea (si lo prefieres, pásalo con cuidado a una batidora de pie y bate con la salida de vapor abierta; después, devuélvelo a la cacerola).

5. PARA ARMAR EL PLATO: forra un plato con una servitoalla. Calienta el aceite a fuego medio-alto en una sartén grande. Fríe las albóndigas, por tandas, hasta que se doren por todos los lados y la carne esté bien hecha, unos 8 minutos. Retíralas y déjalas escurrir sobre la servitoalla.

6. Cuando todas las albóndigas estén hechas, ponlas todas en la sartén. Añade la salsa y remueve para que se impregne. Sírvelo sobre el arroz especiado y decora con zumaque encima.

***Nota*: el baharat es una mezcla de especias muy utilizada en la cocina árabe. Se suele preparar con pimienta gorda, comino, cilantro, cardamomo, canela, clavo y nuez moscada, aunque las cantidades y las especias varían según quién lo prepare. En algunos mercados de Oriente Medio, se le llama «mezcla de siete especias».**

PEPITO EN CHAROLA

El pepito es una de las comidas callejeras más populares de Venezuela, un bocadillo que se puede encontrar en las calles de las ciudades de todo el país. Cada puesto tiene su propia versión, pero normalmente consiste en un panecillo grande relleno de carne bañada en salsa Worcestershire, guasacaca (una ácida salsa de aguacate) y verduras picadas, todo ello acompañado de crujientes papas fritas. En WCK, tomamos todos estos elementos y los adaptamos a un platillo que se prepara en charola. Lo preparamos por primera vez en nuestra cocina de Tijuana cuando conocimos a las familias venezolanas que querían solicitar asilo en Estados Unidos (para más información, véase Refugiados y migración, pág. 100). Lo servimos acompañado de pan; así, los refugiados nostálgicos podían utilizar los ingredientes y obtener algo que les resultaba familiar. ¡Tú también puedes hacerlo! Basta con que lleves la charola con el relleno a la mesa junto con pan o panecillos y podrás disfrutar una experiencia de comida callejera venezolana a tu manera.

PARA 4-6 PERSONAS

PARA LA TERNERA MARINADA

900 g de **solomillo** cortado en tiras de 1 cm de grosor
3 **dientes de ajo** medianos picados
3 c. s. de **salsa Worcestershire**
1 c. s. de **aceite de oliva extra virgen**
2 c. c. de **sal kosher**
½ c. c. de **pimienta negra recién molida**

PARA LA GUASACACA

1 **aguacate** grande
½ taza de **pimiento morrón verde** picado grueso
½ taza de **cebolla** amarilla picada gruesa
3 c. s. de **cilantro fresco** picado
2 c. s. de **vinagre de sidra de manzana**
2 c. s. de **jugo de lima recién exprimido**
2 **dientes de ajo** medianos pelados
½ taza de **aceite neutro**, como de canola
Sal kosher y **pimienta negra recién molida**

PARA LAS VERDURAS ASADAS

225 g de **papas pequeñas**
2 c. c. de **sal kosher**
½ **col** mediana cortada en trozos de unos 5 cm
½ **col morada** mediana cortada en trozos de unos 5 cm
4 **zanahorias** medianas peladas cortadas en rodajas de 1 cm
1 manojo de **cebolla cambray** cortada en trozos de 2.5 cm
3 **dientes de ajo** medianos picados
2 c. s. de **aceite de oliva extra virgen**
½ c. c. de **pimienta negra recién molida**

PARA EL RELLENO

4-6 **panecillos hoagie**

(la receta continúa)

1. PARA MARINAR LA CARNE: combina la carne, el ajo, la salsa Worcestershire, el aceite de oliva, la sal y la pimienta en un *bowl*. Deja marinar a temperatura ambiente 1 hora.

2. PARA LA GUASACACA: introduce la pulpa del aguacate en una licuadora o procesador de alimentos. Añade el pimiento, la cebolla, el cilantro, el vinagre, el jugo de lima, el ajo y 3 cucharadas de agua y tritura a velocidad baja mientras viertes despacio media taza de aceite. Tritura unos 3 minutos, hasta que quede muy fino. Salpimienta al gusto. Reserva en un *bowl* tapado en el refrigerador hasta el momento de servir.

3. Calienta el horno a 220 °C y forra una charola grande con papel aluminio.

4. PARA LAS VERDURAS: introduce las papas y 1 cucharadita de sal en una olla mediana con agua y llévala a ebullición. Cuando rompa a hervir, baja el fuego y cuece las papas hasta que las puedas pinchar con un tenedor (no tienen que estar tiernas del todo), unos 5 minutos. Escúrrelas y déjalas enfriar. Cuando estén frías, córtalas en rodajas de 1 cm de grosor.

5. Combina la col, la col morada, las zanahorias, las papas, las cebollas cambray, el ajo y el aceite de oliva en un *bowl* mediano. Sazona con la cucharadita de sal kosher restante y la pimienta, y remueve bien.

6. Reparte las verduras por la charola preparada y ásalas hasta que se empiecen a ablandar, dorar y caramelizar, unos 15 minutos. No es necesario remover.

7. Retira la charola del horno y coloca la carne marinada sobre las verduras asadas. Vuelve a meter la charola en el horno y asa hasta que la carne esté casi hecha, unos 10 minutos más. Enciende el gratinador y coloca la charola en la rejilla superior hasta que la carne se empiece a caramelizar, unos 2 minutos.

8. Acompáñalo de la guasacaca y panecillos, tostados o sin tostar.

ARROZ CON POLLO A LO MANOLO

Si sabes cocinar arroz con pollo para cuatro personas, hacerlo para cuatrocientas es igual de fácil. Esa es la actitud de Manolo Martínez, el chef a la cabeza de Paellas y Algo Más y uno de los miembros originales del equipo Chefs For Puerto Rico de WCK (véase la pág. 177). Manolo, su familia y decenas de voluntarios trabajaban alrededor de un círculo de enormes paelleras (de más de un metro de diámetro, lo bastante grandes para cocinar quinientas raciones en cada una) y, mientras preparaban paellera tras paellera de arroz con pollo, cantaban tanto canciones tradicionales como improvisadas. En su momento de máxima actividad, cocinaban más de 4 500 kilos de pollo y casi 1 400 kilos de arroz al día, con los que alimentaron a decenas de miles de personas tras el paso del huracán María. Lo más probable es que tú no tengas que dar de comer a tantas personas, así que hemos reducido las cantidades de la receta. Lo mejor es prepararla en una cazuela de hierro fundido o una olla honda, pero también la puedes hacer en una paellera de 35 cm de diámetro. Y no te olvides de cantar mientras trabajas. ¡Le da sabor!

PARA 6 PERSONAS

3 c. s. de **aceite de oliva extra virgen**
1 **cebolla amarilla** mediana cortada en cubos
5 **dientes de ajo** picados
1 taza de **Sofrito** (pág. 294)
1 **jitomate saladet** cortado en cubos
½ taza de **aceitunas verdes** sin hueso
1.5 kg de **muslos y pechugas de pollo deshuesados y sin piel**
450 g (2¼ tazas) de **arroz blanco de grano medio**, como **Arroz Rico** o **Botan**
5 tazas de **caldo de pollo** caliente
6 **hojas de cilantro cimarrón** (véase pág. 31) o 1 manojo de **cilantro** picado grueso
sal kosher y **pimienta negra recién molida**
1 taza de **chícharos** frescos o descongelados
1 tarro (350 ml) de **pimiento morrón rojo asado** escurrido y cortado en cubos
Pique (opcional; pág. 293), para acompañar

1. Calienta el aceite a fuego medio en una cazuela de hierro fundido o una olla de fondo grueso (o si te ves capaz, en una paellera de 35 cm de diámetro). Añade la cebolla, el ajo y el sofrito y sofríelo, removiendo con frecuencia, hasta que desprenda su aroma y la cebolla esté translúcida, de 4 a 5 minutos. Agrega el jitomate y las aceitunas y prosigue la cocción unos 5 minutos, hasta que el jitomate esté tierno.

2. Sube el fuego a medio-alto, incorpora el pollo y cocínalo, dándole la vuelta una o dos veces, hasta que pase de rosa a blanco por todos los lados, unos 5 minutos. Añade el arroz y remueve hasta que todos los ingredientes estén bien mezclados.

3. Agrega el caldo de pollo caliente, el cilantro cimarrón, 1 o 2 cucharaditas de sal (dependiendo de lo salado que esté el caldo) y un poco de pimienta negra. Llévalo a ebullición a fuego medio-alto y cuece, sin tapar, hasta que todo el líquido se haya evaporado, unos 15 minutos.

4. Baja el fuego, cubre con una tapa o papel aluminio (dóblalo por los bordes de la olla para crear un sello hermético). Prosigue la cocción hasta que el arroz se haya hinchado y esté tierno, unos 20 minutos.

5. Esponja el arroz, añade los chícharos y los pimientos asados y déjalo reposar 2 minutos, hasta que se calienten. Con un poco de suerte, en el fondo te quedará un poco de crujiente arroz dorado-quemado. En Puerto Rico se llama *pegao*, y es una delicia reservada para el cocinero (o sus afortunados hijos).

6. Sirve el arroz con pollo caliente, acompañado de un poco de pique si quieres.

POLLO A LA PARMESANA DE AYESHA

El pollo a la parmesana de Ayesha Curry, escritora de libros de cocina y restauradora, es reconfortante, lleva mucha salsa y queso y está absolutamente delicioso. Ayesha y su marido, la superestrella de los Golden State Warriors de la NBA, Stephen Curry, dirigen la fundación Eat. Learn. Play. Con sede en Oakland (California), su labor se centra en apoyar a los jóvenes de la zona con programas centrados en la nutrición, la educación y la actividad física. La pandemia de covid-19 llevó a WCK a cientos de ciudades de todo Estados Unidos, y ELP no dudó en colaborar con nosotros. Este pollo a la parmesana fue lo primero que Ayesha cocinó cuando se mudaron a Oakland tras el fichaje de Steph y, con el tiempo, se ha convertido en un platillo reconfortante para la familia. Ayesha, igual que Steph, trabaja mejor de tres en tres: prepara tazones con harina, huevos y pan molido para rebozar el pollo antes de freírlo, y luego lo hornea con mozarela fresca y un poco de salsa marinara. Los Curry preparan este platillo con linguini, pero puedes elegir la pasta que prefieras.

PARA 4 PERSONAS

¼ de taza de **harina común**
sal kosher y **pimienta negra recién molida**
2 **huevos** grandes
½ taza de **leche entera**
1 c. c. de **mostaza Dijon**
1¼ tazas de **panko** (pan molido japonés)
¼ de taza de **parmesano** rallado
4 **pechugas de pollo deshuesadas y sin piel**
aceite de oliva extra virgen, para freír
2 tazas de **salsa marinara**
1 bola (200 g) de **mozarela fresca** cortada en 8 rebanadas
albahaca fresca picada, para decorar
linguinis frescos o la pasta que prefieras cocida al dente, para acompañar

1. Calienta el horno a 220 °C.

2. PARA EL REBOZADO: coloca tres tazones poco profundos sobre la tabla. En el primero, combina la harina, 1 cucharadita de sal y media cucharadita de pimienta. Mézclalo con un tenedor. En el segundo, bate los huevos, la leche y la mostaza. Y, en el tercero, combina el panko y el parmesano.

3. Coloca las pechugas de pollo entre dos trozos de plástico adherente o de papel encerado y, con la ayuda de un mazo para carne, aplánalas hasta que tengan un grosor de aproximadamente 1 cm. Seca el pollo con servitoallas y sálalo por ambos lados. Pasa la pechuga por la mezcla de harina hasta cubrir ligeramente ambos lados, dando golpecitos para eliminar el exceso. Hazlo después por el huevo y, por último, pon la mezcla de panko, presionando por ambos lados para conseguir una buena cobertura. Reserva la pechuga empanizada en un plato y repite el proceso con las tres restantes.

4. Forra otro plato con servitoallas. Vierte unos dos dedos (2.5 cm) de aceite de oliva en una sartén y caliéntala a fuego medio-alto hasta que brille, a unos 175 °C.

5. Con ayuda de unas pinzas, añade con cuidado dos de las pechugas a la sartén (las haremos en dos tandas para que se doren bien) y fríelas hasta que se doren por fuera pero no estén hechas del todo, 2 o 3 minutos por cada lado. Retíralas y déjalas escurrir sobre las servitoallas. Repite la operación con las pechugas restantes.

6. Unta una charola de horno de 23 × 33 cm con la mitad de la salsa marinara. Coloca el pollo en la charola, en una única capa, y cúbrelo con el resto de la salsa. Coloca 2 rodajas de mozarela encima de cada pechuga.

7. Hornea hasta que el queso se empiece a dorar y el pollo esté hecho, de 15 a 20 minutos. Sírvelo sobre la pasta caliente y decora con albahaca picada.

MACARRONES CON QUESO CLÁSICOS

Esta sencilla receta de macarrones con queso ha sacado al equipo de WCK de muchos apuros: peticiones de última hora, más comensales de los anticipados... ¡Y a ti también puede salvarte una comida! Sencilla, rápida y deliciosa, será todo un descubrimiento para los niños acostumbrados a las versiones precocinadas, pero la verdadera magia de esta receta reside en lo fácil que resulta adaptarla (véase Variantes). Añadirle chiles (ya sean frescos, enlatados o en escabeche) le da un toque especial y, si se opta por un fermento picante como el kimchi, el resultado es algo totalmente nuevo. También lo puedes servir con Chili verde de pollo (pág. 167) o Chili del parque de bomberos (pág. 42), o aprovechar sobras de Rendang de ternera (pág. 51) o Griot haitiano (pág. 52); de hecho, te resultará difícil encontrar una receta salada en este libro que no combine con estos clásicos macarrones con queso.

PARA 4-6 PERSONAS

sal kosher
450 g de **pasta**, como coditos o tiburones
6 c. s. de **mantequilla sin sal**
2 c. s. de **harina común**
2 tazas de **leche entera**
1 c. c. de **pimienta negra recién molida**
1 c. s. de **mostaza Dijon**
450 g de **queso cheddar** rallado

1. Lleva a ebullición 4 litros de agua y unas 2 cucharadas de sal kosher en una olla. Añade la pasta y cuécela al dente según las indicaciones del envase. Escurre y reserva.

2. Funde la mantequilla a fuego medio en una olla. Añade la harina sin dejar de remover con una cuchara de madera o una espátula de silicona hasta que se forme una pasta espesa (en cocina, lo llamamos *roux*). Incorpora la leche despacio mientras remueves para que se mezcle con el roux, rebañando el fondo de la sartén (lo que haces ahora es una bechamel). Sigue removiendo la bechamel a fuego medio hasta que empiece a burbujear pero no hierva. Entonces, baja el fogón y cocina a fuego lento. Añade 1 cucharadita de sal, la pimienta y la mostaza y prosigue la cocción hasta que la salsa espese, unos 5 minutos; debe quedar cremosa y cubrir el dorso de la cuchara.

3. Retira la bechamel del fuego e incorpora el cheddar poco a poco, de puñado en puñado: remueve constantemente y espera a que se funda antes de añadir más. Este tipo de bechamel con queso se llama salsa Mornay.

4. Añade la pasta cocida a la salsa, remueve hasta que esté bien cubierta y sirve.

Variantes

MACARRONES CON QUESO Y KIMCHI (IMAGEN DE LA IZQUIERDA)

Escurre 340 g de **kimchi** y pícalo. Fríelo en la mantequilla fundida y, a continuación, añade la harina para hacer la bechamel. Completa la receta como se indica arriba. Decora cada ración con 1 cucharada de cebolla cambray picada y 1 cucharada de ajonjolí tostado.

MACARRONES CON QUESO Y JALAPEÑOS

Escurre una lata de 200 ml de **jalapeños en escabeche** y pícalos. Corta en cubos 2 jalapeños frescos (reserva algunos para decorar). Fríe los chiles, tanto en escabeche como los frescos, en la mantequilla fundida y, a continuación, añade la harina para hacer la bechamel. Completa la receta como se indica arriba. Sirve adornado con los jalapeños reservados.

MACARRONES CON QUESO CON SOBRAS

Prepara la receta y, antes de servir, añade 2 tazas de sobras calientes de **Rendang de ternera** (pág. 51), **Guisado de cerdo al pastor** (pág. 60) o **Chili del parque de bomberos** (pág. 42).

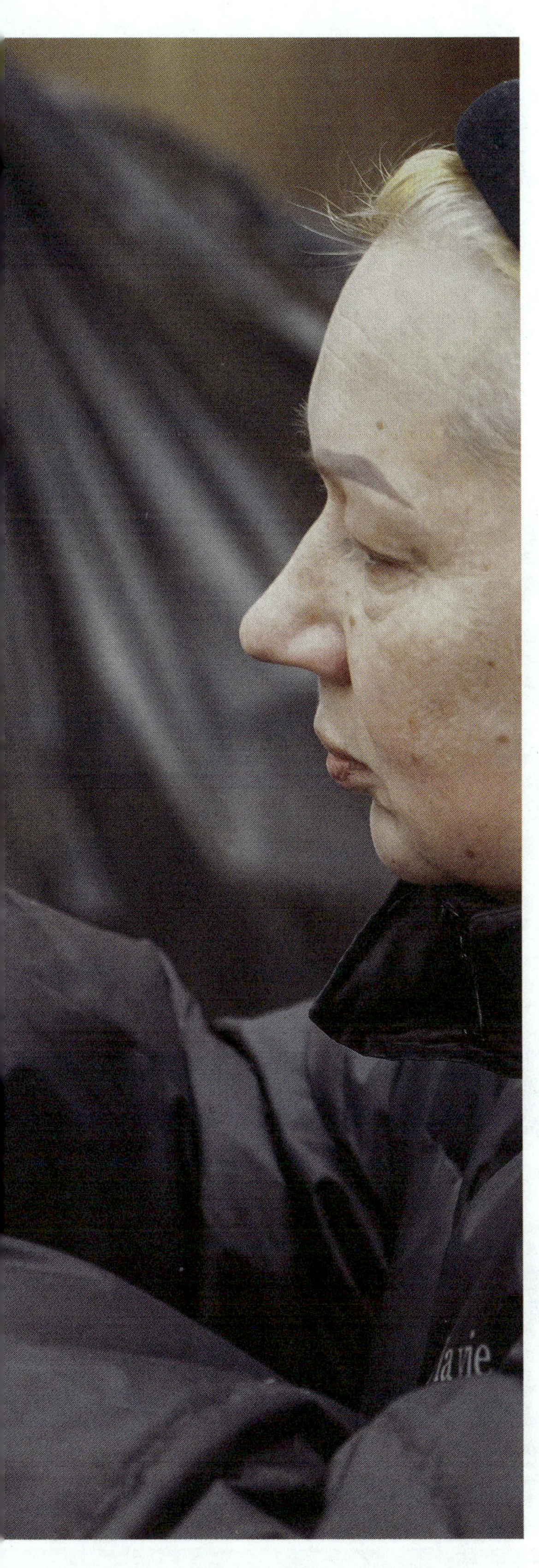

ESPERANZA

GUISADOS, SOPAS Y PLATILLOS RECONFORTANTES

Una pequeña onda de esperanza se puede convertir en una poderosa ola de cambio.

ROBERT EGGER

World
Central
Kitchen

DE TODO LO QUE SE PUEDE PERDER, LO MÁS TRISTE ES, POSIBLEMENTE, LA ESPERANZA: la esperanza de un buen futuro, de felicidad para tu familia, para ti mismo. Pero ante un cataclismo, es fácil perderla. Cuando todo lo que poseías y querías ha desaparecido, ¿qué motivo para la esperanza queda? Imperan la preocupación y el miedo: y ahora, ¿qué?

Robert Egger, fundador de DC Central Kitchen y miembro del consejo de administración de World Central Kitchen desde hace años, confía en el poder de la esperanza para lograr un cambio profundo (puedes leer más sobre Robert en Una nueva esperanza, pág. 186). Para Robert, y también para José, la esperanza se puede encontrar en un plato de comida. Y para las personas que intentan reconstruir su vida, el combustible que se obtiene de los alimentos es algo más que un aporte calórico: es una oportunidad de cambiar de perspectiva. En momentos en los que tu propia cabeza te tiene atrapado, reviviendo un trauma, ver una cara amable y comer algo caliente quizás no resuelva todos tus problemas, pero puede ser lo que mejore tu día y tu mentalidad lo suficiente como para impulsarte en la dirección correcta.

PERO LAS CASAS SE PUEDEN RECONSTRUIR, Y LOS RECUERDOS SON PARA SIEMPRE. EL SOL VOLVERÁ A SALIR.

Lo hemos visto en todos los lugares en los que hemos estado. En un incendio forestal, conocemos a muchas personas que viven en refugios, que ni siquiera saben si sus casas siguen en pie. Tras un huracán, los habitantes de vecindarios enteros pueden regresar y encontrar los tejados arrancados y sus preciadas pertenencias bajo el agua. Los agricultores quieren saber si sus cosechas están bien; hay familias que no saben qué ha sido de sus mascotas y los medios de subsistencia están en entredicho.

Pero las casas se pueden reconstruir, y los recuerdos son para siempre. El sol volverá a salir. Esta convicción es la fuente de la esperanza y, a veces, una conversación en torno a un plato de comida caliente, preparado con cariño y amor, nos reafirma en ella.

Las recetas de este capítulo están pensadas para calentar el alma y reconfortar, para dar esperanza incluso en los momentos más oscuros. La mayoría son guisados y sopas, el tipo de platillos contundentes que satisfacen hasta la médula. El Sancocho (pág. 181), la primera receta que servimos en Puerto Rico tras el paso del huracán María,

se convirtió en el modelo a seguir de buena parte de lo que hacemos (véase Chefs For Puerto Rico, pág. 177). El Suquet de huachinango de José (pág. 156), una receta que preparó en Mozambique tras un devastador ciclón, tiene su origen en los pescadores catalanes que anhelaban el sabor de la comida casera mientras faenaban. La Soupe joumou (pág. 163), uno de los platillos nacionales de Haití que hemos servido en multitud de ocasiones, es una sopa de calabaza que simboliza la libertad y la esperanza, y tiene un lugar de honor en la celebración del Día de la Independencia de muchos haitianos. Nuestra receta de Borsch ucraniano (pág. 164) estaba en la rotación semanal de nuestra cocina en Polonia, en la frontera con Ucrania, donde repartíamos comidas a cientos de miles de refugiados que huían de la guerra, con la esperanza de que la paz y la libertad volvieran pronto.

La esperanza es un catalizador. Nos infunde de la sensación de que mañana será mejor, de que las cosas cambiarán. Con nuestras comidas, creamos una pequeña onda de esperanza en el día de alguien, y tú también puedes hacerlo para un vecino, amigo o familiar. ¿Quién sabe qué poderosas olas de cambio están por venir?

SUQUET DE HUACHINANGO DE JOSÉ

El suquet es un guisado de pescadores originario de Cataluña. Aquí presentamos la versión de José, que preparó para el equipo en 2019 cuando nos desplazamos a Mozambique tras el paso del ciclón Idai. Lo describe como un «guisado de pescado mozambiqueño-español-catalán-americano», un platillo que solo podía hacer José, que fue cocinero en la marina española. El secreto está en el truco catalán de añadir picada, una pasta densa hecha con almendras, pan tostado, ajo y aceite de oliva que espesa el guisado. Todo lo demás es más o menos negociable. Por ejemplo, en Mozambique José utilizó huachinango, aunque los catalanes prefieren el rape. Si empiezas con un pescado entero de 1.4 kg, tendrás las espinas necesarias para el fumet (caldo de pescado), así como los filetes para el platillo. Si no haces el fumet, compra caldo de pescado y usa 900 g de filetes de pescado.

PARA 4-6 PERSONAS

1 **huachinango** entero (1.4 kg) o 900 g de **filetes de huachinango**

PARA LA PICADA

¼ de taza de **almendras** blanqueadas
1 c. s. de **aceite de oliva extra virgen**
3 rebanadas (1 cm de grosor) de **baguette**
2 **dientes de ajo** medianos pelados

PARA EL SUQUET

4 **jitomates saladet** medianos
2 c. s. de **aceite de oliva extra virgen**
2 **dientes de ajo** medianos picados
2 tazas de **Fumet** (véase abajo) o **caldo de pescado** comprado (usa agua en caso de apuro, aumentando la cantidad de sal)
1 taza de **vino blanco seco**, como Albariño
450 g de **papas cerosas** cortadas en cubos de 2.5 cm, como Red Bliss
1 c. c. de **paprika** ahumada
sal marina
pan crujiente, para acompañar

1. Si vas a hacer el fumet (véase abajo), filetea el pescado y reserva las espinas y la cabeza. Corta los filetes en trozos de 2.5 cm y resérvalos en el refrigerador hasta el momento de usarlos.

2. PARA LA PICADA: tuesta las almendras a fuego medio-bajo en una sartén pequeña, removiendo con frecuencia para que no se quemen, hasta que se empiecen a dorar y a soltar algo de aceite, 3 o 4 minutos. Retíralas de la sartén y resérvalas. Añade el aceite de oliva a la sartén y caliéntalo unos 30 segundos, hasta que esté caliente. Agrega el pan y tuéstalo 1 minuto por cada lado, hasta que se dore por ambos lados. Reserva.

3. En un mortero pequeño, maja el ajo hasta obtener una pasta suave (si lo prefieres, usa un procesador de alimentos pequeño). Añade las almendras y maja hasta que queden suaves. Agrega el pan y sigue majando hasta obtener una pasta suelta. Reserva en el mortero hasta que vayas a usarla.

4. PARA EL SUQUET: corta los jitomates por la mitad y, con los agujeros grandes de un rallador, ralla la pulpa de cada mitad sobre un *bowl* pequeño para obtener una salsa de jitomate suelta. Desecha la piel del jitomate.

5. Calienta el aceite de oliva a fuego medio en una olla de fondo grueso. Añade el ajo y sofríe 1 o 2 minutos, hasta que desprenda su aroma y chisporrotee. Agrega el jitomate rallado y prosigue la cocción, removiendo con frecuencia de 8 a 10 minutos, hasta que la salsa espese un poco.

6. Incorpora el fumet, el vino, las papas y la paprika y remueve para que se mezcle. Cuece a fuego medio hasta que las papas estén tiernas y el líquido haya reducido un tercio su volumen, de 15 a 20 minutos.

7. Pruébalo y rectifica de sal si fuera necesario. Añade los trozos de pescado y la picada y remueve para que se mezclen. Sigue cocinando hasta que el pescado esté hecho, de 3 a 5 minutos. Sírvelo caliente con pan crujiente.

(la receta continúa)

Fumet

PARA UNAS 2 TAZAS

Las espinas de un huachinango de 1.4 kg, cabeza incluida (opcional)
½ c. s. de **sal kosher**
1 **cebolla amarilla** mediana cortada en cubos
1 c. s. de **pimienta negra en grano**
3 **hojas de laurel**

1. Enjuaga las espinas y la cabeza del pescado con agua fría. Ponlas en una olla mediana con la sal, la cebolla, los granos de pimienta, las hojas de laurel y 4 tazas de agua fría. Llévalo a ebullición a fuego lento y cuece hasta que el líquido se haya reducido a la mitad, de 45 a 60 minutos, espumando la superficie cuando sea necesario.

2. Pasa el fumet por un colador de malla fina y resérvalo. Si usas la cabeza del huachinango, reserva la carne para añadírsela al guisado.

LA OLLA QUE ALIMENTARÁ AL MUNDO

José Andrés

Soy un soñador, y tengo un sueño muy muy grande, un sueño que podría cambiar el curso de la humanidad. Permíteme que te lo cuente.

Hay un cuento infantil muy conocido que habla sobre una anciana llamada Strega Nona que vive en un pequeño pueblo italiano. En su casa tiene una olla mágica que hace pasta cuando ella se lo ordena. Pero no solo un plato; hace pasta y no se detiene hasta que ella se lo pide. A los niños les gusta la parte de la historia en la que el ayudante de Strega Nona intenta utilizar la olla pero, como no entiende su magia, acaba creando tanta pasta que todo el pueblo está a punto de ser inundado por un mar de fideos. Pero, por suerte, la anciana vuelve y detiene la olla justo a tiempo, y obliga a su ayudante a que se coma toda la pasta como castigo. Es una buena historia, ¿no crees?

El cuento tiene una moraleja para los niños, pero a mí lo que me interesa es la olla mágica en sí. ¡¿Dónde puedo conseguir una?! ¿Por qué no hemos inventado esta olla? ¿Es una cuestión física, química o biológica? ¿O es que no estamos haciendo las preguntas adecuadas? ¿Será que no estamos pidiendo lo correcto a nuestros científicos, políticos y agricultores ni sacando provecho de la tecnología?

La veo perfectamente en mi mente, esta olla. Piénsalo: producimos más que suficientes alimentos para dar de comer a toda la humanidad. Cada día, los agricultores de todo el mundo cultivan suficientes calorías para alimentar a cada mujer, niño y hombre sobre el planeta. Y, aun así, hay quienes pasan hambre. No solo es injusto; es inhumano. La alimentación es un derecho humano universal, pero las fuerzas de nuestros sistemas alimentarios, agricultura y política impiden que este sueño se haga realidad. ¿Puedes creer que en pleno siglo XXI haya casi mil millones de personas en el mundo que se van a dormir con hambre?

Para mí, como español orgulloso de serlo, no hay duda de que la olla debería llenarse de paella, pero puedo imaginar otros muchos platillos que la llenarán: sancocho de Puerto Rico, soupe joumou de Haití o borsch de Ucrania. La olla se adapta a la cultura local; allá donde va, prepara los alimentos que sus comensales encontrarán más reconfortantes, saciantes, nutritivos y esperanzadores. Y, por qué no, a lo mejor hace pasta si vamos a Italia.

Tal vez no se trate de la olla, sino de lo que *entra* en ella. Quizás se parezca más a la olla de la fábula de la sopa de piedra que a la de la anciana italiana. O quizás no sea una cuestión de ciencia, sino de humanidad. Si cada uno aportamos algo pequeño, un trocito de nosotros mismos, si todos estamos dispuestos a ayudar a nuestra manera, estaremos trabajando juntos para llenar cualquier olla del mundo, allí donde sea necesario.

SOUPE JOUMOU

La soupe joumou es una receta haitiana que celebra la emancipación y la independencia. Durante la época colonial, los franceses obligaban a los haitianos esclavizados a cultivar calabazas, pero no les permitían comerlas. El 1 de enero de 1804, la rebelión del pueblo haitiano los llevó, por fin, a la libertad y, desde entonces, esta sustanciosa sopa de calabaza y carne se sirve el Día de la Independencia para conmemorar la victoria. También es un platillo habitual en el desayuno de los domingos, pero la versión de Año Nuevo es un poco más especial porque suele incluir el hueso del jamón de Navidad de la semana anterior. Esta receta, de la chef Mi-Sol Chevallier, que estuvo al frente de la École des Chefs de WCK (véase Actualizar las tradiciones culinarias haitianas, pág. 55), funciona mejor con calabaza amarilla, una sabrosa calabaza que se encuentra en todo el Caribe, pero la calabaza kabocha es un buen sustituto (y la calabaza butternut puede servir en caso de apuro).

PARA 4-6 PERSONAS

1 **calabaza amarilla** o **kabocha** (1.4 kg) pelada sin semillas cortada en trozos de unos 5 cm
450 g de **falda de ternera** cortada en cubos de 2.5 cm
450 g de **chambarete de ternera** cortados en cubos de 2.5 cm (reserva el hueso)
1 **codillo** (opcional)
¼ de taza de **Épis** (pág. 290)
1 **chile Scotch bonnet** o **chile habanero**
2 **cebollas cambray** cortadas en rodajas finas
1 **puerro** mediano cortado en rodajas finas
1 **cebolla amarilla** pequeña picada
2 **dientes de ajo** medianos picados
½ taza de **perejil fresco** picado fino
1 c. c. de **sal kosher**, y un poco más según sea necesaria
2 **zanahorias** medianas peladas y cortadas en rodajas de 2.5 cm
6 **papas cerosas** peladas cortadas en cubos de 2.5 cm, como Red Bliss
3 **raíces de taro** medianas peladas cortadas en cubos de 2.5 cm
½ **col** pequeña en juliana
1 manojo de **tomillo fresco**
113 g de **fideos vermicelli** o **cabello de ángel** partidos por la mitad
el jugo de 1 **lima**

1. En una olla grande, lleva a ebullición 7.5 litros de agua sin sal y añade los trozos de calabaza. Cuece hasta que la calabaza esté lo suficientemente blanda como para pincharla fácilmente con un tenedor, de 20 a 25 minutos. Retira la calabaza con una espumadera y pásala a un procesador de alimentos. Reserva el agua en la olla. Tritura la calabaza hasta que quede fina. Añade un poco del agua de la olla si es necesario y reserva.

2. Baja el fuego de la olla con el agua a medio y llévala a una ebullición suave. Agrega la falda de ternera, el chambarete (también el hueso), el codillo (si lo usas), el épis, el Scotch bonnet, las cebollas cambray, el puerro, la cebolla, el ajo, el perejil y la sal. Cuece a fuego lento unos 40 minutos, hasta que reduzca su volumen ligeramente y desprenda su aroma. Espuma la superficie cuando sea necesario.

3. Añade el puré de calabaza, las zanahorias, las papas, el taro y la col y cuece hasta que las verduras estén tiernas, de 20 a 30 minutos más.

4. Forma un saquito atando las ramitas de tomillo con hilo de cocina. Cuando las verduras estén tiernas, agrega los fideos y el tomillo a la olla, remueve para que se distribuyan y prosigue la cocción hasta que los fideos estén al dente, de 4 a 6 minutos. Si los fideos absorben mucho líquido y la sopa espesa demasiado, añade otra taza de agua y remueve.

5. Retira la olla del fuego y agrega tanto jugo de lima y sal como sea necesario. Retira el tomillo y el Scotch bonnet (¡o asegúrate de que nadie se lo coma entero!). Sírvelo caliente.

BORSCH UCRANIANO

El borsch ucraniano (que, fuera de Ucrania, se suele escribir *borscht*) es una sopa de betabel tradicional de color rojo intenso. Tiene un sabor ligeramente ácido, está repleta de verduras (a veces también lleva carne) y se termina con una cucharada de crema agria y una pizca de eneldo. Hay tantas recetas de borsch como *babusias* (abuelas) y en nuestra cocina de Polonia, justo en la frontera con Ucrania, la versión que servíamos cada día dependía de quién cocinaba y qué receta le hubiera enseñado su abuela (para saber más sobre nuestro trabajo en Ucrania, véase Repartir alegría en un mundo cruel, pág. 270). Esta contundente versión vegetariana nos conquistó, con sus papas, col y pepinillos, todos ellos maravillosamente teñidos por el betabel. Hay quienes utilizan betabel en conserva para ahorrar tiempo, pero la mayoría de las *babusias* insisten en usarla fresca. Se tarda más, pero se obtiene un delicioso caldo carmesí, terroso y dulce.

PARA 4-6 PERSONAS

1.4 kg de **betabel** lavado, 450 g pelado cortado en cubos
3 c. s. de **aceite vegetal**
1 **cebolla amarilla** grande cortada en cubos pequeños
1 **pimiento morrón rojo** cortado en cubos pequeños
3 **dientes de ajo** medianos picados
2 **zanahorias** peladas cortadas en cubos medianos
1 c. s. de **paprika húngara**
1 **hoja de laurel**
1 c. s. de **sal kosher**, y un poco más al gusto
¼ c. c. de **pimienta negra recién molida**
2 **papas Russet** medianas peladas cortadas en cubos medianos
1 **col** pequeña en juliana
1 **pepinillo** grande cortado en cubos de 1 cm, más ½ taza de **salmuera**
1 taza de **crema agria**, para decorar
1 manojo de **eneldo fresco** picado, para decorar

1. Pica 900 g del betabel en un procesador de alimentos equipado con la cuchilla para picar (si no tienes uno, pícala gruesa con la ayuda de un cuchillo).

2. Pasa el betabel picado a una olla, añade 10 tazas de agua y llévala a ebullición a fuego vivo. Cuando rompa a hervir, baja el fuego y cuece a fuego lento unas 2 horas, hasta que el betabel esté muy blando y el líquido haya adquirido un color rojo intenso. Con la ayuda de un colador, cuela el líquido y resérvalo en un *bowl* o recipiente grande. Aplasta el betabel cocido contra el colador para extraer tanto líquido como sea posible y desecha la pulpa. Mide el caldo de betabel (deberías haber obtenido de 4 a 6 tazas) y añade agua hasta llegar a 10 tazas. Resérvalo.

3. Enjuaga la olla, ponla a fuego medio y añade el aceite vegetal. Rehoga la cebolla, el pimiento y el ajo de 5 a 7 minutos, hasta que estén tiernos. Incorpora la zanahoria, la paprika, la hoja de laurel, la sal y la pimienta negra y prosigue la cocción hasta que las zanahorias empiecen a estar tiernas, 2 o 3 minutos.

4. Agrega la mezcla de caldo de betabel, las papas y el betabel en cubos a la olla y llévalo todo a ebullición. Baja el fuego a medio-bajo, tapa la olla y cuece hasta que las papas y el betabel se puedan pinchar con un tenedor, de 10 a 15 minutos.

5. Añade la col y el pepinillo y llévalo de nuevo a ebullición a fuego medio. Prosigue la cocción hasta que la col se ablande, de 3 a 5 minutos. Añade la salmuera del pepinillo y cuece 2 o 3 minutos para que se caliente. La sopa tendrá ahora un color rojo intenso. Pruébala y rectifica de sal si fuera necesario. Retira la hoja de laurel.

6. Sírvela con una cucharada de crema agria y decora con eneldo picado.

CHILI VERDE DE POLLO

PARA 4-6 PERSONAS

Este platillo es un clásico de WCK. Lo hemos servido por todo Estados Unidos, desde Eagle Pass (Texas), donde se lo dimos a migrantes y refugiados en su viaje al norte, hasta Fremont (Nebraska), donde alimentamos con él a familias afectadas por inundaciones, pasando por Redding (California), donde recargamos las pilas de los bomberos que apagaban incendios forestales. Y a todos les encantó. Y el mérito es de su creadora, la chef Elsa Corrigan (véase El espíritu de WCK, pág. 125). Hacerlo es muy fácil, tiene un buen equilibrio entre ácido y picante (si lo prefieres más suave, también puedes omitir el jalapeño) y, además, se puede servir de muchas formas, ya sea con arroz, tortillas calientes o incorporado a un platillo de Macarrones con queso clásicos (pág. 151). En una ocasión en Santa Cruz (California), nuestro equipo repartió comida a los bomberos que se afanaban por apagar un incendio en agotadores turnos de veinticuatro horas. Uno de ellos nos dijo: «Conocimos al equipo en el último incendio. ¿Es el chili verde de la otra vez? ¡Estaba buenísimo!». Así que no solo lo decimos nosotros... su reputación lo precede.

5 **cebollas cambray** recortadas y picadas gruesas
1 lata (790 g) de **tomates** enteros o triturados (escurridos si se usan enteros)
1 lata (765 g) de **chiles verdes asados** enteros escurridos
1 **jalapeño** (opcional)
4 **dientes de ajo** medianos pelados
¼ de taza de **cilantro fresco** picado grueso, y un poco más para decorar
1 c. s. de **aceite de oliva** o de **canola**
900 g de **pechuga de pollo deshuesada y sin piel** cortada en trozos de 2,5 cm
1 **cebolla amarilla** mediana cortada en cubos
sal kosher y **pimienta negra recién molida**
2 tazas de **caldo de pollo** bajo en sal
1 lata (440 g) de **garbanzos** escurridos y lavados
1½ c. c. de **comino molido**
1½ c. c. de **orégano seco**
1 c. c. de **cilantro molido**
el jugo de 1 **lima**
¼ de taza de queso **cotija** desmenuzado o **Monterey Jack** rallado, para decorar
arroz blanco cocido y/o **tortillas**, para acompañar

1. Reserva media taza de cebollas cambray para decorar. Introduce el resto en una licuadora junto con los tomates, los chiles asados, el jalapeño (si lo usas), el ajo y el cilantro. Tritura hasta que esté fino.

2. Calienta el aceite de oliva a fuego medio en una cazuela. Añade el pollo y la cebolla, salpimienta y fríe unos 10 minutos, removiendo de vez en cuando, hasta que la cebolla esté translúcida y el pollo ligeramente dorado y no se pegue al fondo de la olla. Vierte el caldo de pollo y rebaña el fondo de la cacerola para desglasarla. A continuación, agrega el puré de tomate, los garbanzos, el comino, el orégano y el cilantro. Remueve para que se mezcle. Llévalo a ebullición y baja a fuego lento. Tapa la olla y cuece hasta que el chili esté sabroso y espeso, unas 2 horas.

3. Pruébalo y rectifica el punto de sal y pimienta si fuera necesario. Antes de servir, añade el jugo de lima. Termina cada *bowl* con las cebollas reservadas, el cilantro y el queso y sírvelo acompañado de arroz y/o tortillas.

ALIMENTOS QUE LLENAN EL CORAZÓN

En todos los lugares en los que cocinamos, trabajamos con chefs locales, usamos ingredientes locales y preparamos platillos locales: forma parte de nuestro ADN. World Central Kitchen no sería nada sin estas relaciones que nos guían y apoyan en nuestro trabajo. Buscamos integrarnos en las comunidades y reflejar la cultura local en nuestros platillos de forma respetuosa.

Escogemos con quién nos asociamos con mimo. Y esto ha dado como resultado otro elemento identificador de la forma en que cocinamos. Y es que lo que preparamos suele ser reparador y reconfortante. Puede que ya te hayas dado cuenta de que, hasta ahora (y en lo que te queda de libro), las recetas que has leído están pensadas para que quienes las coman se sientan bien. Si quieres pensar que este es un libro de recetas de *comfort food* de todo el mundo, no estarías desencaminado. Las recetas que hemos incluido son algunos de los platillos más significativos de las familias, comunidades y almas de muchos de los lugares en los que hemos trabajado. Los ingredientes, las especias y las técnicas culinarias varían de un lugar a otro, pero la búsqueda de consuelo tras una catástrofe (y la esperanza en el futuro) es algo universal.

Lo que en inglés se conoce como *comfort food* (que podríamos traducir como «comida reconfortante») provoca una especie de nostalgia gustativa que desencadena recuerdos felices y otras sensaciones positivas. No hay duda de que la sal y la grasa de recetas como el pollo a la parmesana o los macarrones con queso tienen un efecto placentero en el cerebro. Pero la comida reconfortante va mucho más allá de la química cerebral; nos transporta a momentos de seguridad y protección, sentimientos que tienden a escasear en tiempos difíciles.

Y, aunque la definición de la comida reconfortante difiera de un lugar a otro, algunos platillos tienen un atractivo universal, incluso si no están vinculados a una cultura en particular. Estemos donde estemos, los sabores y presentaciones desconocidos se aceptan al instante si el platillo es cálido y reparador. Y entonces, un platillo muy querido en un lugar determinado se convierte en una nueva opción a medio mundo de distancia, y la mesa es, de nuevo, un punto de encuentro de culturas. Estos platos han pasado a conformar nuestro canon de comidas reconfortantes, nuestro particular Salón de la Fama.

Uno de los mejores ejemplos es la boloñesa, la famosa salsa de carne italiana. Hemos cocinado variantes de este platillo en casi todos los lugares en los que hemos trabajado, y siempre es un éxito. Ya sea la receta clásica con ternera y cerdo, la variante con pavo (ver pág. 173) o nuestra versión vegetariana hecha con setas, a todo el mundo le gusta. «Es saciante, es satisfactoria, tiene todo lo que se le puede pedir a un platillo», afirma la chef de WCK Fátima Castillo, que vive en Guatemala y ha preparado este platillo en al menos media docena de países. «Para mí, es la comida más reconfortante del mundo; no importa dónde hayas crecido».

Hay ejemplos de estos platillos reconfortantes en todo el mundo. En Indonesia, el Rendang de ternera (pág. 51) es un éxito de masas que se adapta fácilmente a nuevos paladares; alguna vez incluso lo hemos combinado con nuestros cremosos Macarrones con queso clásicos (pág. 151), creando así una tercera receta de éxito. Desde que llegamos a Puerto Rico, el Arroz con pollo (pág. 147) se hizo un hueco en nuestra rotación de recetas, y se convierte en uno de los platillos favoritos de nuestros comensales dondequiera que cocinemos. El Guisado de cerdo al pastor (pág. 60) o la carne de cerdo a la barbacoa resultan reconfortantes en gran parte del mundo, aunque no te hayas criado en México o en el sur de Estados Unidos. Y la receta de Kafta bil Bandora (pág. 141) de la panadera y activista Reem Assil, albóndigas especiadas en una deliciosa salsa de jitomate, evoca recuerdos de infancia a niños que crecieron en Estados Unidos o en el Levante mediterráneo.

Todos somos humanos y nuestras diferencias son lo que nos hace únicos, especiales e interesantes. Pero ¿no te parece reconfortante descubrir que también hay cosas que nos unen?

World
Central
Kitchen
World
Central
Kitchen
S.F.

Miembros de WCK disfrutan juntos de una comida de equipo en Mananjary (Madagascar), 2022.

BOLOÑESA DE PAVO

Tenemos decenas de recetas de pasta en nuestro repertorio, pero esta es nuestro as en la manga. Se pueden crear muchísimas variantes, es más sana de lo que parece y conquista a personas de todas las edades de todos los lugares en los que la servimos. Y, además, tiene un sencillo truco para ahorrar agua: como en la Pasta cremosa al curri de Karla (pág. 133), la pasta se cuece directamente en la salsa, que empieza suelta y acaba enriquecida por el almidón de la pasta. Eso quiere decir que tendrás una olla menos que lavar: ¡ahorrarás tiempo, esfuerzo y agua!

PARA 4-6 PERSONAS

3 c. s. de **aceite de oliva extra virgen**
1 **cebolla amarilla** mediana cortada en cubos pequeños
2 **dientes de ajo** medianos picados finos
1 **zanahoria** pequeña pelada cortada en rodajas transversales de 6 mm de grosor
1 **berenjena** pequeña o 1 **calabacita** grande cortadas en cubos de 1 cm
1 c. c. de **hinojo molido**
1 c. c. de **cilantro molido**
1 **hoja de laurel**
1 c. c. de **orégano seco**
½ c. c. de **chile de árbol triturado**
¼ c. c. de **pimienta negra recién molida**
sal kosher
450 g de **carne molida de pavo** (o 225 g de **carne molida de ternera** y 225 g **de carne molida de cerdo**)
2 c. s. de **concentrado de jitomate**
1 lata (410 g) de **jitomates** cortados en cubos
4 tazas de **caldo de pollo** o **agua**
340 g de **macarrones (penne)**
1 taza de **parmesano** rallado, para acompañar
½ taza de **perejil fresco** picado fino, para acompañar

1. Añade 2 cucharadas de aceite de oliva y la cebolla a una olla mediana y sofríe unos 5 minutos a fuego medio removiendo con frecuencia, hasta que la cebolla esté translúcida. Agrega el ajo y la zanahoria y prosigue la cocción, removiendo con frecuencia, hasta que las zanahorias estén ligeramente tiernas pero un poco crujientes, unos 3 minutos más. Incorpora la berenjena o la calabacita y sigue cocinando unos 2 minutos más removiendo bien, hasta que las verduras estén tiernas. Echa el hinojo, el cilantro, el laurel, el orégano, el chile de árbol, la pimienta negra y media cucharadita de sal y remueve para que se mezcle.

2. Añade la cucharada de aceite restante y la carne molida y prosigue la cocción unos 5 minutos removiendo de vez en cuando y desmenuzando la carne, hasta que deje de estar rosada. Agrega el concentrado de jitomate y cocina 2 minutos, removiendo para que impregne la carne y las verduras. Vierte los jitomates en conserva y el caldo y llévalo a ebullición a fuego vivo. Baja a fuego medio y cuece a fuego lento, sin tapar, hasta que la salsa se reduzca ligeramente y se empiece a espesar, de 25 a 35 minutos. La consistencia será similar a la de un chili. Pruébalo y rectifica de sal si fuera necesario.

3. Añade la pasta a la olla de la salsa y remueve bien para que se impregne de salsa y se distribuya por la olla. Prosigue la cocción, sin tapar y removiendo cada pocos minutos para que la cocción de la pasta sea uniforme y no se pegue a la olla. Cuece unos 15 minutos, hasta que la pasta esté al dente y la salsa espese. Retira la hoja de laurel.

4. Pruébalo y rectifica de sal y de pimienta si fuera necesario. Sírvelo con parmesano rallado y perejil encima.

CAMIÓN DE BOMBEROS

El nombre de este famoso revuelto de carne en lata, verduras y chiles típico de las Bahamas se puede deber a dos causas. Lo más probable es que su nombre provenga de su color rojo intenso, cortesía de una buena dosis de concentrado de jitomate. Pero, si se quiere ser más metafórico, podemos pensar en que el nombre se debe a la necesidad de que haya un camión de bomberos estacionado cerca, dispuesto a apagar el incendio que provocará en el comensal la abundancia de picantísimos goat peppers, un tipo de chile habanero que se cultiva en las Bahamas. Preparamos este platillo en nuestras cocinas de Ábaco y Grand Bahama, dos de las islas arrasadas por el huracán Dorian en 2019. Lo preparábamos en nuestras enormes paelleras. Para hacerte una idea de la cantidad que hacíamos al día, multiplica esta receta por mil. Y piensa en que la hacíamos dos veces al día... durante tres meses. Cuando la prepares, no tengas miedo a usar más chiles, ¡pero asegúrate de tener el número de los bomberos cerca! Y, sí, puede que la carne en lata no esté en tu lista de compras, pero no la subestimes: es una proteína barata y que se conserva mucho tiempo, muy popular en el Caribe y en lugares de todo el mundo.

PARA 4 PERSONAS

2 c. s. de **aceite vegetal**
2 tazas de **col** picada gruesa
1 **cebolla amarilla** o **blanca** mediana cortada en cubos
1 **pimiento morrón rojo** o **verde** pequeño cortado en cubos
2 **dientes de ajo** medianos picados
1 lata (340 g) de **carne**
1 **goat pepper de las Bahamas** o **chile habanero** sin tallo y picado (para reducir el picante, sustitúyelo por un chile serrano o jalapeño)
2 c. s. de **concentrado de jitomate**
1½ c. c. de **cátsup**
1 c. c. de **tomillo seco**
½ c. c. de **comino molido**
1 **hoja de laurel**
¾-1 taza de **caldo de pollo** o **agua**
Sal kosher y **pimienta negra recién molida**
Arroz blanco cocido, para acompañar
Pique (pág. 293) u otra salsa picante, como D'vanya, para acompañar

1. Calienta el aceite a fuego medio-alto en una sartén grande. Rehoga la col, la cebolla, el pimiento y el ajo unos 5 minutos, removiendo con frecuencia, hasta que la cebolla esté translúcida.

2. Añade la carne en lata, el chile, el concentrado de jitomate, la cátsup, el tomillo, el comino y la hoja de laurel y remueve para que se mezclen. Vierte tres cuartos de taza de caldo de pollo y cuécelo de 10 a 15 minutos. Se irá espesando a medida que se cuece a fuego lento. Incorpora el resto del caldo de pollo si es necesario; el resultado final debe tener la consistencia de una boloñesa no demasiado seca. Salpimienta al gusto. Retira la hoja de laurel.

3. Sírvelo acompañado de arroz y salsa picante.

CHEFS POR PUERTO RICO

Esta foto es muy importante para la historia de World Central Kitchen. Se tomó en Puerto Rico en los días inmediatamente posteriores al paso del huracán María y, en ella, José y el chef puertorriqueño José Enrique reparten tazones de plástico transparente con guisados a una pequeña multitud delante de un edificio rosa intenso. Al fondo hay un cartel en el que se lee «¡Hay Sancocho!». Aquel lugar era el restaurante de José Enrique, en el barrio de Santurce de San Juan. Dejaron de elaborar su menú habitual (versiones creativas de los clásicos de la isla con ingredientes locales) para dedicar toda su energía a preparar sancocho y otros guisados y platillos de arroz con los que dar de comer a quienes lo necesitaba tras la tormenta. Preparaban una receta cada día, y lo repartían hasta agotar existencias.

Aquellos primeros días tras el huracán fueron un punto de inflexión para WCK. José se subió al primer vuelo comercial a la isla tras la tormenta con su amigo Nate Mook, director de documentales que llegó a ser CEO de WCK durante cinco años. Nada más aterrizar en San Juan, se puso a cocinar con unos cuantos colegas de profesión. Pronto, un grupo de chefs, restauradores y propietarios de *food trucks* puertorriqueñas

formaron un equipo dentro de WCK: Chefs For Puerto Rico (que, apelando al amor de José por las redes sociales, se solía escribir como #ChefsForPuertoRico). Empezaron cocinando fuera del restaurante de Enrique, pero el local pronto les quedó pequeño. Les permitieron usar El Choliseo, el coliseo de la ciudad, y aumentaron su capacidad de producción a más de cien mil comidas al día.

Se abrió un nuevo camino para WCK. «En el imaginario colectivo, los equipos de primeros auxilios están formados por bomberos, policías y ese tipo de profesionales», explica Yamil López, uno de los miembros del equipo. «Pero nunca piensan que un cocinero puede ser personal de primeros auxilios. El huracán María cambió las cosas». No había muchos antecedentes de proyectos como Chefs For Puerto Rico. José fundó WCK tras el devastador terremoto de Haití de 2010, y él y su equipo también trabajaron para alimentar a los afectados por el huracán Matthew en Haití, el huracán Sandy en Nueva York y el huracán Harvey en Texas. Pero, en comparación con lo que se necesitaba en Puerto Rico, fueron empresas menores.

El equipo permaneció en la isla durante más de seis meses después del paso del huracán. Llegaron a todos los municipios de la isla y sirvieron casi cuatro millones de comidas. Veinte mil voluntarios trabajaron en veinte cocinas y diez *food trucks* repartidas por toda la isla, repartiendo comidas allí donde se necesitaban. Fue una hazaña impulsada por la pasión, la perseverancia, la comunidad, el amor y la esperanza de un futuro del que todos los puertorriqueños pudieran sentirse orgullosos. (Si quieres saber más sobre la incansable labor del equipo de Chefs For Puerto Rico, lee *Alimentamos una isla*, el libro de José y Richard Wolffe, publicado en español en 2019 también en Planeta Gastro).

Y, si la foto simboliza la misión y la identidad de WCK, el platillo que se sirve en ella hace lo propio con el esfuerzo específico que llevaron a cabo en Puerto Rico. El sancocho mejora cuanta más cantidad se prepare, así que cuando José y su equipo pasaron de hacer sancocho para decenas de personas en una plaza a hacerlo para miles fuera del coliseo de la ciudad, el sabor no se vio afectado; de hecho, mejoró. Puedes comprobarlo tú mismo: en la página 181 encontrarás nuestra receta, basada en la que preparamos los primeros días tras el huracán. Alejandro Pérez, cocinero de WCK y uno de los Chefs For Puerto Rico, dice que un buen sancocho es, básicamente, «todos y cada uno de los tubérculos de Puerto Rico en una olla con maíz y manitas de cerdo». Nuestra versión es algo más limitada (lleva yuca y papa y, como proteína, espaldilla de cerdo y pollo), pero te animamos a que incluyas tantos tipos de tubérculos como puedas. Y si tienes a mano un par de manitas, la experiencia será aún mejor.

El equipo también hizo arroz. Mucho arroz. Contaban con paelleras gigantescas y Manolo Martínez, propietario de la empresa de catering puertorriqueña especializada en arroces Paellas y Algo Más, se convirtió en la persona de referencia del equipo para el Arroz con pollo (pág. 147).* Las paelleras, de más de un metro de diámetro, producían unas quinientas raciones: 80 kg de pollo y más de 20 kg de arroz. A diario preparaban más de 4 500 kg de pollo y casi 1 400 kg de arroz, con los que alimentaban a treinta mil personas.

«Cuando nos llegaron las paelleras, no teníamos muchos productos que añadir al arroz. Nos tuvimos que poner creativos en cuanto a perfiles de sabor», recuerda Christian Carbonell, uno de los cocineros. «Pasar de sencillas paellas de verduras y carne enlatada a otras más complejas con verduras, hierbas y carnes locales fue muy satisfactorio. Siempre hemos estado orgullosos de nuestro trabajo, independientemente de los ingredientes que tuviéramos a la mano, porque la gente dependía de nosotros. Queríamos que nuestra comida les alegrara el día». Y es que las pequeñas ondas de esperanza se pueden convertir en poderosas olas de cambio, una lección que aprendimos cada día que pasamos en Puerto Rico.

«El equipo de Chefs For Puerto Rico tenía una causa común», afirmó Stephanie Ortiz, que también formaba parte del equipo. «Veníamos de distintas zonas de la isla y de situaciones diferentes, pero nuestro objetivo nos unía». Cada uno de los integrantes del equipo, algunos de los cuales pasaron a formar parte de la plantilla de World Central Kitchen, se sintieron transformados por el trabajo que realizaron después de María. «Jamás olvidaremos que hicimos algo de lo que siempre estaremos orgullosos».

Años más tarde, el grupo se sigue reuniendo para recordar aquella época y compartir noticias de sus vidas. Su punto de encuentro es el Miramar Food Truck Park, un círculo de *food trucks* situado muy cerca de donde cocinaron juntos por primera vez. Su fundadora es Yareli Manning, una de las integrantes del equipo original, y allí están estacionadas algunas de las *food trucks* que participaron en la misión: su Meatball Company, Yummy Dumplings (copropiedad de Xoimar, hermana de Yareli, y Michael Sauri), Peko Peko, El Churry, Piscolabis, Lemon Submarine, Açai on the Go y Ocean Deli.

«Cuando recuerdo el paso del huracán María no puedo evitar rememorar lo vivido con José y WCK —dijo Yareli—. Estoy profundamente agradecida de que nos diera algo que hacer para ayudar a nuestros hermanos y hermanas puertorriqueños en uno de los momentos más difíciles de nuestra historia. Pero también debo mencionar a la familia que construimos, la formada por voluntarios locales y personas de todo el mundo, que son lo que nos ha dado la fuerza y la esperanza para seguir reconstruyendo el Puerto Rico que merecemos».

Una nota para quien esté preocupado por el uso de la palabra paella en este texto: para un martillo, todo es un clavo; para una paellera, todo es una paella. El propio José Andrés es de la opinión de que la auténtica paella es la valenciana, el venerado platillo de arroz con pollo, conejo y frijoles de la costa levantina española. Y, como te diría cualquier valenciano, todo lo demás es arroz con cosas.

Food Trucks
7:30
7:00 am
2.5 Hours
7:30 am
9:00 am
11-octubre-2017
Station 3 CHEF
Cooking
Station 4 Chef
Food Running
5,920
9,400

SANCOCHO

El sancocho, un contundente guisado de carne y tubérculos, fue el primer platillo que el equipo de Chefs For Puerto Rico sirvió tras el huracán María y una elaboración que preparamos cientos de veces a lo largo de los meses siguientes (lee más al respecto en Chefs For Puerto Rico, pág. 177). La receta lleva cilantro, pero si quieres potenciar el sabor de las hierbas aromáticas, busca cilantro cimarrón (también conocido como recao; véase pág. 31). Para una experiencia completa, sírvelo con arroz blanco, aguacate, lima y salsa picante en abundancia.

PARA 6 PERSONAS

¼ de taza de **aceite de oliva extra virgen**
1 **cebolla dulce** grande picada gruesa, como Maui o Vidalia
4 **cebollas cambray** cortadas en trozos de 6 mm
3 **dientes de ajo** medianos picados gruesos
1 lata (790 g) de **jitomates** cortados en cubos (escurridos) o 6 **jitomates saladet** escaldados, pelados y cortados en cubos
1 c. s. de **achiote en polvo** o **paprika dulce**
2 **plátanos macho** verdes o semimaduros (más cercanos al amarillo) pelados (véase Nota, pág. 288) cortados en trozos de 2.5 cm
900 g de **yuca** pelada cortada en trozos de 2.5 cm
2 **mazorcas de maíz** desvainadas cortadas en tercios
4 **muslos de pollo con hueso y sin piel**
450 g de **espaldilla de cerdo deshuesada** cortada en trozos de 4 cm
2 tazas de **cilantro fresco** picado (tallos incluidos) o **cilantro cimarrón**, y un poco más para decorar
1½ c. s. de **sal kosher**, y un poco más al gusto
4 **papas Yukon Gold** medianas peladas cortadas en trozos de 2.5 cm
arroz blanco cocido, para acompañar
2 **aguacates** cortados en rodajas
2 **limas** cortadas en cuartos
Pique (pág. 293), u otra salsa picante

1. Calienta el aceite de oliva a fuego medio-alto en una cazuela de hierro fundido grande. Fríe la cebolla y las cebollas cambray de 12 a 15 minutos, hasta que estén tiernas y doradas, removiendo con frecuencia para que no se quemen. Añade el ajo y prosigue la cocción unos 3 minutos, hasta que esté tierno y desprenda su aroma. Agrega el jitomate y cuece hasta que se deshagan, el líquido se haya reducido y los jitomates se empiecen a pegar al fondo de la olla, de 8 a 10 minutos.

2. Incorpora el achiote y cuece 1 o 2 minutos para que se mezcle. Añade el plátano macho, la yuca, el maíz, el pollo, el cerdo, 1 taza de cilantro y la sal. Cubre con agua y llévalo a ebullición. Baja el fuego y cuece a fuego lento unos 30 minutos, sin tapar, hasta que la carne esté tierna y hecha.

3. Con una espumadera, pasa el pollo a un plato. Comprueba si la carne de cerdo está tierna. Si lo está, resérvala junto al pollo. Si no, déjala en la olla mientras se hacen las papas. Añade las papas a la olla y cuece a fuego lento unos 20 minutos, hasta que estén tiernas.

4. Cuando el pollo esté lo suficientemente frío para poder manipularlo, separa la carne de los huesos. Pica la carne en trozos pequeños o desmenúzala con los dedos.

5. Devuelve la carne en la olla e incorpora el cilantro restante. Cuece 3 minutos más, removiendo bien para que todo se mezcle. Pruébalo y rectifica de sal si fuera necesario.

6. Sirve el guisado caliente con arroz, aguacate, cilantro, lima y salsa picante.

CURRI MASSAMAN DE CORDERO

Esta es una receta de la chef Kelly Eastwood, que dirige una escuela de cocina en Bermagui (Australia), en la costa sudoriental del país. Durante la temporada de incendios forestales de 2020, la peor de la historia de la región, WCK y Kelly cocinaron para las pequeñas comunidades afectadas a lo largo y ancho de la costa. La época de incendios forestales en Australia viene acompañada de situaciones peculiares; un día, Kelly y el equipo de WCK estaban llevando comida a un refugio de animales salvajes en la pequeña ciudad de Mallacoota, y les pidieron ayuda para operar a un koala que había resultado herido en el incendio. «Tenía unas buenas garras», recuerda Kelly. Finalmente, pudieron salvar al koala. Kelly pasó meses cocinando con el equipo, y este reconfortante curri especiado se convirtió en uno de sus platillos favoritos. En la comunidad de Kelly, y en Australia en general, la comida tailandesa goza de gran popularidad. Es por eso que estaba acostumbrada a preparar curri, un platillo que resultaba familiar. Las aromáticas hojas de lima (véase la pág. 32) son un parte clave del platillo, como también lo es el toque de salsa de pescado final.

PARA 4 PERSONAS

PARA EL CURRI

1 c. s. de **aceite vegetal**

1 **cebolla amarilla** mediana cortada en cubos medianos

115 g (aprox. ½ taza) de **pasta de curri massaman tailandesa**, como Maesri o Mae Ploy

4 **dientes de ajo** medianos picados

un trozo de 5 cm de **jengibre fresco** pelado picado fino

2 **tallos de citronela** (15 cm) picados finos, sin la parte exterior dura

10 **hojas de lima makrut** frescas o congeladas (también se pueden usar hojas secas)

1 **ramita de canela**

1 **hoja de laurel**

½ c. c. de **cardamomo molido**

½ c. c. de **cilantro molido**

½ c. c. de **comino molido**

2 latas (400 g) de **leche de coco**

¾ de taza de **caldo de pollo**

680 g de **espaldilla de cordero** cortada en trozos de 2 cm

450 g de **papas blancas** peladas cortadas en cubos de 2 cm

1 c. s. de **salsa de pescado**

1½ c. s. de **azúcar morena clara**

1 c. c. de **sal kosher**

PARA EL RELLENO

arroz blanco cocido (si es posible, jazmín)

1 manojo de **albahaca tailandesa** picada gruesa

1 manojo de **hojas de cilantro fresco** picado grueso

½ taza de **cacahuates tostados sin sal** picados gruesos

1 **lima** cortada en rodajas

1. PARA EL CURRI: calienta el aceite a fuego medio-alto en una cazuela de fondo grueso o de hierro fundido. Rehoga la cebolla 2 o 3 minutos, removiendo con frecuencia, hasta que empiece a estar tierna. Añade la pasta de curri, el ajo, el jengibre, la citronela, las hojas de lima, la canela, la hoja de laurel, el cardamomo, el cilantro y el comino y remueve constantemente durante 2 minutos para que se mezcle. Incorpora la leche de coco; no pasa nada si se separa. Prosigue la cocción a fuego medio-alto 2 minutos más, removiendo con frecuencia. Añade el caldo y el cordero, baja a fuego medio-bajo y cubre la olla parcialmente (deja una abertura de unos 2.5 cm). Cuece a fuego lento durante una hora y media; reducirá y será muy aromático.

2. Agrega las papas y prosigue la cocción a fuego lento de 20 a 25 minutos, sin tapar, hasta que las papas estén bien cocidas. Dependiendo de lo graso que fuera el cordero, retira parte del aceite de la parte superior del curri.

3. Retíralo del fuego e incorpora la salsa de pescado, el azúcar morena y la sal. Antes de servir, retira las hojas de lima, la hoja de laurel y la canela.

4. PARA SERVIR: sirve el curri caliente en tazones con arroz. Decora con la albahaca tailandesa, el cilantro, los cacahuates y una rodaja de lima.

En 2020, incendios forestales asolaron comunidades la costa oriental australiana: WCK colaboró con restaurantes locales para alimentar a los vecinos damnificados.

UNA NUEVA ESPERANZA

«Lo mío no son las ONG. Lo mío es la *valentía*». Cualquier conversación con Robert Egger (en la imagen de la derecha), fundador de DC Central Kitchen y quien fuera miembro del consejo de administración de WCK, está plagada de acertijos, verdades aplastantes y pequeñas dosis de sabiduría recopiladas a lo largo de toda una vida de aprendizaje y enseñanza.

Conviene escucharlo cuando habla. Él plantó la semilla que llevó a la creación de World Central Kitchen. Fue una especie de Obi-Wan Kenobi para el Luke Skywalker que encarna José. Cuando José era un joven *padawan*... perdón, chef, en Washington D. C., poco después de llegar desde España, trabajó como voluntario en la ONG de Egger, DC Central Kitchen. DCCK se fundó en 1989 con dos grandes objetivos: rescatar alimentos antes de que fueran desperdiciados y, lo que es más importante, rescatar a *personas*. La organización es un círculo virtuoso: hombres y mujeres que han estado encarcelados, están desempleados o no tienen donde vivir reciben formación en las artes culinarias y cocinan con frutas y verduras que, de otro modo, se desperdiciarían. Después, estos platillos se reparten entre habitantes de Washington, D. C. que viven en la calle. Más tarde empezaron a ofrecer servicios de catering para instituciones y ahora colaboran con escuelas públicas y hospitales de la ciudad. El voluntariado siempre ha sido parte de su esencia, y aceptan a cualquiera dispuesto a ayudar, a cocinar codo con codo con personas de los entornos más diversos. Con esto se encontró José cuando se involucró en la ONG a principios de los años noventa.

Saltemos veinte años en el tiempo. «Había pensado llamarla World Central Kitchen», le dijo José a Robert en 2010, cuando le habló de sus planes para crear una ONG que transformaría la forma de prestar ayuda alimentaria en caso de desastre natural. «¿Así que yo me tengo que conformar con Washington, D. C. y él se queda el resto del mundo?», ríe Egger recordando la conversación. Ambas organizaciones tienen modelos diferentes, pero el espíritu de DCCK impulsa a WCK en su esperanza de que todas las personas sean tratadas con dignidad y empatía y su determinación a trabajar juntos para hacer de la humanidad algo mejor.

Actualmente Egger vive en Nuevo México, cuyos paisajes, por seguir con la idea de *Star Wars*, recuerdan al planeta Tatooine. Aquí ha asumido el cargo de asesor en seguridad alimentaria del alcalde de Santa Fe. En 2020, durante la pandemia, reclutó junto con WCK a estudiantes de cocina del Santa Fe Community College para que cocinaran para sus vecinos. El Pozole de chile verde (pág. 189) que sirvieron es una receta con una larga tradición en la zona: sus orígenes se remontan al México precolombino y utiliza los famosos chiles Hatch locales. «El pozole es un caballo de Troya», bromea Robert. Lo que quiere decir es que no solo aporta calorías o constituye una comida caliente para la comunidad, sino que está vinculado con la cultura, historia y tradición locales. Es una comida sanadora en el momento en que más se necesita.

José siempre dice que una de sus frases favoritas de Robert es esta sobre la caridad: «Con demasiada frecuencia, quien hace un acto caritativo busca su propia redención, cuando lo verdaderamente importante es aliviar a quien recibe ese gesto». Seguro que has asentido al leerlo. Y es que es cierto: *por supuesto que eso es la caridad.* ¿Y por qué nos olvidamos de ello con tanta frecuencia? Esta creencia la suscribiría cualquier *jedi*, que trata a todos los seres de la galaxia con dignidad y respeto.

POZOLE DE CHILE VERDE DE ROBERT

«Con este platillo, combatimos el hambre con tradición». Robert Egger, antiguo miembro del consejo de administración de WCK y fundador de DC Central Kitchen, preparó esta receta con un equipo de estudiantes de cocina de Nuevo México durante la respuesta de WCK a la pandemia (puedes leer más sobre Robert Egger en Una nueva esperanza, pág. 186). El secreto de esta versión neomexicana del pozole está en los chiles: usar chiles verdes del valle Hatch de Nuevo México hará de este platillo la mejor versión de sí mismo. Te recomendamos encarecidamente que intentes hacerte con ellos (los encontrarás congelados en internet, pero pueden ser caros si no están de temporada). El nixtamal, también llamado maíz pozolero, es maíz que ha pasado por el antiguo proceso de la nixtamalización (véase Nixtamal, pág. 31). Lo mejor es comprarlo seco y rehidratarlo, pero lo puedes sustituir por su versión en lata. Combina chiles suaves y picantes, pero haz caso a Robert y ten cuidado: «Un buen pozole no quema al comerlo, solo sube la temperatura interna».

PARA 4-6 PERSONAS

450 g de **maíz pozolero/nixtamal** seco (véase Notas)
1 c. s. de **aceite de oliva extra virgen**
450 g de **espaldilla de cerdo** sin grasa cortada en cubos de 2 cm
sal kosher
1 **cebolla amarilla** mediana picada
2 **dientes de ajo** grandes picados
1 c. s. de **orégano seco**, si es posible, mexicano, y un poco más para decorar
2 **tomates** pequeños pelados y picados
1 c. c. de **pimienta negra recién molida**
6 tazas de **caldo de pollo** o **verduras**, si es posible, bajo en sal, o **agua**
4-6 **chiles Hatch verdes frescos** asados y pelados (sin semillas para reducir el picante), o 3 latas (115 g) de chiles Hatch verdes picados (véase Notas)
rodajas de lima, para acompañar

1. Combina el pozole seco con 6 tazas de agua en un *bowl* grande y déjalo en remojo a temperatura ambiente 8 horas como mínimo, o toda la noche. Escurre.

2. Calienta el aceite a fuego medio-alto en una olla de fondo grueso. Dora la carne de cerdo con media cucharadita de sal de 7 a 10 minutos, dándole la vuelta de vez en cuando, hasta que se dore bien.

3. Añade el nixtamal escurrido, la cebolla, el ajo, el orégano, los tomates, la pimienta negra, el caldo, 1 cucharadita de sal (usa menos si el caldo no es bajo en sal) y los chiles verdes. Llévalo a ebullición y, cuando rompa a hervir, baja a fuego medio-bajo y cuece a fuego lento unas 3 horas, sin tapar, hasta que el nixtamal esté tierno y se haya hidratado (parecerá que los granos se hayan reventado). Pruébalo cada 30 o 45 minutos y rectifica de sal según sea necesario.

4. Sírvelo caliente con rodajas de lima y más orégano seco, que dotará al platillo de una hermosa nota floral.

Notas:

- Puedes sustituir el maíz pozolero seco por tres latas de 570 g. En ese caso, omite el paso de remojo y sigue la receta, agregando el maíz pozolero escurrido cuando se indica que se debe añadir el remojado. La cocción a fuego lento solo durará hasta que la carne de cerdo esté tierna, de una a una hora y media.
- Si usas chiles Hatch en conserva, combina los picantes y los suaves para que tu pozole desprenda un calorcito agradable (si quieres más picante, dobla la cantidad de chiles picantes).

QORMA-E-NAKHOD

Guisado de garbanzos con espinacas y queso de cabra

A veces, WCK descubre que el lugar desde donde más pueden ayudar está a miles de kilómetros de distancia de la crisis a la que responde. Así ocurrió en 2021, cuando la situación política de Afganistán dio un vuelco que obligó a miles de afganos a huir de sus hogares y dejar atrás la vida tal y como la conocían. Los recibimos con nutritivos platos de comida en los aeropuertos de Catar, Madrid y Washington D. C. Muchos llevaban días sin comer algo caliente. Nuestra socia en Madrid fue Nadia Ghulam, escritora y cocinera que huyó de Afganistán años atrás, después de haber estudiado y trabajado vestida de hombre durante una década (puedes leer más sobre la historia de Nadia en Refugiados y migración, pág. 100). Esta es una de las recetas que compartió con nuestros Chefs de Respuesta Inmediata, un guisado vegetariano de garbanzos y especias cálido y reconfortante, con una cremosa salsa de queso de cabra y comino encima. «Estoy muy contenta de poder hacer algo por la gente de mi país», afirmó Nadia sobre cocinar para los recién llegados. «Así, aunque han recorrido un largo camino, no se sienten solos».

PARA 4 PERSONAS

PARA LA SALSA DE QUESO DE CABRA

½ taza de **leche entera** o **crema espesa**
115 g de **queso fresco de cabra** desmenuzado
½ c. c. de **comino molido**
sal kosher

PARA EL GUISADO

¼ de taza de **aceite de oliva extra virgen**
1 **cebolla amarilla** grande picada fina
2 **dientes de ajo** picados
1 **pimiento morrón rojo** pequeño picado fino
1 **pimiento morrón verde** pequeño picado fino
1 **zanahoria** mediana pelada cortada en cubos de 6 mm
1 taza de **puré de jitomate**
1½ c. c. de **comino molido**
1 c. c. de **paprika dulce**
½ c. c. de **pimienta cayena molida**
½ c. c. de **cúrcuma molida**
sal kosher
225 g de **hojas de espinaca** picadas gruesas
2 latas (440 g) de **garbanzos** sin escurrir
1½ tazas de **caldo de verduras** o **agua**
pimienta negra recién molida
½ taza de **perejil fresco** picado, para decorar

1. PARA LA SALSA DE QUESO DE CABRA: combina la leche, el queso de cabra y el comino en un cazo pequeño. Llévalo a ebullición y cuece 15 minutos, removiendo con frecuencia. ¡No dejes que hierva! No pasa nada si se cuaja un poco. Deja que la salsa se enfríe a temperatura ambiente mientras preparas el guisado. Mézclala bien antes de servirla: debe quedar espesa y cremosa. Pruébala y rectifica de sal si fuera necesario.

2. PARA EL GUISADO: calienta el aceite a fuego medio en una cacerola. Sofríe la cebolla y el ajo de 5 a 7 minutos hasta que estén translúcidos. Añade los pimientos morrones y prosigue la cocción unos 3 minutos más, hasta que estén tiernos. Agrega la zanahoria y saltéala 5 minutos. Incorpora el puré de jitomate, el comino, la paprika, la pimienta cayena, la cúrcuma y media cucharadita de sal y mezcla bien. Añade las espinacas por tandas, removiendo para que se incorporen a la mezcla. Vierte los garbanzos, su líquido y el caldo y sube el fuego a medio-alto. Cuece de 15 a 20 minutos a fuego lento para que el guisado espese. Pruébalo y rectifica de sal y pimienta si fuera necesario.

3. Reparte el guisado en cuatro *bowls*, corónalos con una cucharada de salsa de queso de cabra y esparce una pizca de perejil. Sírvelo caliente.

COMUNIDAD

PLATILLOS PARA COMPARTIR CON FAMILIA Y AMIGOS

Nosotros, el pueblo; no yo, la persona.

JOSÉ ANDRÉS

World
Central
Kitchen

World
Central
Kitchen

DESPUÉS DE UNA CATÁSTROFE, LOS EQUIPOS DE WCK CONSTATAN, UNA Y OTRA VEZ, LA IMPORTANCIA DE LA COMUNIDAD. Se manifiesta de formas diferentes en los lugares en los que estamos, pero siempre está ahí y es un elemento básico en el camino a la recuperación.

En las difíciles semanas y meses posteriores a una crisis, vemos cómo las comunidades se movilizan para apoyarse mutuamente y, en especial, para ayudar a sus miembros más vulnerables. En Guatemala, tras una terrible erupción volcánica, las mujeres de la localidad de Sri Lanka se organizaron para asegurarse de que los equipos de rescate recibieran alimentos y se sintieran cuidados durante sus largas y polvorientas jornadas.

En el norte de California, donde los incendios forestales son cada vez más intensos, los voluntarios de las comunidades afectadas no dudaron en ayudarnos a hacer bocadillos. Y cuando repartimos la comida, vemos carteles: «Paradise Strong», «Love Whiskeytown Forever», «Thank You Fire Heroes» (Gracias, héroes del fuego).

En Beirut, tras la explosión que sacudió el puerto de la ciudad en el verano de 2020, asistimos a una muestra masiva de sentido cívico: miles de personas, de todas las clases sociales, se organizaron para cuidarse mutuamente y limpiar la ciudad. Era como ver a una gran familia reunirse para resolver juntos algo demasiado abrumador para una sola persona.

En la Nación Navajo, en los peores momentos de la pandemia, la comunidad se movilizó para protegerse y proteger a sus mayores. Puesto que en muchos hogares conviven varias generaciones, llevaron a cabo cribados masivos: los trabajadores sanitarios iban de casa en casa, realizando test a todos los miembros de las familias. Las familias se aislaron juntas mientras esperaban los resultados de las pruebas. Un equipo íntegramente diné (navajo) de WCK repartió cajas de alimentos a estos hogares, con comida suficiente para pasar la cuarentena. Esta mentalidad es una muestra de lo mejor de la humanidad: saldremos de esta. Y lo haremos *juntos*.

En Ucrania, durante nuestra actuación en respuesta a la invasión rusa de 2022, WCK movilizó a más de cuatro mil chefs, cocineros, conductores, especialistas en logística y más (José los llama *Food Fighters*, guerreros de la comida) para garantizar el suministro de alimentos en el país durante la guerra. Esta red logró que pueblos y ciudades de todo el país, incluso aquellos en la primera línea del conflicto, tuvieran un imprescindible apoyo alimentario, una comunidad nacional que alimentaba a todo aquel que lo necesitaba.

La palabra *comunidad* está muy relacionada con la palabra *comensal*, cada una de las personas que comen en una misma mesa. No hace falta haber pasado por una crisis para saber que sentarse alrededor de una mesa y compartir el pan con amigos y seres queridos levanta el ánimo y sana. Recuerda: mesas más largas, no muros más altos. Compartir la comida es algo intrínseco a la humanidad; comer con otros es ser humano. Las recetas de este capítulo están pensadas para ser compartidas en una comida con amigos, una cena comunitaria o cuando invitas a toda la familia a cenar. Además, la mayoría son vegetarianas para que todos se sientan más incluidos. Puedes preparar varias a modo de menú o combinarlas con otros platillos de este libro; si has invitado a carnívoros empedernidos, añade un plato de carne o pescado.

José comparte la receta de Sòs pwa nwa (pág. 203) que descubrió en una de sus primeras visitas a Haití tras el terremoto de 2010 y que fue una auténtica epifanía para él. También verás recetas de algunos miembros del Chef Corps de WCK. Brooke Williamson, ganadora de *Top Chef* y restauradora afincada en Los Ángeles, comparte una receta de ensalada de farro con jugo de zanahoria. Guy Fieri y Tyler Florence, recetas de Acción de Gracias inspiradas en el festín que servimos en Paradise, en el norte de California, tras el temible incendio de Camp Fire de 2018. Emeril Lagasse, que trabajó con nosotros en Florida y cuyo equipo prestó apoyo en Nueva Orleans, nos regala una receta de Gumbo z'Herbes (pág. 215), un delicioso guisado de verduras típico de Luisiana. Durante la pandemia, Sanjeev Kapoor, uno de los grandes nombres del sector gastronómico de la India, compartió con José su receta de Dal tadka (pág. 223), chícharos gandul partidos con especias, y ahora la comparte contigo. También conocerás a fondo el universo de las ensaladas de WCK: te explicamos cómo las concebimos para que se mantengan frescas en entornos menos que ideales.

World Central Kitchen es una comunidad, una en la que todos son bienvenidos y parte integral de la causa. Somos cada voluntario que cocina o reparte alimentos, cada donante que nos ayuda a financiar nuestro trabajo, cada niño o niña que organiza su propio puesto de limonada y cada restaurante que no duda en dar de comer a sus vecinos necesitados (también aquellos a los que aún no hemos recurrido).

«Somos la mayor organización de la historia de la humanidad —afirma José—. A mis ojos, todos los restaurantes son parte de WCK, todos los cocineros y chefs del mundo son parte de WCK... Solo que aún no lo saben».

José no exagera. Solo traza una línea desde donde hemos estado hacia nuestro destino. No sabemos a qué comunidad afectará la próxima catástrofe, pero sí sabemos que la propia comunidad será decisiva en su recuperación.

Piensa en esto como nuestra invitación a que te unas. Prepara una comida para un vecino que acaba de tener un bebé. Hazte voluntario de la protectora local. Ayuda a instalarse a una familia de refugiados. Tú, mejor que nadie, sabes qué hace falta en tu comunidad: hazlo realidad. «Nosotros, el pueblo» también te incluye a ti.

Y si, por casualidad, traes contigo una olla de frijoles negros o de gumbo verde, puede que te sorprenda lo larga que se puede hacer esa mesa.

BRIAM

El briam es la versión griega de un platillo que se puede encontrar por todo el sur de Europa, ya sea a modo de pisto manchego español, samfaina catalana o ratatouille provenzal. En nuestra versión de la receta griega, las verduras asadas están aromatizadas con aceite de oliva infusionado con ajo, orégano y tomillo. Lo servimos en la isla de Eubea, al este de Atenas, que se vio afectada por devastadores incendios forestales. WCK colaboró con restaurantes del montañoso norte de la isla y repartió comida entre los habitantes más mayores que se quedaron en sus casas a pesar de los incendios. Llegamos hasta pequeñas aldeas de entre cincuenta y cien habitantes, en las que voluntarios locales subían por los estrechos caminos empedrados hasta cada una de las casas. Asar las verduras en abanico alternando sus colores hace que el plato quede precioso, y está igual de delicioso caliente que a temperatura ambiente. Asegúrate de tener a la mano un poco de pan para untar ese aromático aceite infusionado.

PARA 4 PERSONAS

½ taza de **aceite de oliva extra virgen**
2 **dientes de ajo** medianos en láminas finas
1 c. s. de **hojas de orégano fresco** o 1 c. c. seco
1 c. c. de **hojas de tomillo frescas** o ½ c. c. secas
450 g de **papas Yukon Gold** cortadas en rodajas de 9.5 mm de grosor
450 g de **calabacita** u otra calabaza de verano cortado en rodajas de 9.5 mm de grosor
1 c. c. de **sal kosher**
½ c. c. de **pimienta negra recién molida**
1 lata (410 g) de **jitomates** cortados en cubos
225 g de **cebollas moradas** por la mitad cortadas en rodajas de 9.5 mm de grosor
225 g de **jitomates** frescos cortados en rodajas de 9.5 mm de grosor
pan crujiente, para acompañar

1. Calienta el horno a 205 °C.

2. Combina el aceite de oliva, el ajo, el orégano y el tomillo en una cacerola a fuego medio, removiendo ocasionalmente hasta que el ajo se empiece a dorar y desprenda su aroma, 4 o 5 minutos. Retírala del fuego y déjala enfriar 3 o 4 minutos.

3. Mezcla en un *bowl* grande las papas, la calabacita, la sal y la pimienta. Vierte la mitad del aceite infusionado, incluyendo el ajo y las hierbas, y mezcla bien hasta que todas las verduras estén cubiertas.

4. Reparte el jitomate en conserva por una charola de horno de 23 × 33 cm. Coloca las verduras en filas, alternando verduras (y colores) y superponiéndolas. Quizás necesites más calabaza y papa, pues las capas son de calabaza, papa y cebolla y luego calabaza, papa y jitomate fresco. Sigue colocándolas hasta que hayas utilizado todas las verduras. Dependiendo de lo anchas que sean las verduras, obtendrás tres o cuatro filas. Rocía las verduras de manera uniforme con el resto del aceite infusionado y el líquido del *bowl* que contenía las papas y la calabacita.

5. Asa las verduras de 45 a 60 minutos, hasta que las papas se doren y se puedan pinchar con un tenedor y las cebollas empiecen a estar tiernas.

6. Sírvelo caliente o a temperatura ambiente con un poco de pan crujiente, ¡y no dejes ni una gota de ese delicioso aceite!

FRIJOLES NEGROS Y EL ARTE DE SABER ESCUCHAR

José Andrés

Hace años, cuando viajé a Haití por primera vez tras el terrible terremoto de 2010, tenía mucho que aprender. Bueno, *todavía* me queda mucho por aprender. Pero entonces me quedaba aún más. Había oído hablar de la terrible situación en Puerto Príncipe y sus alrededores tras la catástrofe, y pensé que podría ayudar de alguna manera. En mis restaurantes podía dar de comer a unos pocos, a los que se lo podían permitir. Pero en un lugar como Haití, quizás también podía alimentar a muchos.

Nunca había estado en Haití ni había probado la comida haitiana. Todo era nuevo para mí. Pero confiaba en mis dotes culinarias. En aquel momento tenía restaurantes en Washington D. C. y Los Ángeles, y estaba a punto de abrir locales en Las Vegas. Tenía un programa de televisión en la cadena PBS sobre cocina española. ¡Y la revista *GQ* me había nombrado Chef del Año! Partí con confianza y esta idea en mente: al fin y al cabo, *¡soy José Andrés!*

Llegué a Haití con la cabeza repleta de ideas de cómo cambiar el mundo, con ganas de usar mis dotes de chef y cocinero para llevar comida a quienes la necesitaban. Teníamos una cocina solar para cocinar en cualquier lugar donde hubiera sol. Había días en los que no salía el sol y no podíamos dar de comer a nadie; pero otros cocinábamos para cientos de personas bajo el hermoso y brillante sol del Caribe.

A las afueras de Puerto Príncipe conocí a un grupo de mujeres que cocinaban para su comunidad en un refugio. Un día unimos fuerzas: el plan era preparar frijoles negros con arroz, una comida de lo más reconfortante. Algunas de las mujeres me ayudaban cortando cebollas y pelando papas. Yo no hablaba francés ni kreyòl y ellas tampoco sabían español ni inglés, pero empecé a intuir algo por la forma en que me miraban, con una sonrisa, casi como si se fueran a echar a reír. Empecé a entender lo que me querían decir con su expresión: la forma en que preparaba los frijoles no era como a ellas les gustaba comerlas.

Cuando por fin lo entendí, les puse los utensilios en las manos para decirles: *enséñenme cómo lo hacen ustedes*. Con sacos de arpillera, tamizamos los frijoles, empujándolos a través de los sacos lentamente, con esfuerzo, para asegurarnos de que lo que obteníamos era un puré suave y cremoso. ¡Una salsa! Y por fin lo tenía ante mí, este sòs pwa nwa, una salsa de frijoles negros que se come con arroz blanco al vapor. Quedó precioso, sabroso y aterciopelado, con una textura perfecta que nunca antes había visto en unos frijoles.

Esta historia puede parecer insignificante: *¿por qué me hablas tanto de frijoles, José?*, puede que te preguntes. Pero encierra todo lo que necesitas saber sobre mí a día de hoy, y sobre World Central Kitchen. Fue el momento en el que aprendí a escuchar *de*

verdad. A no entrar y decirle a la gente lo que quiere escuchar, sino entender realmente lo que me quieren decir. Si allí les gustan los frijoles en puré, ¿por qué iba a servirlos de otra forma?

Desde aquel día, he intentado hacer esto en todas las misiones de World Central Kitchen. Cuando llegamos a un lugar, nunca le decimos a la comunidad: *Esto es lo que tienen que comer, esto es lo que quieren.* Llegamos con los oídos abiertos y muchas ganas de aprender de ellos, de ayudarles a preparar platillos reconfortantes y familiares para todos. Se ve en todo nuestro trabajo: dondequiera que estemos, hablamos con chefs locales, visitamos los mercados y probamos los platillos para saber qué debemos cocinar.

Para mí, este platillo, sòs pwa nwa, está absolutamente delicioso. Salado, con sabor a ajo, suave, cremoso... Y, ante todo, me recuerda que debo ser humilde y siempre siempre, escuchar a la comunidad.

SÒS PWA NWA

Salsa de frijoles negros

Cuando José preparó frijoles negros con arroz para un grupo de mujeres de Haití tras el terremoto de 2010, aprendió dos cosas: en primer lugar, allí se preferían los frijoles suaves y sin piel; y en segundo, a aquel chef famoso le quedaba mucho por aprender sobre cómo escuchar (lee más al respecto, en palabras del propio José, en la página 200). Estos frijoles, hechos puré y tamizados hasta que quedan cremosos y ricos, lo cambiaron todo: son perfectos acompañados de arroz y una buena conversación. El nombre de aquella receta era sòs pwa nwa, *sauce pois noir* en kreyòl (o, lo que es lo mismo, salsa de frijoles negros). La chef haitiana Mi-Sol Chevallier nos contó que, cuando era pequeña, antes de que su familia tuviera licuadora, pelaban cada frijol a mano. Esperamos que tengas una batidora en casa, pero si no es así, ¡será mejor que empieces a pelar!

PARA 4-6 PERSONAS

1 taza de **frijoles negros secos**
8 **clavos enteros**
1 **cebolla amarilla** mediana pelada
2 c. s. de **Épis** (pág. 290)
1 c. c. de **sal kosher**, y un poco más al gusto
arroz blanco cocido, para acompañar

1. Introduce los frijoles en una cacerola y cúbrelas 2.5 cm por encima con agua. Déjalas en remojo durante 4 horas o toda la noche.

2. Llévalo a ebullición a fuego medio-alto. Baja a fuego medio y cuece hasta que estén muy tiernas, de una a una hora y media. Añade de agua según sea necesario para que los frijoles estén cubiertos; vigila la olla y remueve de vez en cuando para que los frijoles no se quemen.

3. Cuando estén lo bastante tiernos como para hacerlos puré con facilidad, escúrrelos con la ayuda de un colador colocado sobre un *bowl* mediano. Reserva el líquido de cocción y pasa los frijoles al vaso de una licuadora potente. Tritura los frijoles hasta que estén muy muy finos, añadiendo un poco del líquido de cocción si es necesario para que la licuadora funcione. Si tu licuadora no es muy potente y el puré sigue teniendo algo de textura por las pieles, pásalo por un colador de malla fina con la ayuda del dorso de una cuchara de madera. Vuelve a poner el puré en la cacerola.

4. Inserta el extremo puntiagudo de los clavos por toda la superficie de la cebolla pelada (en cocina, esto se conoce como *oignon clouté*, o «cebolla claveteada» y es un potenciador del sabor tradicional francés). Añade al puré el épis, la sal y 1 taza del líquido de cocción reservado y remueve para que se mezclen. Agrega la cebolla claveteada y cuece a fuego medio-bajo durante 20 o 30 minutos, removiendo con frecuencia. Buscamos una consistencia fina, cremosa, con la textura de una sopa espesa. Si fuera necesario, incorpora más líquido de cocción o agua.

5. Comprueba el punto de sal y rectifícalo si fuera necesario. Retira la cebolla y sirve caliente con arroz.

SAYUR GORI

Yaca guisada en leche de coco

Esta receta nos la enseñó nuestra jefa de equipo en Indonesia, Rima Aritonang, que nos ha acompañado en todas las grandes catástrofes naturales que han asolado el país en los últimos años, ya fueran terremotos, tsunamis o inundaciones. «En realidad, en una crisis también ocurren muchas cosas bonitas», afirma Rima. «Sacan lo mejor de la gente» (puedes leer más sobre Rima en El espíritu de WCK, pág. 125). El sayur gori, platillo vegetariano que servimos a menudo acompañado de arroz y sambal, es yaca cocida en leche de coco con chiles y especias. Si nunca has cocinado con yaca, es un sustituto delicioso y sencillo de la carne. La receta final tiene una textura carnosa, pues absorbe la leche de coco especiada.

PARA 4 PERSONAS

PARA LA PASTA DE ESPECIAS

1 **chalota** grande picada gruesa

1 cabeza de **ajo** con los dientes picados gruesos

2-3 **chiles de Lombok** o **pimientas cayenas** frescos (sin semillas para reducir el picante) o **chiles serranos**

¼ de taza de **nueces de macadamia**

un trozo de 4 cm de **cúrcuma fresca** pelada y picada o 1 c. s. de **cúrcuma molida**

1 c. c. de **cilantro molido**

¼ de c. c. de **sal kosher**

PARA EL GUISADO

3 c. s. de **aceite de canola** u otro **aceite neutro**

1 **tallo de citronela** aplastado con el dorso de un cuchillo de cocina y anudado (véase Nota)

un trozo de 2.5 cm de **galanga** pelada y aplastada

3 **hojas de lima makrut**

2 **hojas de laurel**

2 latas (565 g) de **yaca verde** (véase pág. 32) escurridas

1 c. s. de **azúcar morena**, y un poco más al gusto

1 c. c. de **sal kosher**, y un poco más al gusto

1 lata (400 g) de **leche de coco**

arroz blanco cocido, para acompañar

sambal casero (pág. 289) o comprado, para acompañar

1. PARA LA PASTA DE ESPECIAS: maja la chalota, el ajo, los chiles, las nueces de macadamia, la cúrcuma, el cilantro y la sal en un mortero hasta obtener una pasta espesa y grumosa (si lo prefieres, usa un procesador de alimentos pequeño).

2. PARA EL GUISADO: calienta el aceite a fuego medio-alto en un wok o sartén honda. Saltea la pasta de especias 2 o 3 minutos, hasta que desprenda su aroma. Remueve con frecuencia para que no se queme. Añade la citronela, la galanga, las hojas de lima y las hojas de laurel y prosigue la cocción 1 minuto, removiendo para que se impregnen de la pasta de especias.

3. Añade la yaca, el azúcar morena y la sal y mezcla bien. Vierte la leche de coco y 1 taza de agua y llévalo a ebullición, removiendo suavemente con frecuencia. Cuando rompa a hervir, baja el fuego y cuece a fuego lento de 30 a 40 minutos, sin dejar de remover, para que el guisado espese.

4. Pruébalo y añade azúcar morena o sal si fuera necesario. Sírvelo caliente con arroz y sambal.

***Nota:* aplastar la citronela contribuye a liberar su aroma en el guisado. Golpea el tallo unas cuantas veces con la parte posterior de un cuchillo grueso para romperlo un poco, sin llegar a cortarlo del todo. Anudar la citronela evita que se deshaga cuando se cuece el guisado.**

Habib pasa la noche en vela, vigilando el horizonte en caso de que se produzca otro tsunami en Banten (Indonesia), 2018.

ENSALADA DE ZANAHORIA Y FARRO DE BROOKE

Esta ensalada sabe a primavera y otoño al mismo tiempo; es colorida y refrescante, rica y con sabor a fruto seco. No puede faltar en una buena cesta de pícnic, sea la estación que sea. La chef Brooke Williamson cocina el farro en jugo de zanahoria para que los granos absorban los sabores de esta verdura y su textura se mantenga perfecta. Brooke es socia y amiga de WCK desde hace años. Su restaurante, Playa Provisions, ha colaborado con nosotros en el sur de California, y la propia Brooke siempre está dispuesta a acudir a nuestra cocina y desenfundar sus cuchillos. «Mis restaurantes siempre han estado muy centrados en el barrio. Por eso mi marido Nick y yo somos muy conscientes de la importancia de la comunidad, no solo a la hora de recibir apoyo, sino también para darlo. Nuestra comunidad es nuestra familia. Nuestros vecinos y personal son a quienes recurrimos en los mejores y peores momentos».

PARA 4 PERSONAS

4 c. s. de **aceite de oliva extra virgen**
1 **cebolla amarilla** mediana picada fina
2 **dientes de ajo** medianos picados finos
2 tazas de **farro** lavado (véase Nota)
2 c. s. de **azúcar morena** clara
3 tazas de **jugo de zanahoria**
sal kosher
2 **zanahorias** medianas peladas y cortadas en cubos
la ralladura y el jugo de 2 **limones** medianos
1 **chalota** picada
6 **rábanos rojos** cortados en rodajas finas
¼ de taza de hojas de **cilantro fresco** picadas gruesas
1 **aguacate** cortado en cubos
2 c. s. de **semillas de ajonjolí** tostadas
pimienta negra recién molida

1. Añade 2 cucharadas de aceite de oliva a una cacerola y suda la cebolla y el ajo a fuego medio de 3 a 5 minutos, hasta que estén translúcidos. Agrega el farro y tuéstalo 2 minutos, removiendo con frecuencia para que la cebolla y el ajo no se doren. Incorpora el azúcar morena, el jugo de zanahoria y 1 cucharadita de sal y cuece de 20 a 30 minutos a fuego medio-bajo, removiendo de vez en cuando, hasta que el farro esté al dente.

2. Añade las zanahorias en cubos y prosigue la cocción de 10 a 15 minutos, removiendo a menudo, hasta que el farro esté bien cocido y las zanahorias, tiernas.

3. Prueba el farro y rectifica de sal si fuera necesario. Escurre en un colador y reserva el líquido de cocción en el refrigerador para utilizarlo en un aderezo de ensalada. Extiende el farro en una charola y rocíalo con las 2 cucharadas de aceite de oliva restantes. Remueve para que se impregne bien. Déjalo reposar a temperatura ambiente hasta que se enfríe.

4. Combina el farro con la ralladura de limón, el jugo de limón, la chalota, los rábanos y el cilantro en un *bowl* grande. (Hasta este punto, la ensalada se puede preparar con un día de antelación y refrigerarse).

5. Cuando la vayas a servir, añade el aguacate, remueve con cuidado y termina con las semillas de ajonjolí y un poco de pimienta negra.

Nota: **utiliza farro de marcas como Bob's Red Mill o Earthly Choice. Asegúrate de que no sea de «cocción rápida» y de que el paquete no diga «listo en 10 minutos».**

CÓMO HACER UNA ENSALADA

Aderezar la ensalada justo antes de servirla es lo ideal, pero ¿cómo lo haces si sirves a *mucha* gente? Si aprendes algo de estas páginas, que sea esto: si no vas a servir la ensalada de inmediato, *pon el aderezo en la base*. Quizás no le veas la lógica, pero piénsalo bien: ¡las hojas no se reblandecerán hasta que remuevas la ensalada, y las que se quedan al fondo serán las mejor aderezadas! Usamos esta técnica cuando repartimos ensaladas individuales en bolsas de papel. Recuérdalo la próxima vez que prepares un tóper de ensalada.

ADEREZO (PARA APROX. 1 TAZA)

Aderezo diosa verde: todo un clásico. Haz un puré con 1 taza de hierbas aromáticas variadas, 1 taza de miniespinacas, 1 diente de ajo, 1 c. c. de cebolla en polvo, 2 c. s. de jugo de limón, 1 c. s. de vinagre de vino blanco, ⅓ de taza de mayonesa, y sal y pimienta recién molida al gusto.

Salsa ranchera de coliflor: nuestra favorita para no desperdiciar nada. Cuece tallos de coliflor en leche y haz un puré con ellos (reserva la leche). Mezcla 3 c. s. del puré, 3 c. s. de crema agria, 2 c. s. de suero de leche, 1 c. s. de la leche de cocción, 1 c. s. de mayonesa, 1 c. c. de vinagre de vino tinto, ½ c. c. de cebolla en polvo, ½ c. c. de perejil seco, ¼ de c. c. de ajo en polvo y ¼ de c. c. de pimienta negra molida.

Vinagreta de vino tinto: ½ taza de aceite de oliva, 3 c. s. de vinagre de vino tinto, 2 c. c. de mostaza Dijon, 1 c. c. de miel y ½ c. c. de ajo en polvo, orégano seco, perejil seco, sal y pimienta negra molida.

Aderezo cremoso de cilantro: haz un puré con ¼ de taza de mayonesa, ⅓ de manojo de cilantro, 2 c. s. de crema agria, 1 c. s. de leche, 2 c. c. de jugo de lima, 1 diente de ajo pequeño (picado), ½ c. c. de sal, ½ c. c. de cilantro molido, ¼ de c. c. de comino molido y ¼ de c. c. de pimienta negra molida.

Aderezo de miel y mostaza: ¾ de taza de mayonesa, ⅓ de taza de miel, 3 c. s. de mostaza Dijon, 2 c. s. de jugo de limón, ½ c. c. de sal y ½ c. c. de pimienta negra molida. ¡También sirve para untar pretzels!

Sobras de líquido de cocción: siempre que tengas un líquido de cocción con mucho sabor, como el de la Ensalada de zanahoria y farro (pág. 209), ¡piensa en él como un posible aderezo para ensaladas!

EL VERDE

Las verduras de hoja verde son estupendas, pero también lo son las verduras con un poco más de consistencia:

Romana / **Mezclum** / **Espinaca** / **Col en juliana** / **Tallos de brócoli y coliflor en juliana** / **Kale**

UN TOQUE DE COLOR

Para muchos, un plato de lechuga no se puede considerar una ensalada. Lo que hace que una ensalada sea algo especial es el arcoíris de ingredientes que la completan:

Jitomates cherri / **Pimientos morrones rojos asados** (úsalos de bote si quieres) / **Betabel asado** (en la mayoría de los mercados la venden envasada al vacío) / **Cebolla encurtida** / **Zanahoria rallada** / **Rodajas de mandarina** / **Maíz fresco** (saltéalo con comino y échale jugo de lima antes de servir) / **Brócoli** / **Chícharos frescos o congelados** / **Calabaza o coles de Bruselas asadas** / **Manzanas o peras** / **Huevos duros** / **Queso rallado** / **Garbanzos** (ásalos con un poco de aceite de oliva a 220 °C unos 30 minutos) / **Aceitunas negras o verdes sin hueso** / **Frijoles** (negros, rojos, blandos...)

¡UNA ENSALADA EN LA ENSALADA!

Ensalada de col / **Ensalada de jamón, atún o pollo** / **Ensalada de queso y pimiento** / **Tabulé**

UNA TEXTURA PARA TERMINAR

Añadir una textura diferente es una forma perfecta de dar un toque especial a tu ensalada:

Tiras de totopos / **Semillas de calabaza tostadas** / **Fruta seca** / **Semillas de ajonjolí tostadas** / **Crutones** / **Semillas de chía** / **Quinoa cocida** / **Fonio cocido** / **Cebolla frita crujiente**

CÓMO REDUCIR EL DESPERDICIO DE ALIMENTOS, COCINES PARA 4 PERSONAS O 4 000

Las recetas de este libro están pensadas para producir entre cuatro y seis raciones, pero cuando WCK reparte alimentos, las utilizamos para dar de comer a entre cuatrocientos y cuatro mil personas. (Recuerda que si quieres adaptar alguna de nuestras recetas para esa cantidad de comensales, te explicamos la manera de hacerlo en Cómo modificar las cantidades de una receta, pág. 35). Al tener tantas bocas que alimentar, lo habitual es tener un *montón* de sobras cuando acabamos de cocinar: cáscaras, restos, huesos y mucho más. Por eso siempre buscamos formas de aprovecharlo todo y no tirar los restos biodegradables a la basura, pues contribuye al cambio climático (por no hablar de la energía y los recursos necesarios para cultivar y transportar esos alimentos).

La Agencia de Protección Ambiental de Estados Unidos ha publicado una escala para la reducción del desperdicio de alimentos. Su opción preferida es reutilizarlos para el consumo humano. Si no es posible, recomiendan usarlos para alimentar a animales. Y, como último recurso, hacer composta. Nos lo tomamos en serio y, cuando empezamos a cocinar en un lugar nuevo, trazamos nuestra estrategia: ¿podemos reutilizar las sobras en otras recetas? ¿Y colaborar con ganaderos locales? ¿Qué opciones de compostaje tenemos?

Uno de nuestros trucos favoritos consiste en incorporar restos de verduras al aderezo de la ensalada. La chef de WCK Elyssa Kaplan, el chef voluntario Matt Masera, y el miembro del equipo Dan Abrams perfeccionaron la técnica en las Bahamas. Cocían en leche tallos de brócoli y coliflor para que se ablandaran y los incorporaban a los aderezos: uno de los favoritos de Elyssa es la Salsa ranchera de coliflor (pág. 210). Se reducen los restos, se obtienen más raciones y, lo que es más importante, se dota al aderezo de más volumen y nutrientes. Nos encantan las recetas con las que se aprovecha la abundancia de hojas y tallos verdes, como el Gumbo z'Herbes del chef Emeril Lagasse (pág. 215).

También formamos parte de una red de rescate de alimentos, algo especialmente importante dado que el número de comidas que repartimos cada día fluctúa. Hay situaciones en las que el número de personas a las que atendemos puede variar en cientos o miles, y es posible que no sepamos cuál será la cifra final hasta ese mismo día. Si son más de lo previsto, nos las arreglaremos para estirar los ingredientes. Pero si son menos, tendremos superávit. Ahí es cuando entran en acción organizaciones como Copia, Food Rescue Alliance y Food Rescue US, que recogen las comidas sobrantes y las donan a otros miembros de la comunidad.

Las sobras que no podemos reutilizar en nuestras recetas se destinan a alimentar a animales. En la isla caribeña de San Vicente, en la que una erupción volcánica desplazó a miles de personas, nuestra cocina se encontraba en un instituto culinario cerrado temporalmente (puedes leer más al respecto en El pollo guisado de Vincy y el

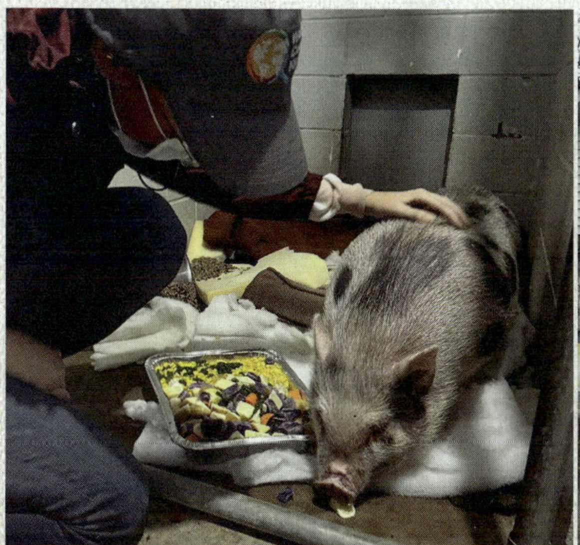

arte de saber escuchar, pág. 64). En los terrenos del instituto también vivía una familia de cabras que tenía problemas para encontrar comida en aquel paisaje yermo. Las cabras se comían las sobras encantadas, lo que tenía dos resultados: los animales estaban felices y teníamos una solución para la gestión de los residuos perfecta. Algo similar sucedió en Kentucky, adonde nos desplazamos tras una serie de tornados: nos asociamos con un criador de cerdos de la zona, que aceptó encantado nuestras sobras. ¡Y nos enviaba fotos de los cerdos disfrutando de la comida!

El compostaje es una solución más compleja, pero a medida que se dispone de más instalaciones en todo el mundo cada vez se hace más fácil. Sería estupendo que fuera más accesible; nos encantaría contar con un compostador móvil junto a nuestras cocinas. Quizás algún día exista esa tecnología.

Pero el desperdicio de alimentos no es solo afecta a WCK; la comida es *el producto que más tiran* los hogares estadounidenses. Se calcula que *un tercio* de los alimentos producidos nunca llegan a consumirse: se pierden en las propias granjas, en los supermercados o en los hogares, tanto por cuestiones estructurales como decisiones personales. Las cifras son desalentadoras, pero nuestras acciones pueden marcar la diferencia. Podemos, por ejemplo, comprar frutas y verduras «feas» (imperfectas). Son más baratas y harás que los agricultores ganen algo de dinero en lugar de tener que compostar productos ligeramente magullados o demasiado maduros.

Las consecuencias del cambio climático pueden resultar abrumadoras. Parece imposible revertirlas por nosotros mismos. Pero ya que pienses en consecuencias a nivel global o local, actúa hiperlocal: empieza por tu propia cocina y lograrás un impacto decisivo que contribuirá a cambiar a mejor el curso del medio ambiente.

GUMBO Z'HERBES DE EMERIL

Aunque no sea tan conocido como su primo con carne, este gumbo verde es un clásico de la cocina de Luisiana. Esta es la receta del legendario chef Emeril Lagasse, que ha trabajado con el equipo de WCK en Nueva Orleans y Florida desde el huracán Michael de 2018. Se adapta fácilmente: la carne de cerdo se puede sustituir por otra carne ahumada o, si prefieres una versión vegetariana, añadirle mantequilla con sal. Hay un único elemento innegociable: mucha verdura. «Los más mayores dicen que, si comes este gumbo el día de Año Nuevo, harás un amigo nuevo por cada tipo de verdura que lleva», afirma Emeril. «¡Utiliza todas las que encuentres!». Y, como nota, aprovecha los tallos y recortes de verduras que de otro modo desecharías: hojas de betabel, tallos de zanahoria, tallos de hierbas... Como ves, es una receta perfecta para reducir el desperdicio de alimentos.

PARA 4-6 PERSONAS

340-450 g de **tocino salado**, **jamón ahumado** o **pavo ahumado** (opcional)
1 c. c. de **sal kosher**, o al gusto
½ c. c. de **pimienta cayena molida**
2 **hojas de laurel**
2 l de **caldo de verduras**, **caldo de pollo**, **caldo de cerdo ahumado** o **agua**, y un poco más si es necesario
2 c. s. de **aceite vegetal**
1 **cebolla amarilla** grande picada
1 **pimiento morrón verde** mediano picado
1 **rama de apio** grande picada
4 **dientes de ajo** medianos picados
900 g (unos 3 manojos) de **verduras variadas** (col rizada, hojas de mostaza, grelos, espinacas, acelgas y kale) recortadas, con las nervaduras y los tallos picados finos y las hojas lavadas y picadas gruesas
½ c. c. de **tomillo seco**
¼ de c. c. de **orégano seco**
¼ de c. c. de **albahaca seca**
¼ c. c. de **chile de árbol triturado** al gusto
¼ de taza de **hojas de perejil fresco** picadas
½ taza de **cebollas cambray** picadas finas, solo la parte verde
2 c. s. de **mantequilla** (opcional)
arroz blanco de grano largo cocido, para acompañar
salsa picante de Luisiana, como Crystal o Red Rooster, o **Pique** (pág. 293)

1. Si vas a usar carne, empieza por aquí; si no, pasa directamente al próximo paso: combina la carne, la sal, la pimienta cayena, las hojas de laurel y el caldo en una olla grande y honda, y llévalo a ebullición a fuego medio-alto. Baja a fuego lento, cúbrelo parcialmente y prosigue la cocción 30 minutos o más, hasta que el caldo esté sabroso y la carne esté tierna y se desprenda de los huesos. Saca la carne del caldo con la ayuda de una espumadera y córtala en trozos del tamaño de un bocado o sepárala de los huesos (desecha los huesos y la piel). Reserva la carne y pasa el caldo a un recipiente grande.

2. Limpia la olla y vuelve a ponerla a fuego medio. Añade el aceite, la cebolla, el pimiento y el apio y rehoga unos 10 minutos, removiendo a menudo, hasta que las verduras estén tiernas y se doren. Agrega el ajo y sofríelo 1 o 2 minutos, hasta que desprenda su aroma. Incorpora la carne reservada (si la usas) y el caldo (si no usas carne, añade la sal, la pimienta cayena y las hojas de laurel en este momento), junto con las verduras, el tomillo, el orégano, la albahaca, el chile de árbol triturado y el perejil. Llévalo a ebullición a fuego medio y cuece a fuego lento de una a una hora y media, hasta que las verduras estén tiernas. Si espesa demasiado durante la cocción añade un poco más de agua o caldo (debe quedar caldoso).

3. Cuando las verduras estén muy tiernas y el caldo rico y sabroso (el tiempo variará en función del tipo de verduras que uses), incorpora las cebollas cambray. Prueba y rectifica la sazón si fuera necesario. Retira las hojas de laurel (¡si las encuentras!) y cuece de 5 a 10 minutos más. Si el gumbo no lleva carne, añade la mantequilla a la olla justo antes de retirarla del fuego. ¡Le da un toque especial!

4. Sirve el gumbo en tazones hondos con arroz, con la salsa picante aparte.

WORLD CENTRAL KITCHEN Y LAS FECHAS ESPECIALES

Desde septiembre de 2017 WCK no ha dejado de cocinar ni uno solo de los 365 días del año en algún lugar del mundo. No nos tomamos vacaciones. Cuando se acerca una fecha señalada, nuestro equipo prepara una celebración acorde. Estos banquetes son una oportunidad para que la comunidad se reúna y celebre algo universal, incluso en momentos de crisis.

Nuestra primera gran comida de celebración fue el día de Acción de Gracias de 2017 que celebramos en Puerto Rico tras el paso del huracán María. José viajó a San Juan con su mujer, Tichi, y sus tres hijas, Carlota, Inés y Lucía, para organizar, junto con el equipo de Chefs For Puerto Rico (véase pág. 177), el reparto de un menú especial para cuarenta mil puertorriqueños. Era una comida tradicional de Acción de Gracias con un toque local: además de puré de papas, maíz, relleno, salsa de arándanos y *gravy*, había pavochón, una mezcla puertorriqueña de pavo y lechón en la que el pavo se adereza con especias para lechón (sal, pimienta negra, ajo fresco, orégano y comino) y se asa. No fue tarea fácil: aunque ya habían pasado dos meses de la tormenta, muchas comunidades seguían sin electricidad y el suministro eléctrico de la cocina seguía siendo irregular; mientras el equipo cocinaba, las luces parpadeaban. La comida en sí era tanto una celebración como una necesidad. Para Tichi fue revelador: «Fue la primera vez que vi cómo WCK no se limitaba a alimentar el cuerpo. Los vi alimentar el alma, crear comunidad, dar a la gente la oportunidad de recomponerse tras el desastre».

Una de nuestras celebraciones más ambiciosas tuvo lugar un año más tarde, semanas después de que el incendio de Camp Fire destruyera Paradise, en California. Junto con las autoridades locales y los habitantes de la ciudad vecina de Chico, invitamos a todos los afectados por el incendio a un banquete de Acción de Gracias cocinado por un equipo de chefs y restauradores, entre los que se encontraban los miembros de Chef Corps Guy Fieri (en la imagen de la derecha) y Tyler Florence (encontrarás sus recetas festivas en las páginas 219 y 220). Llamamos al evento «Thanksgiving Together» (Acción de Gracias juntos) y preparamos comida para quince mil personas: servimos más de 3 000 kg de pavo, 2 toneladas de puré de papa y ejotes, 200 kg de arándanos y 1 000 pasteles de calabaza.

Lo más sorprendente de aquella comida fue que muchos de los comensales no querían que les sirvieran la cena, sino ser ellos quienes la *sirvieran*. Contamos con la ayuda de más de mil voluntarios, que trabajaron en las cocinas, sirvieron la comida en el comedor o repartieron alimentos a las familias que no pudieron acudir. Durante gran parte del día, la sala parecía estar medio llena, pero no porque no hubiera suficiente comida o entusiasmo, sino porque muchos de los invitados se ofrecieron como voluntarios para ayudar. Aquel día sentimos el poder de la comunidad cuando personas cuyas vidas habían dado un vuelco decidieron servir la comida en lugar de recibirla.

El momento más emotivo fue cuando treinta bomberos del estado de California entraron en la sala para ayudar a servir; la sala estalló en una gran ovación. Bomberos que arriesgaron sus vidas para salvar la ciudad, miembros de la comunidad que escaparon con lo puesto, propietarios de negocios que lo perdieron todo... todos se unieron para devolver el favor a sus vecinos.

Desde entonces, hemos celebrado días de Acción de Gracias, Navidades, Eids, Pascuas y muchas fechas más en todo el mundo. Una Navidad especialmente memorable fue la de Las Bahamas en 2019, tras el paso del huracán Dorian. En diciembre ya contábamos con una cocina en Gran Ábaco, y preparamos un festín de jamón ahumado con ejotes y camotes para los habitantes de la isla, que estaban reconstruyendo sus hogares y sus vidas. Pero no se trataba solo de comida: Santa Claus (con la ayuda de Sam Bloch, miembro de los Chefs de Respuesta Inmediata) apareció para traer regalos a los niños, y organizamos una sorpresa para algunos pequeños que habían perdido sus pertenencias en la tormenta. Sandie Orsa, de WCK, les dio a cada uno un regalo y les dijo que lo abrieran: eran candados de bicicletas. Parecían un poco confusos, pero les duró poco, ¡solo hasta que llegó el resto del equipo con sus flamantes bicis nuevas!

Estemos donde estemos, intentamos honrar las tradiciones navideñas locales con nuestros menús y celebraciones. En Guatemala, preparamos tamales envueltos en hojas de plátano (una receta que puedes encontrar en la página 83) y tuvimos una piñata para los niños. La Navidad de 2021 fue bastante divertida para los chefs presentes en Kentucky, donde sirvieron ejotes con jarabe de maple, arándanos y tocino y una casserole de brócoli y papa. Y en medio de la guerra en Ucrania, en la Pascua ortodoxa, trabajamos con nuestros socios para preparar la paska tradicional, un pan dulce enriquecido con huevo que tiene un profundo significado para los ucranianos (encontrarás la receta en la página 274).

Este tipo de celebraciones tiene un significado diferente para cada persona. Para algunos, son días de familia y reunión; para otros, de soledad y reflexión. Hay personas que usan las fiestas como excusa para darse un festín; otros prefieren las cosas sencillas. Pero hemos visto algo común a todas estas celebraciones en comunidades que se recuperan de una catástrofe: una sombra de tragedia y alentadores signos de resiliencia. No es un momento en el que olvidarse de las dificultades, sino una oportunidad para respirar hondo y renovar el compromiso de salir adelante, de levantarse al día siguiente y seguir trabajando.

Y, sobre todo, es un momento de comunidad: cuando un grupo se reúne para preparar comida y servírsela a sus vecinos y amigos en mesas enormes, es una especie de terapia, una forma de superar el dolor y el trauma causados por el desastre. No tenemos que esperar a que todo haya pasado para celebrar juntos; la unión es una parte fundamental de la recuperación.

CASSEROLE DE EJOTES DE GUY

Guy Fieri no solo es el «alcalde de Flavortown»; también forma parte de otra comunidad, la del norte de California, donde se crio y ahora vive con su familia. Si se produce un incendio forestal y WCK actúa, es fácil que lo veas por ahí, a menudo instalando su ahumador portátil (con televisión de pantalla plana incluida) y siempre dispuesto a ayudar a alimentar a los bomberos y a los evacuados. Cuando celebramos Acción de Gracias en Paradise (véase pág. 216), Guy y su equipo se levantaron a las cuatro de la mañana para empezar a ahumar los pavos: prepararon más de 3 000 kilos de carne para el festín. Esta es la versión de la familia Fieri de un clásico de Acción de Gracias; aquí, los ejotes tiernos escaldados se cubren de una cremosa salsa de setas y chalotas fritas crujientes.

PARA 4-6 PERSONAS

sal kosher
680 g de **ejotes** sin los extremos por la mitad
2 c. s. de **mantequilla sin sal**
1 c. s. de **aceite vegetal**, y un poco más para saltear
450 g de **setas variadas** (como shiitake, cremini y de cardo) limpias, recortadas y cortadas en cuartos
½ c. c. de **hojas de tomillo fresco**
2 **dientes de ajo** picados
¼ de c. c. de **pimienta cayena molida**
¼ de c. c. de **nuez moscada molida**
pimienta negra recién molida
1 taza más 2 c. s. de **harina común**
1 taza de **caldo de pollo** bajo en sal
1 taza de **crema agria**
½ taza de **crema espesa**
¼ de taza de **parmesano** rallado
4 **chalotas** medianas en aros finos

1. Calienta el horno a 230 °C.

2. Lleva a ebullición una olla con agua salada. Prepara un *bowl* grande de agua con hielo. Forra una charola grande con paños de cocina limpios.

3. Escalda los ejotes 2 o 3 minutos hasta que adquieran un color verde brillante y pásalas al agua con hielo con la ayuda de una espumadera. Déjalas enfriar un par de minutos, escúrrelas y sécalas en la charola forrada con paños de cocina.

4. Calienta una sartén grande de hierro fundido a fuego medio-alto. Añade la mantequilla y 1 cucharada de aceite. Cuando la sartén esté caliente, agrega las setas y cuécelas sin remover 1 minuto aproximadamente, hasta que empiecen a tomar color. Incorpora el tomillo y el ajo y prosigue la cocción 4 o 5 minutos, hasta que las setas se doren. Sazona con pimienta cayena, nuez moscada, sal y pimienta negra al gusto y cuece 2 o 3 minutos más. A medida que las setas vayan soltando líquido, espolvoréalas con 2 cucharadas de harina. Remueve con una cuchara de madera para incorporar la harina y vierte el caldo de pollo poco a poco. Llévalo a ebullición, baja el fuego y añade la crema agria y la crema espesa. Remueve con suavidad y cuece a fuego lento 5 o 6 minutos, hasta que la salsa espese.

5. Añade los ejotes escaldados al sartén y remueve para que se mezcle todo. Extiende la mezcla en la sartén de manera uniforme. Esparce el parmesano encima y pasa la sartén a una charola. Hornea unos 15 minutos hasta que se formen burbujas y la parte superior se dore.

6. Mientras tanto, calienta, a unos 175 °C, 1 cm de aceite en una sartén honda. Forra un plato con servitoallas. Combina la harina restante y una pizca generosa de sal y pimienta en un *bowl* grande. Enharina las rodajas de chalota, colócalas en un colador de malla fina y sacúdelas para eliminar el exceso de harina. Fríe las chalotas por tandas de 3 a 5 minutos hasta que se doren. Pasa las chalotas a la servitoalla y sálalas mientras aún estén calientes; repite el proceso con las chalotas restantes.

7. Sirve la casserole con las chalotas fritas encima.

STUFFING DE PAN DE MAÍZ DE TYLER

Tyler Florence y su esposa, Tolan, han colaborado con World Central Kitchen en varias ocasiones: nos ayudaron en nuestras respuestas a incendios forestales en el norte de California, así como repartiendo comida a trabajadores federales del Área de la Bahía de San Francisco durante el cierre del Gobierno federal de Estados Unidos en 2019. Establecieron una sede improvisada de WCK en su propia casa y, con la ayuda de sus amigos, se aseguraron de que los empleados federales de la región (desde físicos de la NASA hasta científicos de la Agencia de protección ambiental) tuvieran qué comer. En 2018, tras una ardua jornada de dieciocho horas, los Florence invitaron al equipo de WCK a una cena preparada por el propio chef y su equipo. Esta receta clásica de stuffing sabe mejor con pan de maíz casero, pero también puedes utilizar seis panecillos de pan de maíz comprados.

PARA 4-6 PERSONAS

PARA EL PAN DE MAÍZ

1 taza (120 g) de **harina común**
1 taza (155 g) de **harina de maíz gruesa**
¼ de taza (55 g) de **azúcar morena clara**
1 c. c. de **levadura en polvo**
½ c. c. de **bicarbonato de sodio**
2 c. c. de **sal kosher**
1 taza (225 g) de **suero de leche**
¼ de taza (85 g) de **miel**
2 **huevos** grandes
8 c. s. (225 g) de **mantequilla sin sal** fundida
¼ de taza (50 g) de **aceite de canola**
mantequilla blanda para engrasar la sartén

PARA EL STUFFING

2 c. s. de **mantequilla sin sal**
2 **cebollas amarillas** medianas cortadas en cubos
1 manojo de **hojas de salvia fresca** picadas finas
sal kosher y **pimienta negra recién molida**
¼ de taza de **crema espesa**
¼ de taza de **caldo de pollo**
1 **huevo** grande
mantequilla blanda para el molde

1. PARA EL PAN DE MAÍZ: calienta el horno a 200 °C.

2. Combina la harina, la harina de maíz, el azúcar morena, la levadura en polvo, el bicarbonato de sodio y la sal en un *bowl* grande. En un *bowl* mediano, bate el suero de leche, la miel y los huevos hasta que se mezclen. Incorpora la mezcla de suero de leche en la de harina y bate hasta que no queden grumos. Incorpora la mantequilla fundida y el aceite de canola. Déjalo reposar unos 10 minutos para que se ablande un poco antes de la cocción.

3. Engrasa una sartén de hierro fundido de 25 a 30 cm de diámetro y añade la masa. Hornéala de 12 a 15 minutos hasta que, al pinchar en el centro con un palillo, este salga limpio. Deja el horno encendido a 190 °C.

4. Déjalo enfriar a temperatura ambiente y córtalo en cubos de 2.5 cm. Lo puedes hacer en la misma sartén o en una tabla de cortar, dándole la vuelta con cuidado para sacarlo. Reserva los cubos.

5. PARA EL STUFFING: funde la mantequilla a fuego medio en una sartén mediana. Añade la cebolla y sofríela unos 15 minutos, removiendo de vez en cuando, hasta que esté tierna y se dore. Agrega la salvia y prosigue la cocción, removiendo, 1 o 2 minutos más, hasta que la salvia desprenda su aroma. Pasa el contenido de la sartén a un *bowl* grande, añade los cubos de pan de maíz, salpimienta bien y remueve con una cuchara de madera hasta que todo esté bien mezclado.

6. Bate la crema, el caldo y el huevo en otro *bowl* pequeño o taza medidora hasta que estén bien mezclados. Vierte la mezcla sobre el pan de maíz y remueve para impregnarlo.

7. Engrasa una charola de horno de 23 × 23 cm y añade el relleno con una cuchara. Hornea unos 30 minutos hasta que la parte superior esté caliente y crujiente.

DAL TADKA DE SANJEEV

Durante más de veinte años, Sanjeev Kapoor fue la estrella de *Khana Khazana*, uno de los programas de cocina más populares de Asia, con 500 millones de espectadores en 120 países. Ha escrito más de 140 libros de cocina, dirige docenas de restaurantes en todo el mundo y es copropietario de un canal de televisión de cocina. La labor filantrópica de Kapoor va más allá de formar parte del Chef Corps de WCK; también apoya iniciativas de lucha contra el hambre en la India y recauda fondos para diversas ONG que apoyan a personas con autismo. «No quiero proveer solo para mí mismo, sino también para los demás —afirma—. Si ostentas una posición relevante y no la usas para causar un impacto positivo, ¿qué sentido tiene? La comida me ha dado mucho en la vida. Siento que debo devolverlo». En 2021, durante la peor ola de covid-19 en la India, Sanjeev puso en contacto a WCK con cocinas y equipos de todo el país, que cocinaron para los médicos, enfermeros y personal sanitario que trabajaban sin descanso. Durante un momento de descanso en una de sus cocinas, le enseñó a José a preparar esta receta de dal tadka: cremosos chícharos gandul partidos con cebolla, ajo, chiles y especias atemperadas en *ghee* (mantequilla clarificada).

PARA 4 PERSONAS

1 taza de ***toor dal*** (chícharos gandul partidos; véase pág. 32), remojados 1 hora en agua a temperatura ambiente
¼ de c. c. de **cúrcuma molida**
¼ de c. c. de **asafétida** (opcional; véase pág. 29)
1 c. s. de **ghee**
1 c. c. de **semillas de comino**
1 c. s. de **jengibre fresco** picado fino
1 c. s. de **ajo** picado fino
1 **cebolla amarilla** mediana picada fina
1 o 2 **chiles verdes** cortados en rodajas finas
1 **jitomate** mediano picado fino
½ c. c. de **chiles rojos molidos**
1 c. c. de **garam masala**
sal kosher
arroz basmati al vapor, para acompañar
hojas de cilantro fresco picadas, para decorar

1. Combina las legumbres, la cúrcuma, la asafétida (si la usas) y 4 tazas de agua en una olla mediana. Llévalo a ebullición a fuego medio-alto y cuece de 45 a 60 minutos, hasta que la legumbre esté tierna y cremosa. Si se secan antes de estar tiernos, añade más agua. (Si lo prefieres, cuece la legumbre remojada en una olla exprés eléctrica: utiliza dos tazas y media de agua y cuece durante 8 minutos; después, deja que la presión se libere de forma natural).

2. Calienta el ghee a fuego medio en una sartén antiadherente honda con tapa. Añade las semillas de comino, el jengibre y el ajo y cuece 2 o 3 minutos, removiendo con frecuencia, hasta que empiecen a desprender su aroma. Saltea la cebolla y los chiles verdes de 3 a 5 minutos hasta que la cebolla esté translúcida. Incorpora el jitomate, tapa la olla y prosigue la cocción unos 5 minutos, hasta que el jitomate se empiece a deshacer. Añade el chile rojo molido y el garam masala, mezcla bien y cuece sin tapar un minuto, hasta que todo desprenda su aroma.

3. Agrega la legumbre cocida y mezcla bien. Incorpora ¼ de taza de agua y ½ o 1 c. c. de sal y cuece a fuego lento 2 o 3 minutos, hasta que todo se mezcle bien.

4. Sírvelo caliente, con arroz, y decorado con cilantro.

RESILIENCIA

PLATILLOS PARA APOYAR A AGRICULTORES, PESCADORES Y PEQUEÑOS PRODUCTORES DE ALIMENTOS

La agricultura es la espina
dorsal de un pueblo.

EUGENIO MARÍA DE HOSTOS

La destinée des nations dépend
de la manière dont elles se nourrissent.
(El destino de las naciones depende de la
manera con que se sustentan).

JEAN ANTHELME BRILLAT-SAVARIN[2]

2 Brillat-Savarin, J. A. *Fisiología del gusto.* Traducida del francés por Eufemio Romero en 1852 y digitalizado por la BNE.

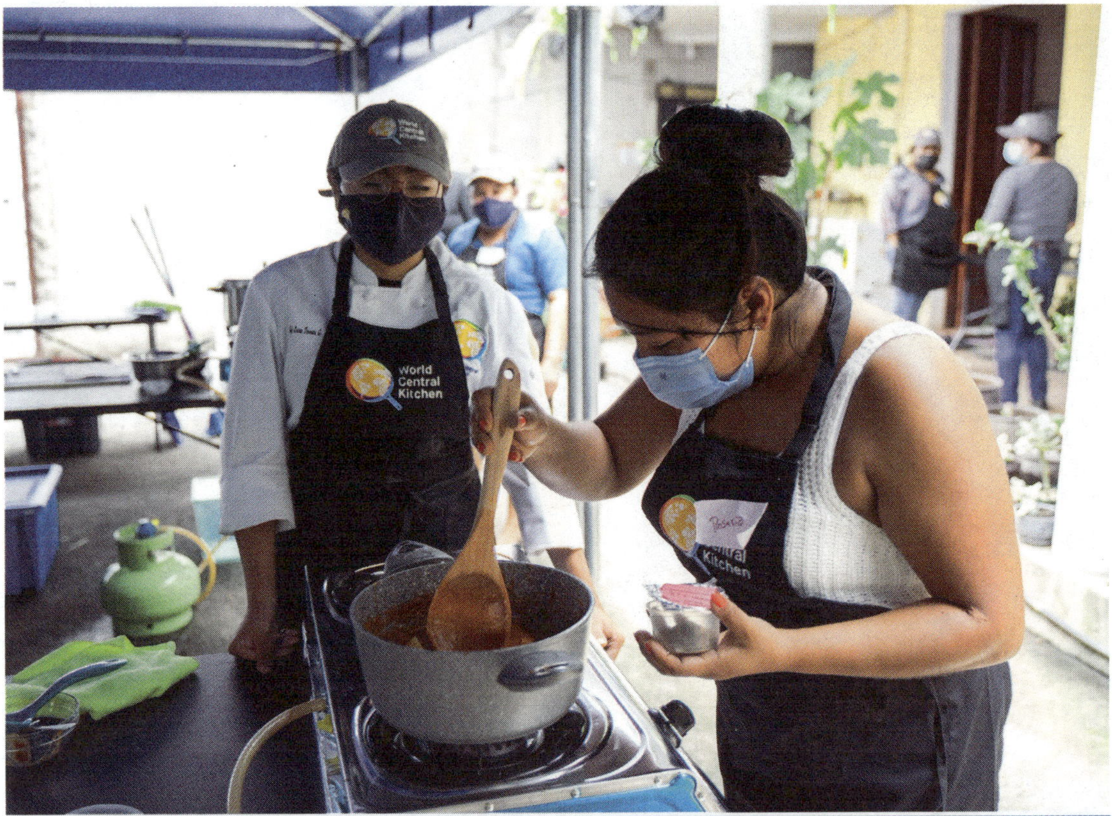
World Central Kitchen

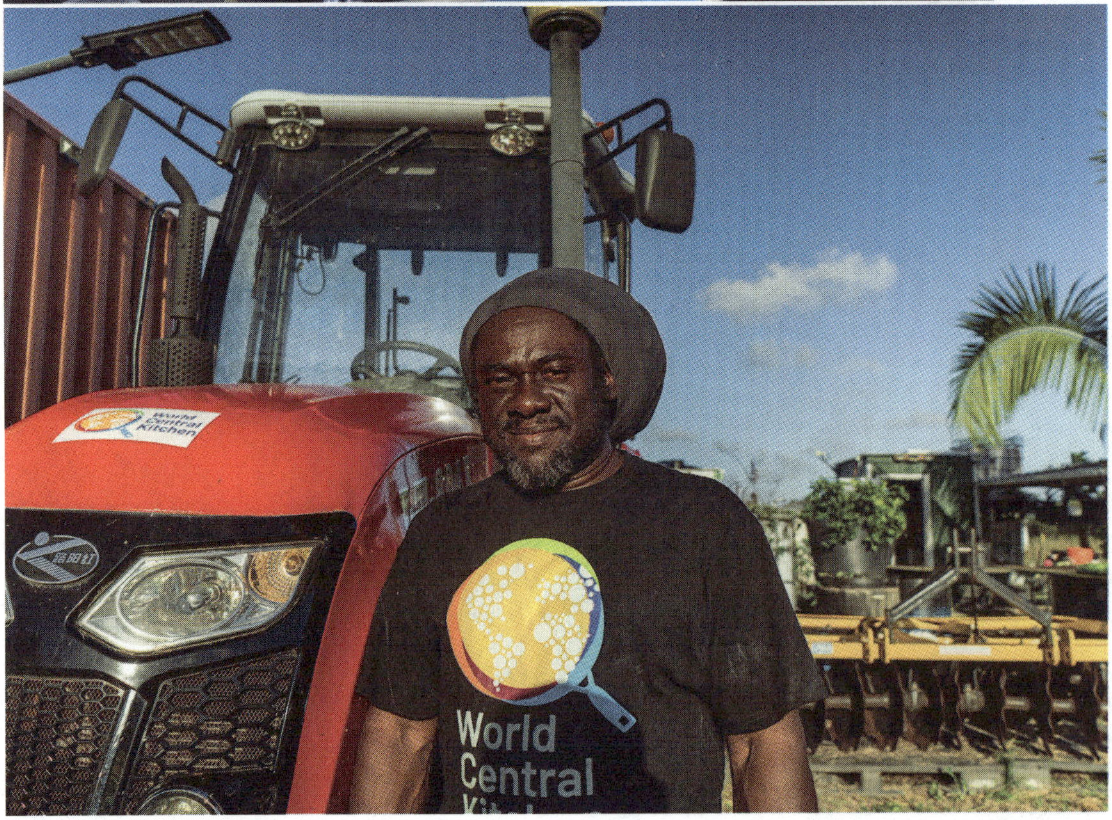
World Central Kitchen
World Central

HAN PASADO CASI DOSCIENTOS AÑOS DESDE QUE SE ESCRIBIÓ, PERO EL FAMOSO AFORISMO DE JEAN ANTHELME BRILLAT-SAVARIN NO PODRÍA SER MÁS PERTINENTE. ¿Cómo decidimos alimentarnos? ¿Y quién puede participar de esa toma de decisiones?

Aunque WCK es más conocido por nuestro trabajo de ayuda humanitaria en caso de catástrofe, siempre hemos tenido claro que nuestra visión es más amplia: queremos asegurarnos de que esas comunidades no solo tendrán algo que comer hoy, sino que sus sistemas alimentarios serán capaces de hacer frente a posibles futuras crisis.

Tras el devastador terremoto de 2010 en Haití, José y su incipiente equipo ayudaron a equipar las cocinas de las escuelas de la isla y a formar a personal de cocina. Construimos una panadería y un restaurante de pescado junto a un orfanato, lo que desembocó en un proyecto de apoyo a las piscifactorías de tilapia y a los pescadores de altura. No se trataba de una gran estrategia preestablecida, sino que fue el comienzo de una senda que seguiríamos en el futuro. Las crisis se pueden convertir en oportunidades para el cambio, en puntos de inflexión para adoptar una nueva trayectoria.

El huracán María en Puerto Rico nos dio una nueva visión de los sistemas alimentarios tras una catástrofe. Los Chefs de Respuesta Inmediata trabajaron con pequeños agricultores locales de toda la isla para abastecerse de ingredientes para nuestras cocinas. Hablamos con ellos y escuchamos sus necesidades: ni las agencias del gobierno, ni las empresas privadas ni las organizaciones sin ánimo de lucro les estaban ayudando. Además, descubrimos que en Puerto Rico se importaba un 85% de los alimentos. Vimos la oportunidad de ayudar. Establecimos un programa de subvenciones y formación para agricultores, pescadores y productores de alimentos con la esperanza de reforzar el sistema alimentario de la isla para que se recupere y supere los niveles de producción de alimentos anteriores al paso del huracán. Con el tiempo, se convirtió en la Red de Productores de Alimentos de WCK y pronto se aplicó en lugares como Guatemala, las Bahamas y las Islas Vírgenes de Estados Unidos.

De 2018 a 2022, se invirtieron más de cinco millones de dólares en trescientos proyectos diferentes. Se obtuvieron mejoras significativas y mensurables en la producción y los ingresos de los beneficiarios, de lo que más de la mitad eran mujeres. Además, se mejoró el acceso a los alimentos de muchos puertorriqueños, y la soberanía alimentaria de la isla en general mejoró.

Los programas de WCK también han apoyado otro tipo de proyectos. École des Chefs (ahora Atelier des Chefs), uno de los primeros proyectos de la chef Mi-Sol Chevallier, buscaba elevar el nivel de la cocina y el sector gastronómico en Haití. El programa Manejo de Alimentos y Cocinas, del que se beneficiaron más de setecientos cocineros, sirvió para formar en manipulación de alimentos a cocineros de escuelas y comunidades de Haití, Guatemala, Honduras y Costa Rica. Y Cocinas Limpias, un proyecto en el que José trabajó en Haití incluso antes de fundar WCK, hizo llegar a las comunidades tecnologías de cocina modernas para mejorar la salud de los hogares y potenciar el acceso a la educación, entre otros.

«Los pequeños productores de alimentos representan un tercio del suministro mundial de alimentos», afirmó Mikol Hoffman, exdirector de la Red de Productores de Alimentos. «Nuestro trabajo ayuda a estos productores al inculcarles prácticas económicamente viables, socialmente justas y respetuosas con el medio ambiente».

A lo largo de los años, WCK ha conocido a personas cuyo trabajo y cuyas vidas y medios de subsistencia coincidían los objetivos a largo plazo de la organización. Alex Maldonado, que perdió el motor de su embarcación en el huracán María, se convirtió en defensor de su comunidad pesquera del norte de Puerto Rico y contribuyó al crecimiento y éxito de otros pescadores. En el sur de Guatemala, ASPROC es una asociación de más de noventa agricultores mayas cachiqueles especializados en la producción de jitomates ecológicos de invernadero que fomenta el desarrollo de la agricultura regenerativa. Y en las Bahamas, Vashti Johnson-Joseph de Sunflower Farms, a quien sus abuelos enseñaron a cultivar la tierra cuando solo tenía seis años, habla con alumnos de primaria sobre agricultura, ganadería y la producción sostenible de alimentos.

Y, como estas, hay cientos de historias más de personas que se han beneficiado de nuestros programas. Tantas, que podríamos escribir otro libro.

Las recetas de este capítulo vienen de las regiones en las que desarrollamos nuestros programas de resiliencia. Pero también hay dos de nuestros socios Eric Adjepong y Kamal Mouzawak. La receta de Eric, en la página 235, celebra la importancia de los criadores de camarones en Mozambique, que se vieron afectados por el paso del ciclón Idai en 2019. Y Kamal, fundador de Souk el Tayeb, el primer mercado agrícola moderno del Líbano, nos cuenta cómo prepara el cereal ahumado conocido como freekeh (pág. 246).

La resiliencia de los sistemas alimentarios no solo es fundamental en los países en desarrollo afectados por una catástrofe; es vital para todos los que vivimos en este mundo caótico. El cambio climático, la discordia política y las grandes empresas hacen que la agricultura y los sistemas alimentarios sean cada vez más vulnerables a las perturbaciones, tanto naturales como las provocadas por el hombre; ya lo vimos tras los primeros meses de la pandemia, y de nuevo en la invasión rusa de Ucrania. Al hacer frente a las crisis, debemos ver en ellas la oportunidad de un cambio drástico. Tenemos que centrar nuestros esfuerzos y recursos en crear sistemas alimentarios resistentes, en la sostenibilidad, en fomentar soluciones locales arraigadas en la comunidad.

Nuestro futuro depende de ello.

WORLD
kitchen

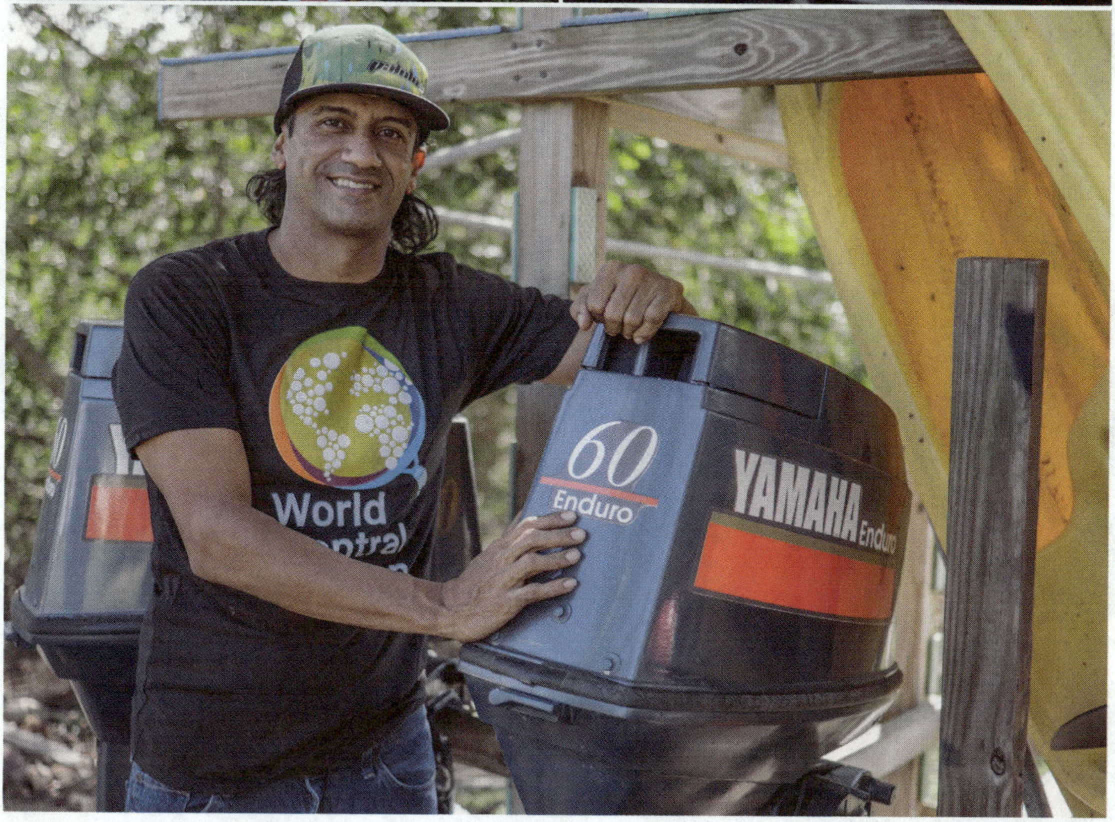

TERNERA GLASEADA CON MARACUYÁ

Esta es una receta de Yaritza García Ortiz, una agricultora de Corozal (Puerto Rico), a unos treinta minutos al suroeste de San Juan. En su explotación, Finca Inarú, cultiva verduras y tubérculos como yuca y taro puesto que son resistentes a los huracanes y un alimento esencial tras una tormenta. La ayuda de la Red de Productores de Alimentos de WCK le permitió comprar el vehículo que utiliza en sus labores agrícolas. Además de lo que cosecha para su venta, también cultiva maracuyá, que usa para cocinar en casa. Elabora un glaseado para la ternera, una delicia con notas dulces-ácidas-saladas-umami. Si no encuentras maracuyá fresco, compra pulpa en la sección de frescos o congelados del supermercado, o en un mercado latino.

PARA 4 PERSONAS

8 **maracuyás** o ½ taza de **pulpa de maracuyá** (sin semillas)
½ taza de **vinagre balsámico**
¼ de taza de **azúcar**
sal kosher y **pimienta negra recién molida**
900 g de **falda de ternera**, de unos 2 cm de grosor

1. Parte los maracuyás por la mitad y vacíalos con una cuchara en un colador de malla fina colocado sobre un *bowl*. Pasa la pulpa por el colador con el dorso de una cuchara, asegurándote de obtener tanta como sea posible (desecha las semillas).

2. Combina la pulpa de maracuyá, el vinagre, el azúcar y una pizca de sal y pimienta en un cazo pequeño y cuece a fuego medio unos 20 minutos, removiendo de vez en cuando, hasta que empiece a espesar. La consistencia del glaseado será algo más líquida que la de una mermelada. Resérvalo hasta el momento de servir. Se conservará hasta 1 semana en el refrigerador en un recipiente hermético.

3. Aproximadamente 1 hora antes de cocinar, deja la carne a temperatura ambiente: colócala en un plato y sálalo con media cucharadita de sal kosher por cada lado.

4. Prepara una parrilla exterior con fuego directo medio-alto (o calienta a fuego medio-alto una sartén grill y asegúrate de que el extractor está en marcha).

5. Sella la carne 2 o 3 minutos por cada lado para que quede al punto. Retírala del fuego, colócala en una tabla de cortar y vierte el glaseado encima hasta que quede bien cubierta por ambos lados. (Si te sobra glaseado, es un excelente acompañamiento dulce y ácido para una tabla de quesos). Déjala reposar 10 minutos y, a continuación, córtala en contra de la fibra con el cuchillo en ángulo, en tiras de 1 o 2 cm de grosor.

GUISADO DE PESCADO BAHAMEÑO

con sémola de maíz

Las Bahamas, un archipiélago de más de setecientas islas, siempre ha tenido una vibrante industria pesquera. Cuando el huracán Dorian azotó las islas septentrionales de Ábacos y Gran Bahama, hasta el 90% de los pescadores perdieron sus embarcaciones, hecho que diezmó el sector. La respuesta de emergencia de WCK repartió más de tres millones de comidas y, después, nuestra Red de Productores de Alimentos trabajó en el país durante tres años apoyando a docenas de pequeños pescadores con ayudas económicas que les permitieron comprar los motores, congeladores y otros equipos que tanto necesitaban. Durante nuestra estancia en las islas, nuestros cocineros aprendieron a preparar este guisado de desayuno a base de rodaballo, un pescado blanco local. (Otro platillo de desayuno muy apreciado allí es el Camión de bomberos, pág. 174). Comparte sus raíces con platillos criollos como el gumbo: de hecho, su roux marrón tostado quizás te resulte familiar. Pero su adobo picante conocido como «Old Sour» es totalmente bahameño.

PARA 4-6 PERSONAS

PARA EL PESCADO

1 **chile habanero** cortado en rodajas finas (para reducir el picante, sustitúyelo por un chile serrano o una pimienta cayena)
3 **dientes de ajo** medianos pelados
2 c. s. de **sal marina fina**
1 c. c. de **pimienta negra recién molida**
4 filetes de **pescado blanco sin piel** (170 g cada uno), como rodaballo, mero o huachinango

PARA EL OLD SOUR

el jugo de 6 **limas**
el jugo de 2 **limones**
1 **chile habanero**, **serrano** o **pimienta cayena** cortado en rodajas finas (la elección dependerá de lo picante que quieras el platillo)
10 **bayas de pimienta gorda**
1 **cebolla amarilla** mediana por la mitad cortada en rodajas finas

PARA EL GUISADO

½ taza de **aceite vegetal**
1 **rama de apio** mediana cortadas en cubos pequeños
1 **papa** mediana pelada cortada en cubos medianos
1 **zanahoria** mediana pelada cortada en rodajas de 1 cm de grosor
3 **ramitas de tomillo fresco**
2 c. s. de **concentrado de jitomate**
½ taza de **harina común**
4 tazas de **caldo de pescado**
Sal kosher y **pimienta negra recién molida**
2 c. s. de **jerez seco**
Sémola de maíz (véase abajo), para acompañar

PARA EL PESCADO: maja el chile, el ajo, la sal y la pimienta negra en un mortero hasta obtener una pasta (si lo prefieres, usa un procesador de alimentos pequeño o una licuadora). Coloca el pescado en un *bowl* y úntalo con el aderezo. Utiliza guantes.

PARA EL OLD SOUR: combina el jugo de lima, el jugo de limón, el chile y las bayas de pimienta gorda en un *bowl* pequeño. Vierte la mitad del marinado sobre el pescado, cúbrelo con las rodajas de cebolla y déjalo marinar de 20 a 30 minutos. Reserva el resto.

1. PARA EL GUISADO: saca el pescado y la cebolla y desecha el marinado. Calienta el aceite vegetal a fuego medio-alto en una olla o sartén honda mediana hasta que esté bien caliente. Fríe el pescado unos 2 minutos por cada lado, hasta que se dore. Trabaja por tandas y vigílalo de cerca para asegurarte de que no se quema. Retira el pescado del aceite con una espumadera o una espátula y resérvalo.

2. Baja el fuego a medio, añade las cebollas y sofríelas de 3 a 5 minutos, removiendo de vez en cuando, hasta que estén translúcidas y desprendan su aroma. Agrega el apio, la papa, la zanahoria y el tomillo y saltea de 5 a 7 minutos, removiendo con frecuencia,

(la receta continúa)

hasta que las verduras empiecen a estar tiernas. Incorpora el concentrado de jitomate y cuece 2 minutos más, removiendo a menudo, hasta que desprenda su aroma. Saca las verduras de la sartén con una espumadera y pásalas a un *bowl* pequeño, dejando en la sartén la mayor cantidad de aceite posible.

3. Baja a fuego medio-bajo y añade harina para hacer un roux (no pasa nada si queda seco y tiene grumos). Prosigue con la cocción de la harina unos 10 minutos, revolviendo frecuentemente con unas varillas (asegúrate de llegar a las esquinas de la olla para que no se queme). Cuando adquiera un color marrón claro y empiece a desprender un aroma a fruto seco, incorpora lentamente el caldo de pescado. No dejes de batir para que no se formen grumos.

4. Devuelve las verduras y el pescado a la olla y salpimienta al gusto. Llévalo a ebullición a fuego medio-bajo y cuece con la olla destapada unos 20 minutos, removiendo de vez en cuando, hasta que el guisado se espese.

5. Añade el jerez seco justo antes de servir el guisado sobre la sémola de maíz. Acompáñalo con la mitad del Old Sour reservado aparte.

Sémola de maíz

PARA 4-6 PERSONAS

¼ de taza de **leche evaporada**
1 **diente de ajo** mediano picado
sal kosher
1 taza de **sémola de maíz amarilla**
1 c. s. de **mantequilla sin sal**
pimienta negra recién molida

1. Combina dos y tres cuartos de tazas de agua, la leche evaporada, el ajo y sal al gusto en una olla mediana y llévalo a ebullición a fuego medio. Incorpora la sémola de maíz poco a poco, removiendo para que no queden grumos. Baja el fuego al mínimo y cuece 15 minutos, removiendo de vez en cuando, hasta que espese.

2. Cuando la sémola esté totalmente cocida, añade la mantequilla y sazona con pimienta negra.

CAMARONES PIRI PIRI DE ERIC

sobre sémola de coco

El chef Eric Adjepong apoya la labor de WCK desde hace mucho tiempo y, como habitante de Washington D. C., tiene una potente conexión con la organización que lo llevó a convertirse en uno de los primeros miembros del Chef Corps de WCK. Esta receta de camarones piri piri picantes se inspira en la labor que WCK desempeñó en Beira (Mozambique) en 2019 tras el paso del ciclón Idai, una de las mayores tormentas que ha azotado África y que arrasó los países del sureste del continente. Eric, estadounidense de origen ghanés, había participado recientemente en el programa de televisión *Top Chef*, donde dio a conocer ingredientes y platillos de todo el continente africano. Esta receta es un bello y delicioso homenaje a la industria camaronera de Mozambique, que se vio gravemente afectada por la tormenta. El marinado utiliza los diminutos y picantes pimientos piri piri que crecen en el sur de África, y los camarones se sirven acompañados de xima, una sémola de maíz espesa que se come en todo Mozambique. «Siento una fuerte conexión con este platillo no solo por lo que pasó en Mozambique —dice Eric—, sino también porque pone en valor ingredientes africanos, los que uso siempre en mi cocina».

PARA 4-6 PERSONAS

PARA LOS CAMARONES PIRI PIRI

4 **dientes de ajo** medianos pelados
3-5 **chiles piri piri** o **tailandeses** pequeños
el jugo de ½ **limón**
1 manojo de **cilantro fresco**, solo los tallos (reserva las hojas para la salsa picante de ajo y cilantro)
½ **pimiento morrón rojo** grande picado grueso
¼ de taza de **vinagre de vino tinto**
1 **jitomate saladet** picado grueso
1 c. s. de **orégano fresco**
½ c. s. de **paprika**
sal kosher
8 c. s. (1 barrita) de **mantequilla sin sal** blanda
900 g de **camarones extra jumbo** (16-20 unidades) pelados y desvenados

PARA LA SALSA PICANTE DE AJO Y CILANTRO

1 **diente de ajo** mediano picado grueso
1 manojo de **cilantro fresco**, solo las hojas (utiliza los tallos en los camarones piri piri)
1 **jalapeño** mediano por la mitad, sin las semillas y reservado
¾ c. c. de **comino molido**
½ c. c. de **sal marina fina**, y un poco más al gusto
½ c. c. de **chile de árbol triturado**, y un poco más al gusto
½ taza de **aceite de oliva extra virgen**
½ taza de **pimientos morrones rojos asados** cortados en cubos pequeños
½ **chalota** mediana picada
2 c. c. de **piñones**
2 c. c. de **vinagre de vino tinto**

PARA LA XIMA (SÉMOLA DE COCO)

1½ tazas de **leche de coco**
1¼ tazas de **harina de maíz fina**
1 c. c. de **sal kosher**

(la receta continúa)

1. PARA LOS CAMARONES PIRI PIRI: para que emulsione bien, asegúrate de que todos los ingredientes estén a temperatura ambiente antes de empezar. En una licuadora potente (no funcionará con un procesador de alimentos), combina el ajo, los chiles, el jugo de limón, los tallos de cilantro, el pimiento, el vinagre, el jitomate, el orégano, la paprika y sal al gusto. Tritura a velocidad alta hasta que se empiece a convertir en una pasta uniforme. Sin apagar la licuadora, añade trozos de la mantequilla blanda, aproximadamente 1 cucharada cada vez, hasta que emulsione.

2. Coloca los camarones en un *bowl* y vierte el marinado encima. Déjalo marinar 2 horas a temperatura ambiente o pásalo a un recipiente hermético y reserva en el refrigerador hasta 8 horas.

3. PARA LA SALSA PICANTE DE AJO Y CILANTRO: combina el ajo, las hojas de cilantro, el jalapeño (con algunas de sus semillas si te gusta el picante), el comino, la sal marina y el chile de árbol en un procesador de alimentos pequeño y tritúralo hasta obtener una mezcla muy fina. Sin apagar la máquina, añade el aceite de oliva poco a poco y sigue triturando hasta obtener una salsa casi homogénea. Rebaña las paredes del procesador de alimentos, pasa la mezcla a un *bowl* e incorpora el pimiento morrón rojo asado, la chalota y los piñones. Añade el vinagre y sala al gusto.

4. PARA LA XIMA: combina la leche de coco y 1 taza de agua en una olla mediana y llévalo a ebullición a fuego vivo. Añade la harina de maíz poco a poco, sin dejar de remover para que no se pegue. Cuando empiece a espesar, baja a fuego bajo, añade la sal kosher y remueve de 3 a 5 minutos más, hasta que tenga una consistencia fina y flexible.

5. En una sartén de hierro fundido a fuego medio-alto, sella los camarones con su adobo unos 2 minutos por cada lado hasta que estén completamente cocidos y rosados por todas partes.

6. Reparte en cuatro *bowls* la xima caliente, los camarones y el adobo. Vierte unas cucharadas de la salsa en cada *bowl* y sirve.

QUESO FRESCO MARINADO

De la Crema es el proyecto de las hermanas Glorimel Torrado y Carmen Rivera, dos emprendedoras de Hatillo (Puerto Rico), el corazón de la industria láctea de la isla. Glorimel y Carmen instalaron su explotación al lado (a, literalmente, unos pasos) de la central lechera Hatillo Dairy y sus más de 250 vacas, por lo que la leche que usan es lo más fresca posible. Elaboran yogures y quesos frescos y curados, entre los que destaca un increíble queso tetilla curado con trufa negra española (Carmen realizó una tesis doctoral en España sobre el cultivo de la trufa). De esta sencilla receta destaca el uso del queso fresco blanco de De la Crema, un queso suave, semiblando y ligeramente ácido que sabe a crema dulce y hierba. El queso marina durante un día antes de servirse y es perfecto como aperitivo con un poco de pan y una cerveza fría. Si no tienes la suerte de tener acceso a los quesos de estas hermanas, busca queso fresco o feta francés suave.

PARA 4 PERSONAS

1 **pimiento morrón verde** pequeño cortado en cubos
1 **pimiento morrón rojo** pequeño cortado en cubos
1 **pimiento morrón amarillo** pequeño cortado en cubos
½ **cebolla amarilla** pequeña cortada en cubos
⅓ de taza de **aceite de oliva extra virgen**
1/3 taza de **vinagre blanco destilado** o **vinagre de sidra de manzana**
¼ de taza de **cilantro fresco** picado
1 c. c. de **sal kosher**
1 c. c. de **pimienta negra recién molida**
285 g de **queso blanco semiblando**, como **queso fresco**, cortado en cubos de 1 cm
1 **baguette** cortada en rodajas, o **galletas saladas**, para acompañar

1. Combina los pimientos morrones, la cebolla, el aceite de oliva, el vinagre, el cilantro, la sal y la pimienta negra en un tarro grande. Ciérralo bien y agita con fuerza para que se mezcle bien.

2. Coloca los cubos de queso en un recipiente hermético y vierte el marinado encima. Tápalo y reserva en el refrigerador durante 8 horas como mínimo, o toda la noche. Se conservará los 2 o 3 días siguientes.

3. Acompáñalo de una rebanada de baguette o galletas saladas.

CHOJÍN

Ensalada guatemalteca de rábano y chicharrón

Esta refrescante ensalada tiene su origen en Antigua (Guatemala), una ciudad del departamento central de Sacatepéquez con una fuerte influencia de sus colonizadores españoles que incluye un profundo amor por la carne de cerdo. Aúna el frescor del rábano crujiente, el de las hojas de menta y la acidez de la lima, además de una buena dosis de chicharrones, que absorben el aderezo y añaden un toque salado y graso. En 2018, lo servimos acompañando a platillos principales de carne con tortillas calientes a los evacuados por la erupción del Volcán de Fuego, que destruyó pueblos a las afueras de Antigua. Se puede convertir en platillo vegetariano si se prescinde de la piel de cerdo crujiente; en ese caso, rebautízalo «picado de rábano». Caoba Farms, uno de los beneficiarios de la Red de Productores de Alimentos de WCK, cultiva rábanos de colores picantes de forma ecológica en el suelo volcánico de Antigua y los vende en mercados locales. Esta ensalada quedaría perfecta con unos rábanos locales y chicharrones recién fritos. ¡Intenta conseguir algunos!

PARA 4 PERSONAS

1 manojo (aprox. 225 g) de **rábanos** picados finos
1 **cebolla amarilla** mediana por la mitad cortada en cubos pequeños
2 **jitomates saladet** picado finos
el jugo de 4 **limas**, y un poco más al gusto
2 c. s. de **perejil fresco** picado fino
2 c. s. de **menta fresca** picada fina
sal kosher y **pimienta negra recién molida**
1½ tazas de **chicharrones** (cortezas de cerdo fritas), si se puede, recién hechos, cortados en trozos de 1 a 2.5 cm
50 g de **queso salado seco** fácilmente desmenuzable (véase Nota)
tortillas de maíz calientes (opcional), para acompañar
2 c. c. de **chiles chiltepín** o **jalapeños frescos** o secos picado finos (opcional)

1. Combina los rábanos, la cebolla, los jitomates, el jugo de lima, el perejil y la menta en un *bowl* grande. Salpimienta al gusto y remueve para que se mezcle bien. Ve probando la mezcla para equilibrar los sabores de la lima y la sal. Justo antes de servir, añade los chicharrones y desmenuza el queso.

2. Si lo prefieres, sirve la ensalada sobre tortillas calientes y añádele chiles encima para darle un toque picante. Cómelo de inmediato, cuando los chicharrones aún estén crujientes.

***Nota:* los mejores quesos para esta receta son el queso seco y el queso cotija (encontrarás los de las marcas Fud, Tropical o el Centroamericano en muchos mercados latinos). Si no, utiliza queso fresco o queso llanero. Y, si todo falla, queso feta.**

FRIJOLES ROJOS GUATEMALTECOS EN OLLA EXPRÉS

con costillas de ternera

Esta receta se incluye en el recetario *Recetas para olla de presión con tradición*, que WCK publicó en 2022 en Guatemala como parte de nuestro programa Cocinas Limpias. El objetivo del libro, y del programa, era enseñar a las familias a preparar comidas nutritivas con métodos más eficientes que la cocción en fuego de leña, la forma tradicional de preparar frijoles en Guatemala. Si se hacen en una olla exprés, el proceso es mucho más rápido y se consume mucha menos energía. Hemos incluido instrucciones tanto para ollas exprés tradicionales como eléctricas (como la Instant Pot); uses la que uses, la cena estará lista en menos de una hora.

PARA 4-6 PERSONAS

450 g de **frijoles rojos secos**
4 c. s. de **aceite de canola**
900 g de **costilla de ternera con hueso**
1 **cebolla amarilla** mediana picada fina
1 **pimiento morrón rojo** mediano picado fino
4 **dientes de ajo** medianos en láminas finas
2 **jitomates saladet** cortados en cuartos
4 **tomates** pequeños pelados por la mitad
1 **chile pasilla** sin semillas cortado en láminas finas
1 **chile guajillo seco** sin semillas cortado en láminas finas
2 c. s. de **polvo de semillas de calabaza tostadas** (véase Nota)
2 c. c. de **comino molido**
1 c. c. de **achiote en polvo**
sal kosher y **pimienta negra recién molida**
arroz blanco cocido, para acompañar

1. Pon los frijoles en remojo durante 3 horas como mínimo antes de la cocción (o toda la noche). Escúrrelas antes de cocinar.

2. Calienta a fuego medio 2 cucharadas de aceite en la olla exprés. (Si usas una eléctrica, ponla en el modo «Sauté»). Sella las costillas en tandas unos 2 minutos por cada lado, hasta que se doren ligeramente. Resérvalas.

3. Añade las 2 cucharadas de aceite restantes a la olla. Cuando el aceite esté caliente, rehoga la cebolla unos 3 minutos hasta que esté tierna. Agrega el pimiento morrón y el ajo y sofríelo unos 2 minutos, removiendo constantemente, hasta que el pimiento morrón se ablande. Incorpora los jitomates y los tomates y prosigue la cocción unos 2 minutos, sin dejar de remover, hasta que los jitomates se empiecen a deshacer. Echa un cuarto de taza de agua, los chiles secos, el polvo de semillas de calabaza, el comino y el achiote y cuece 2 o 3 minutos más, hasta que el sofrito desprenda su aroma. (En la olla exprés eléctrica, cancela el modo «Sauté»).

4. Añade los frijoles escurridos, las costillas reservadas y 8 tazas de agua. Remueve bien para que quede mezclado. Sazona con 2 c. c. de sal y pimienta al gusto y mezcla. Tapa la olla y cierra la tapa.

5. Lleva la mezcla a ebullición a fuego vivo sin colocar la válvula y, cuando por la abertura salga vapor de forma constante, coloca la válvula. Cuando el silbido sea muy intenso, baja el fuego y cuece 30 minutos. En ambas ollas, el tiempo total será de unos 45 minutos, incluyendo el tiempo que tarda en alcanzar la presión.

6. Libera la presión con cuidado con el método de liberación rápida, a continuación, abre la olla exprés, prueba el guisado y rectifica de sal y pimienta, si fuera necesario.

7. Sírvelas calientes con arroz blanco.

***Nota:* el polvo de semillas de calabaza se puede comprar en algunos mercados latinos; si no lo encuentras, hazlo tú mismo. En un horno a 75 °C, tuesta 2 cucharadas colmadas de semillas de calabaza crudas peladas de 10 a 12 minutos. Después, tritúralas en un molinillo de especias hasta obtener un polvo fino.**

PAPAS ARRUGADAS CON MOJO ROJO

Cuando WCK se desplazó a la isla de La Palma del archipiélago canario para responder a una erupción volcánica, apoyamos a los agricultores locales comprando y sirviendo miles de papas arrugadas de un delicioso sabor salado y terroso. Para que las papas queden arrugadas, lo tradicional es hervirlas en agua de mar (nosotros lo compensamos cociéndolas en agua *muy* salada). Se sirven acompañadas de un clásico mojo rojo con ajo hecho con chiles rojos locales. En las Canarias, hay una receta de mojo diferente en cada casa. La versión que presentamos aquí, rica y poco picante, es del chef Olivier de Belleroche, de WCK.

PARA 4 PERSONAS

PARA LAS PAPAS

900 g de **papas nuevas** pequeñas, de no más de 5 cm de diámetro
sal kosher o **sal marina gruesa**

PARA EL MOJO ROJO

1 **pimiento rojo** entero
1 c. c. de **semillas de comino**
4 **dientes de ajo** medianos pelados
1 c. c. de **sal marina**
1 c. s. de **vinagre de vino blanco**
1 c. c. de **paprika** ahumada
¾ de taza de **aceite de oliva extra virgen**

1. Calienta el horno a 230 °C.

2. PARA LAS PAPAS: introduce las papas en una olla grande y cúbrelas 7.5 cm por encima con agua. Ponlo a fuego vivo y añade sal para que el agua esté tan salada como el océano. Empieza con un cuarto de taza y remueve y, si fuera necesario, añade más (a medida que el agua se caliente, la sal se disolverá mejor). Llévala a ebullición y, cuando rompa a hervir, baja a fuego lento y cuece las papas de 25 a 30 minutos, hasta que estén tiernas y se puedan pinchar hasta el centro con un cuchillo. Las papas se irán arrugando a medida que se cuezan.

3. MIENTRAS, PARA EL MOJO ROJO: coloca el pimiento morrón rojo en una charola pequeña y ásalo de 10 a 15 minutos, dándole la vuelta con unas pinzas cada pocos minutos, hasta que la piel se carbonice y el pimiento esté tierno. Retira la charola del horno y déjalo enfriar unos minutos. Pélalo con cuidado; si te resulta difícil, mete el pimiento unos minutos en una bolsa de papel para que se genere vapor y vuelve a intentarlo. Retira el tallo y las semillas y reserva.

4. Cuando las papas estén tiernas, vierte con cuidado casi toda el agua. Deja solo la suficiente para cubrir el fondo de la olla, unos 6 mm. Baja a fuego medio-bajo, pon la olla de nuevo al fuego y cuece de 8 a 10 minutos, agitando la olla para sacudir las papas, hasta que toda el agua se haya evaporado y la sal se empiece a cristalizar. Retira la olla del fuego y tápala con un paño de cocina para que el vapor siga arrugando las papas hasta el momento de servirlas.

5. PARA TERMINAR EL MOJO: tuesta las semillas de comino 1 o 2 minutos en una sartén pequeña a fuego lento, hasta que desprendan su aroma. Pasa las semillas a un procesador de alimentos pequeño y añade el pimiento asado, el ajo, la sal, el vinagre y la paprika. Tritura hasta obtener un color y textura uniformes. Añade el aceite de oliva poco a poco sin dejar de triturar hasta obtener una pasta fina de color rojo brillante; si se emulsiona, estupendo y, si no, no pasa nada (algunos dirán que así es más tradicional). Prueba y rectifica el punto de sal. Ten en cuenta que se trata de la salsa en la que untarás papas muy saladas.

6. Sirve las papas en un *bowl* grande y el mojo rojo en uno pequeño aparte, para mojar. Si no las vas a servir de inmediato, reserva el mojo en un *bowl* en el refrigerador para que se endurezca un poco.

FREEKEH DE KAMAL
con cebolla caramelizada

El freekeh, un cereal antiguo del Levante mediterráneo, es trigo verde, que aún no se ha puesto amarillo. Puesto que se pudre rápidamente, los agricultores lo queman en hogueras en el mismo campo para que se seque y conserve: el fuego hace que los granos conserven su color verde y desarrollen un sabor ahumado. Kamal Mouzawak, fundador del primer mercado agrícola moderno del Líbano, Souk el Tayeb, explica que el freekeh sabe a un Líbano en paz: «El freekeh transporta a la época posterior a la guerra civil, cuando el Líbano ya no estaba dividido y nos podíamos mover libremente y descubrir sabores diferentes». El freekeh era una especialidad regional del sur del país, por lo que Kamal no lo había probado antes de inaugurar el mercado en 2004. Pero ahora se ha popularizado en todo el país y se exporta al resto del mundo. Es un cereal fácil de cocinar y muy versátil: se puede servir cocido, de forma similar al bulgur, o en preparaciones cremosas y caldosas, casi como un risotto. Es una receta sencilla y deliciosa. Eso sí, asegúrate de que las cebollas tengan el tiempo suficiente para caramelizarse por completo. Sírvelo con carne, pescado o verduras asadas.

PARA 4 PERSONAS

¼ de taza de **aceite de oliva extra virgen**
3 **cebollas amarillas** medianas picadas finas
1 taza de **freekeh grueso**
2 tazas de **caldo de pollo**, **verduras** o **pescado** o **agua**
sal kosher

1. Calienta el aceite de oliva a fuego medio-bajo en una sartén grande con tapa o en una cazuela de hierro fundido hasta que brille. Añade las cebollas y remuévelas para que se impregnen. Tápalas y confítalas de 45 a 60 minutos, removiendo cada 5 minutos más o menos, hasta que adquieran un color marrón caramelo y tengan una consistencia casi de mermelada. Si queda líquido en la sartén, prosigue la cocción sin la tapa unos 5 minutos, o hasta que se haya evaporado en su mayor parte.

2. Mientras las cebollas se cuecen, enjuaga el freekeh en un *bowl* mediano con agua. Desecha todo lo que flote. No dejes los granos en remojo demasiado tiempo o perderán su sabor ahumado.

3. Cuando la cebolla haya caramelizado, añade el freekeh y tuéstalo 5 minutos, removiendo constantemente. Agrega el caldo y sal al gusto y llévalo a ebullición a fuego medio-alto. Cuando rompa a hervir, baja el fuego a bajo y cuece, sin tapar, de 25 a 30 minutos hasta que el freekeh esté tierno.

orld
Central
Kitchen

COMPRA PRODUCTO LOCAL

En Estados Unidos, lo más habitual es que la ayuda alimentaria tras una catástrofe sea en forma de alimentos que se puedan distribuir de forma rápida y sencilla. Esto se suele traducir en «comidas listas para comer», MRE por sus siglas en inglés. Si nunca las has probado, considérate afortunado. Están diseñadas para su uso en el campo de batalla y conservarse durante mucho tiempo en todo tipo de condiciones atmosféricas, ya sea el calor del desierto o la humedad de la selva. Se conservan durante semanas o meses (¡o incluso años!). Y, en caso de necesidad, se pueden usar como balón de futbol... El equipo de I+D culinario de José (mentes que también están tras múltiples estrellas Michelin) intentaron durante días, sin éxito, insuflar algo de vida a estos platillos.

Cualquiera que haya sobrevivido a base de MRE durante días lo sabe: no son de digestión fácil. Es cierto que son comestibles, y algunas incluso pueden llegar a gustar (los macarrones con chili están particularmente codiciados), pero son duras para el estómago y están diseñadas para el campo de batalla, no para un desastre natural. Después de un acontecimiento traumático, cuando lo que se necesita es algo que caliente el alma, ¿quién quiere una comida diseñada para sobrevivir a una guerra? ¿Por qué los organismos de ayuda humanitaria recurren a estos alimentos y los envían a todo el mundo?

La respuesta corta es una burocracia que prioriza los productos estadounidenses a pesar de la disponibilidad de producto local. Por eso se distribuyen sacos de maíz y trigo estadounidenses por todo el mundo, aunque en esos mismos lugares se produzca este tipo de grano. Y esa es también la razón por la que en Haití se distribuyó arroz estadounidense gratuito tras el terremoto de 2010, lo que hundió el precio del arroz local y dejó sin negocio a los agricultores locales. Hasta hace poco, las agencias estadounidenses estaban *obligadas por ley* a distribuir productos estadounidenses. Algunas siguen haciéndolo, pero otras muchas han empezado a abastecerse con productos locales.

En World Central Kitchen seguimos nuestras propias normas. Jamás se nos ocurriría enviar recursos a la otra punta del mundo si esos mismos ingredientes se pueden encontrar allí. Los chefs lo saben: el mejor producto no viene de una granja industrial a miles de kilómetros, sino de la granja familiar del pueblo de al lado. En las cocinas profesionales, comprar productos locales suele ser lo más sensato. Aunque la economía de escala no juegue a favor, la calidad tiende a ser mayor y los costos de transporte, menores. Además, la inversión en producto local ayuda a los vecinos a mantener sus negocios a flote, lo que refuerza la economía de la comunidad. Pero también hemos aprendido que no debemos monopolizar el mercado comprando demasiado; la comunidad también tiene derecho a comprar.

En 2018, tras la explosión del Kilauea en la Isla Grande de Hawái, un agricultor local se vio obligado a cosechar todos sus camotes morados de Okinawa antes de que la ceniza los arruinara. Como sabía que nuestra cocina era de las pocas en funcionamiento, nos ofreció su producto; compramos muchos de sus camotes y los utilizamos para elaborar una de las recetas favoritas de la isla, Barritas de haupia (pág. 262).

En noviembre de 2020 la isla de Providencia, en el Caribe, sufrió el azote de dos huracanes consecutivos, que dañaron el 98% de la infraestructura local. José adoptó la mentalidad de «comprar producto local». Conoció a un pescador de langosta local, cuyo equipo había sobrevivido a las tormentas. José le compraba todo lo que le ofrecía y le dejaba un adelanto para lo que capturara al día siguiente (para probar la cocina de la isla, véase Rondón, pág. 251).

Durante el verano de 2022 nos sumamos a la LEE Initiative del chef Edward Lee y compramos productos a pequeños agricultores del este de Kentucky, que se habían quedado sin mercados ni espacio de almacenamiento tras las inundaciones. Organizamos un mercado en el que regalábamos los productos a las familias afectadas por la catástrofe. Al tratarse de productos locales como jamón cocido y harina de maíz, quienes los recibían también recuperaban parte de su agencia. Muchas familias de las zonas rurales del este de Kentucky viven de la tierra; tienen pequeños huertos y rara vez compran verdura en el supermercado. Contar con ingredientes con los que estaban familiarizados les permitía cocinar ellos mismos en sus casas. Así, recuperaban una sensación de normalidad en aquellos momentos difíciles.

Esta lección la aprendimos al principio de la pandemia, cuando distribuimos alimentos a familias de la Nación Navajo. Además de verduras e ingredientes secos, nuestro equipo íntegramente diné (navajo), con Ollie Arviso al frente, incluyó en sus entregas una especialidad diné: *neeshjizhii*, maíz al vapor seco. El neeshjizhii se obtiene tras tres días de cocción en un horno subterráneo, tiene un intenso sabor ahumado y, cuando se guisa con cordero, representa un consuelo y una medicina en forma de comida para muchos miembros de la comunidad. Compramos y distribuimos más de 7 000 kg de neeshjizhii de dos productores locales, y más de 1 500 toneladas de otros alimentos. Colaborar con las comunidades locales y ofrecerles productos significativos para ellos nos parece algo de sentido común: ¿por qué íbamos a hacerles llegar algo de menor calidad y con lo que no sienten ningún tipo de conexión si podemos hacer que el dinero, y el espíritu, se queden en la comunidad?

«Compra producto local» puede sonar a tópico, pero no es un mensaje vacío. No se trata solo de apoyar a los agricultores o pescadores locales, ni de que el dinero se quede en la economía local. No se trata solo de encontrar mejores productos o descubrir nuevos ingredientes. Ni siquiera se trata solo de contrarrestar los efectos del cambio climático. Es todo eso y mucho más: es una forma de alejarse de una visión destructiva del mundo arraigada en el imperialismo, el paternalismo occidental y el proteccionismo. Es un nuevo paradigma que puede generar un cambio positivo a escala local y mundial, para nosotros y para las generaciones futuras.

RONDÓN

Nuestro equipo probó el rondón, una especialidad de las islas caribeñas colombianas de San Andrés y Providencia, frente a la costa de Nicaragua, tras el paso por las islas de los huracanes Iota y Eta en noviembre de 2020. Es un platillo muy elaborado que se prepara en hogueras en la playa, para celebrar reuniones de la comunidad. De hecho, no se suele servir en los restaurantes. Para aprender a prepararlo, viajamos a un pequeño hotel de playa en un 4×4. Se rallan los cocos para hacer leche de coco, que se cocina sobre el fuego con el pescado y marisco, tubérculos, masa de yuca y hierbas aromáticas hasta obtener un guisado espeso y sustancioso. Aquí hemos simplificado la receta para que quienes están lejos de las paradisiacas playas de arena blanca de San Andrés puedan emularlo, pero sigue siendo un proyecto: no se empieza rallando el coco a mano, pero algunos ingredientes difíciles de conseguir, como el caracol y el rabo de cerdo (véase Notas, pág. 252), son importantes para tener un buen resultado, por lo que los hemos incluido en nuestra versión. La forma de servir el platillo también es importante: lo tradicional es ir añadiendo cada ingrediente al plato para después cubrirlo con el líquido de cocción a modo de salsa. Sírvelo acompañado de una salsa picante como el Pique (pág. 293) y una cerveza o un Ron sour (pág. 281).

PARA 4-6 PERSONAS

PARA EL PESCADO MARINADO

1,1 kg de **filetes de pescado** (como lubina, huachinango, mero o rodaballo) cortados en tiras de 7 cm de ancho
el jugo de 2 **limones**
1½ c. s. de **sal marina fina**
¼ c. c. de **pimienta negra recién molida**

PARA LA MASA DE YUCA

3 tazas (450 g) de **harina de yuca** o **harina de maíz**, y un poco más para amasar
1 c. s. de **levadura en polvo**
1 c. s. de **sal marina fina**
1 taza de **leche de coco**

PARA EL GUISADO

1 cabeza de **ajo** pequeña, con los dientes separados y pelada
2 latas (400 g) de **leche de coco**
1 **cebolla amarilla** grande cortada en cubos
un trozo de 5 cm de **jengibre fresco** pelado
450 g de **yuca** pelada cortada en trozos de 5 cm
450 g de **ñame** (véase pág. 32) o **camote** pelado cortado en trozos de 5 cm
3 **plátanos macho** verdes pelados (véase Nota, pág. 288) cortados en tercios
1 lata (425 g) de **caracol** (véase Notas) escurrida cortada en trozos de 5 cm
450 g de **rabo de cerdo sin sal** (véase Notas) cortado en trozos de 5 cm
½ taza de **albahaca fresca** picada
½ taza de **orégano fresco** picado grueso
1 c. s. de **pimienta negra en grano**
sal marina fina

1. PARA EL PESCADO MARINADO: combina las tiras de pescado, el jugo de limón, la sal y la pimienta en un *bowl* grande y déjalo que marine a temperatura ambiente mientras preparas el resto del platillo.

2. PARA LA MASA DE YUCA: mezcla la harina de mandioca, la levadura en polvo y la sal en un *bowl* grande. Incorpora la leche de coco poco a poco y remueve hasta obtener una masa fina. Amasa 10 minutos hasta que esté fina y maleable. Cúbrela y déjala reposar 20 minutos a temperatura ambiente.

(la receta continúa)

3. PARA EL GUISADO: maja los dientes de ajo en un mortero (o tritúralos en un procesador de alimentos pequeño). Combina la leche de coco, 4 tazas de agua, la pasta de ajo, la cebolla y el jengibre en una olla grande con tapa o una cazuela de hierro fundido y llévalo a ebullición a fuego medio-alto. Deja que hierva 3 minutos y baja el fuego a medio. Añade la yuca, el ñame y el plátano macho y cuece a fuego lento unos 10 minutos hasta que todo empiece a estar tierno.

4. Agrega el pescado marinado con su líquido, el caracol y el rabo de cerdo y cuece 5 minutos más a fuego lento. En la olla no habrá mucho líquido y es posible que algunos ingredientes no estén cubiertos por completo; remueve suavemente para que todo se cocine. Pasados 5 minutos, añade la albahaca, el orégano y los granos de pimienta. Prueba el caldo y ajusta la sazón si fuera necesario.

5. Mientras el caldo hierve a fuego lento, extiende la masa en una tabla de cortar espolvoreada con harina hasta formar un rectángulo fino de unos 38 × 13 cm y de 3 a 6 mm de grosor. Corta la masa en tiras de unos 2.5 × 13 cm.

6. Comprueba la cocción de la yuca y el ñame pinchándolos con un tenedor; deben estar blandos casi por completo. Coloca las tiras de masa sobre el guisado, procurando que no se superpongan. Tapa la olla y prosigue la cocción a fuego lento de 10 a 15 minutos hasta que se cuezan del todo. Cuando estén hechas tendrán un aspecto suave, liso y un poco brillante y perderán su sabor a crudo.

7. SERVIR EL RONDÓN ES TODO UN ARTE: con una espumadera o pinzas, retira los componentes del guisado y las tiras de masa de yuca (con cuidado de no romperlas) y repártelos en cuatro *bowls* medianos; la verdura y el plátano en uno, la yuca en otro, el pescado y el caracol en el tercero y el rabo de cerdo en el último. Sirve un par de trozos de cada *bowl* a cada persona y, para terminar, añade el caldo de coco a modo de salsa.

Notas:

- Encontrarás rabo de cerdo en la mayoría de los mercados latinos o caribeños. Si solo lo encuentras salado, hiérvelo 30 minutos, escúrrelo y deja que se enfríe antes de usarlo.
- El caracol en conserva se puede comprar en algunas tiendas especializadas o en internet; quizás la encuentres por su nombre italiano, *scungilli*.

ALEGRÍA

DULCES, BEBIDAS Y RECETAS PARA CELEBRACIONES

No hay mal que por bien no venga.

REFRÁN PUERTORRIQUEÑO

GREEN

EN TIEMPOS DE CRISIS, LA ALEGRÍA PUEDE ESCASEAR. Los afectados navegan una amplia gama de emociones, pero la felicidad no suele estar entre ellas.

Uno de nuestros objetivos es alegrar a los demás, ya sea con un abrazo, una palabra de ánimo o, por supuesto, un plato de comida. No podemos cambiar la situación, pero sí aportar un toque de alegría al momento. La comida es fuente de esperanza, la comida es dignidad, la comida es empatía. De todo esto ya hemos hablado.

Pero hay algo que realmente *alegra* a cualquiera, incluso en los momentos más oscuros: los dulces.

Los menús de WCK no suelen llevar postre, aunque casi siempre incluimos una pieza de fruta. No hay nada de malo en los dulces, pero lo cierto es que centramos nuestros esfuerzos en preparar comidas nutritivas y no solemos tener los recursos necesarios para elaborar postres que no tengan un aporte nutricional significativo.

Pero eso no significa que *nunca* los preparemos. De vez en cuando, nos gusta dar un capricho a nuestros comensales, sobre todo si hay niños. Además, cocinar para niños siempre es razón de alegría para nuestros equipos. En Venezuela dábamos de comer a niños muy pequeños y a sus padres. Algunos de ellos, como la pequeña Camila, de dos años, estaban en riesgo de desnutrición cuando empezó a visitarnos. Con el paso de los días, semanas y meses, vimos cómo nuestras comidas la hicieron crecer y estar cada vez más sana. Allí servíamos Pastel de cambur (pág. 261), un pan de plátano que volvía locos a los más pequeños.

ADEMÁS, COCINAR PARA NIÑOS SIEMPRE ES RAZÓN DE ALEGRÍA PARA NUESTROS EQUIPOS.

En este capítulo encontrarás la receta de las Barritas de haupia (pág. 262), un postre en capas hawaiano de colores brillantes elaborado con coco y camote morado, perfecto para el desayuno o a modo de postre festivo; también la de Tres leches (pág. 265), uno de nuestros postres favoritos para celebrar los cumpleaños de los residentes más jóvenes de los campamentos fronterizos de Matamoros, en México; y la de los Buñuelos guatemaltecos (pág. 266), masas fritas con un jarabe dulce de miel y cítricos que se comen en todo el país a principios de diciembre para celebrar la tradicional Quema del Diablo.

En Ucrania, la Pascua es muy importante; por eso, incluso en medio de la guerra, nos organizamos para repartir decenas de miles de pasteles de Pascua, o *pasky* (véase la receta de Paska en la página 274), a familias de todo el país, así como huevos de colores. La receta que usamos es la de la familia de una de las jefas de equipo del país. Y Meghan, la duquesa de Sussex, nos dio su receta de una increíble Pastel de limón y aceite de oliva (pág. 269). Querrás tenerla siempre en la barra de la cocina, a la mano para disfrutar de un trozo con el café de la tarde.

El capítulo cierra con tres recetas de cocteles, dos de las cuales se pueden servir sin alcohol para que también las disfruten los más pequeños y quienes no beben. Coquito y Kremas son las versiones puertorriqueña y haitiana, respectivamente, de una cremosa bebida navideña. Aportan alegría como bebida, y también son un regalo; en ambos lugares es habitual intercambiar botellas con amigos y familiares durante las fiestas, algo que une a las personas y levanta el ánimo sea cual sea la situación. Y, para terminar, el ron sour favorito de José, una deliciosa versión con albahaca del clásico coctel caribeño. Además de la receta, comparte una reflexión sobre esta bebida y su importancia en los primeros días del trabajo de WCK en Puerto Rico, cuando servía de punto y aparte para separar la larga jornada de trabajo de las productivas noches.

Durante una crisis, y después de que esta pase, los niños no suelen comprender la enormidad de la situación que atraviesan. Y esa inocencia nos regala momentos inesperados de pura alegría. Un bocado dulce, una fiesta de cumpleaños, música en directo, bailes... nos encanta ver esos instantes en los que los niños (¡y sus padres!) se olvidan de los problemas que les rodean y simplemente se divierten. Nos recargan las pilas.

PASTEL DE CAMBUR

Pan de plátano venezolano

Nuestra cocina de Caracas (Venezuela) repartió millones de plátanos, allí llamados cambures, entre los niños que recibían nuestras comidas calientes. Desde 2019 hasta 2022, cocinamos para familias venezolanas en la capital, así como para refugiados que huían de la situación económica del país (véase Refugiados y migración, pág. 100, para saber más sobre nuestro trabajo en la frontera entre Venezuela y Colombia). Cuando acumulábamos demasiados plátanos maduros (y en ocasiones especiales como el Día del Niño), horneábamos pastel de cambur. Aunque cocines para niños, no te preocupes demasiado por el uso del ron; el alcohol se evapora. Pero, si lo prefieres, puedes omitirlo y añadir un chorrito extra de vainilla.

PARA UN PAN DE 680 G (VÉASE NOTA)

PARA EL INGREDIENTE ADICIONAL

2 c. s. de **mantequilla sin sal** a temperatura ambiente
2 c. s. de **azúcar morena** clara
2 c. s. de **harina común**
1 c. s. de **canela molida**
1 **plátano** mediano maduro pelado cortado longitudinalmente en tercios

PARA LA MASA

Mantequilla blanda y **harina** para el molde
2 tazas (240 g) de **harina común** tamizada
½ taza (105 g) de **azúcar morena clara**
1 c. c. de **sal de mesa**
2 c. c. de **levadura en polvo**
½ c. c. de **bicarbonato de sodio**
1 c. c. de **canela molida**
3 **plátanos** medianos maduros pelados
1 taza (310 g) de **leche condensada azucarada**
8 c. s. (115 g) de **mantequilla sin sal** fundida
⅓ taza (75 g) de **leche** entera
¼ de taza (60 g) de **ron negro**
1 c. s. de **extracto de vainilla**
3 **huevos** grandes batidos
1 taza (115 g) de **nueces** picadas (opcional)
1 taza (170 g) de **chispas de chocolate** (opcional)

1. PARA EL INGREDIENTE ADICIONAL: combina con los dedos la mantequilla, el azúcar morena, la harina y la canela en un *bowl* pequeño hasta obtener grumos del tamaño de un chícharo y reserva.

2. Calienta el horno a 190 °C. Engrasa un molde para pan de 25 × 13 × 7 cm (680 g) (véase Nota) y espolvoréalo con harina.

3. PARA LA MASA: combina la harina, el azúcar morena, la sal, la levadura en polvo, el bicarbonato y la canela en un *bowl* grande.

4. Machaca los 3 plátanos en un *bowl* hasta obtener un puré fino. Añade la leche condensada y mezcla bien con una cuchara de madera. Agrega la mantequilla fundida, la leche entera, el ron, la vainilla y los huevos y remueve para que se mezclen.

5. Vierte la mezcla de plátano en la de harina. Incorpora las nueces y las chispas de chocolate, si las usas, con cuidado de no sobremezclar. No pasa nada si en la masa queda alguna bolsa de harina.

6. Pasa la masa al molde preparado. Reparte las tiras de plátano (no pasa nada si se rompe en trozos más pequeños) y espolvorea el ingrediente adicional por encima. Sin apretar, cubre el molde con papel aluminio y hornea 1 hora.

7. Llegados a este punto, los laterales estarán hechos, pero el centro seguirá poco cocido. Retira el papel aluminio y hornea unos 15 minutos más, hasta que al pinchar en el centro con un palillo, este salga limpio, y la parte superior se dore. El pan de plátano se conservará a temperatura ambiente hasta 3 días envuelto en papel aluminio.

***Nota:* en esta receta hemos utilizado un molde para pan de 25 × 13 × 7 cm (680 g); si tu molde es de 22 × 41 cm (450 g), el tamaño estándar, llénalo hasta unos dos tercios de su capacidad y hornea el resto en un molde para magdalenas (el tiempo de cocción de las magdalenas será menor; unos 30 minutos).**

BARRITAS DE HAUPIA Y CAMOTE MORADO

Estas barritas hawaianas deben su llamativo color morado a los camotes de Okinawa, un tubérculo denso y rico originario de la isla japonesa de Okinawa que también se cultiva en Hawái. La capa superior, hecha de leche de coco dulce espesada, se llama haupia, y es un postre popular por sí mismo. Esta barrita de tres capas no es demasiado dulce, así que es ideal para el desayuno o para disfrutarla con un café por la tarde. En 2018 las repartimos entre los afectados por la erupción del volcán Kilauea de la Isla Grande de Hawái. Un agricultor que se vio obligado a cosechar todos sus camotes se los ofreció a nuestro equipo, que los compró y transformó en esta delicia.

PARA 16 CUADRADOS DE 2.5 CM

mantequilla blanda para la charola

PARA LA BASE

1 taza (95 g) de **harina de almendra gruesa**
1 c. s. de **azúcar morena clara**
1 c. c. de **canela molida**
½ c. c. de **sal de mesa**
8 c. s. (115 g) de **mantequilla sin sal** fundida

PARA EL RELLENO DE CAMOTE

340 g de **camotes morados** (véase Nota) pelados y cortados en cubos de 2.5 cm
¼ de taza (55 g) de **azúcar morena clara**
¼ de taza (60 g) de **leche evaporada**
1 **huevo** grande batido
1 c. c. de **extracto de vainilla**
1 c. c. de **canela molida**
½ c. c. de **jengibre en polvo**
½ c. c. de **nuez moscada molida**

PARA EL HAUPIA

1 lata (400 g) de **leche de coco**
¼ de taza (50 g) de **azúcar granulada**
3 c. s. de **maicena**

1. Calienta el horno a 175 °C. Engrasa una charola cuadrada de 20 cm.

2. PARA LA BASE: combina la harina de almendras, el azúcar morena, la canela, la sal y la mantequilla fundida en un *bowl* pequeño y mezcla con un tenedor hasta obtener una textura arenosa uniforme. Presiona la masa con firmeza para obtener una capa uniforme (puedes usar la parte inferior de un vaso medidor).

3. Hornea unos 15 minutos hasta que la corteza se dore. Saca la charola del horno y reserva para que se enfríe. Deja el horno encendido y sube la temperatura a 205 °C.

4. PARA EL RELLENO DE CAMOTE: lleva a ebullición una cacerola mediana con 2 tazas de agua. Añade los cubos de camote y cuécelos de 6 a 8 minutos hasta que puedas pincharlos fácilmente con un cuchillo. Escúrrelos bien y vuelve a ponerlos en la cacerola. Machácalos con un aplasta papas o una cuchara de madera hasta obtener un puré muy fino. Deja que se enfríen 5 minutos a temperatura ambiente y, a continuación, agrega el resto de los ingredientes del relleno. Mézclalos bien con una cuchara de madera o una espátula.

5. Esparce el relleno de manera uniforme sobre la base. Hornea 10 minutos, baja la temperatura a 165 °C y sigue horneando unos 10 minutos más, hasta que el centro del relleno cuaje y no se bambolee. Retíralo del horno y déjalo enfriar.

6. PARA EL HAUPIA: combina la leche de coco, el azúcar granulada, la maicena y un cuarto de taza de agua en un cazo de fondo grueso, batiendo para que no queden grumos. Cuécelo a fuego medio, removiendo constantemente, hasta que la mezcla rompa a hervir. Entonces, baja a fuego lento. Prosigue la cocción sin dejar de remover de 6 a 8 minutos, hasta que la mezcla esté lo suficientemente espesa como para cubrir el dorso de la cuchara. Retira el haupia del fuego y déjalo enfriar 3 minutos. Después, viértelo sobre el relleno de camote y repártelo de manera uniforme. Refrigéralo, sin tapar, de 12 a 24 horas para que cuaje.

7. Corta la masa en cuadrados y sírvelos. Se conservará bien en un recipiente hermético en el refrigerador hasta 3 días.

***Nota:* el camote morado, una especialidad de Hawái y la isla japonesa de Okinawa, es muy aromático y rico en antioxidantes. En Estados Unidos, la variedad más común disponible es la Stokes Purple.**

TRES LECHES

El tres leches es un pastel ligero y aireado que se remoja en (¡lo adivinaste!) tres tipos de leche. Cuando trabajamos en Latinoamérica, no puede faltar en nuestras celebraciones de cumpleaños y otros momentos especiales. Una de las primeras veces que lo hicimos fue en Matamoros (México), en un campamento de refugiados fronterizo en el que acogíamos a familias que viajaban hacia el norte. Adriana, la hija de un miembro del equipo, nos ayudaba en el comedor y, cuando cumplió cinco años, le preguntamos qué pastel quería. «¡Dos leches!», contestó entusiasmada. La chef Elyssa Kaplan, sin saber qué leche omitir, preparó un tres leches tradicional y se lo sirvió a Adriana y a sus amigos. Nuestra receta lleva *cuatro* leches, pero imaginamos que a Adriana no le importará. Te recomendamos remojar el pastel en el refrigerador toda la noche: ¡sabe aún mejor!

PARA UN PASTEL DE 23 × 33 CM

mantequilla blanda para el molde

PARA EL PASTEL

- 1½ tazas (180 g) de **harina común**
- 1 c. s. de **levadura en polvo**
- ½ c. c. de **sal de mesa**
- 6 **huevos** grandes con las claras separadas de las yemas
- ¾ taza (150 g) de **azúcar granulada**
- 1 c. c. de **extracto de vainilla**
- ½ taza (115 g) de **leche entera**

PARA EL REMOJO

- 1 lata (350 ml) de **leche evaporada**
- 1 taza de **leche entera**
- ½ taza de **leche condensada azucarada**
- ½ taza de **crema para batir**
- ½ c. c. de **canela molida**

PARA EL INGREDIENTE ADICIONAL

- 1 taza de **crema para batir**
- 1 c. s. de **azúcar granulada**
- ½ c. c. de **canela molida**
- 450 g de **arándanos**, **frambuesas** o **fresas** (opcional), para decorar

1. Calienta el horno a 175 °C. Engrasa un refractario de 23 × 33 cm.

2. PARA EL PAN: tamiza la harina, la levadura en polvo y la sal en un *bowl* grande y reserva.

3. Bate las claras de huevo en un *bowl* (con la ayuda de una batidora eléctrica si la tienes), hasta que se formen picos suaves, estén blancas y esponjosas y no pierdan la forma. En otro *bowl*, bate las yemas, el azúcar granulada y la vainilla aproximadamente un minuto; las yemas adquirirán un tono más claro y aumentarán de volumen.

4. Vierte la mezcla de yema y la leche entera a la de harina y remueve con una espátula de silicona hasta que no queden grumos. Incorpora las claras montadas con cuidado para que no se deshinchen.

5. Vierte la masa en el molde preparado, nivélala con una espátula de silicona o acodada, y hornea de 30 a 35 minutos hasta que al pinchar en el centro con un palillo, este salga limpio. Déjalo enfriar de 20 a 30 minutos sobre una rejilla.

6. MIENTRAS, PARA EL REMOJO: combina la leche evaporada, la leche entera, la leche condensada y la crema para batir en un vaso medidor grande o un tarro de cristal e incorpora la canela con un tenedor o unas varillas.

7. Cuando el pastel se haya enfriado, pincha toda la superficie con un tenedor y vierte lentamente el remojo sobre él, asegurándote de que llegas a todas partes. La leche se irá filtrando poco a poco. Cúbrelo con plástico adherente y resérvalo en el refrigerador toda la noche.

8. PARA EL INGREDIENTE ADICIONAL: coloca el *bowl* de la batidora amasadora (o en un recipiente) en el congelador para que se enfríe. Cuando vayas a servir el pastel, vierte la crema para batir y el azúcar en el *bowl* frío de la batidora y bate 1 o 2 minutos a velocidad alta con las varillas (o con una batidora de mano), hasta que la crema adquiera consistencia y se pueda untar. (Si lo prefieres, usa un *bowl* grande, unas varillas y la fuerza de tu brazo).

9. Cubre el pastel con la crema para batir y espolvorea la canela por encima. Si lo deseas, decora con la fruta que prefieras. Sírvelo de inmediato o consérvalo en el refrigerador hasta 8 horas.

BUÑUELOS DE SOFÍA

Para muchos guatemaltecos la Navidad empieza el 7 de diciembre, el día de la Quema del Diablo. Puestos de todo el casco histórico de Ciudad de Guatemala venden piñatas con forma de diablo, conocidas como diablitos, que se queman en esta celebración. La chef Sofía Deleon, propietaria del restaurante El Merkury en Filadelfia y miembro del Chef Corps de WCK, recuerda cómo celebraba la Quema del Diablo con sus abuelos: «Cuando el reloj marcaba las 6 de la tarde, hacíamos una hoguera con periódicos viejos y ramitas y quemábamos la piñata. Y cuando el fuego se apagaba pasábamos a mi parte favorita: la comida». La abuela de Sofía preparaba cientos de buñuelos, bolas de masa frita servidas con una dulce miel cítrica típicas de esta fiesta. Esta es la versión de Sofía de la receta de su abuela.

PARA UNOS 20 BUÑUELOS

PARA LA MASA

½ taza (120 g) de **agua tibia** (45 °C)
2¼ c. c. de **levadura seca activa**
½ taza (115 g) de **leche entera**
2 c. c. de ralladura **de naranja**
1½ tazas más 2 c. s. (195 g) de **harina común**
½ taza (85 g) de **pasas**
2 c. s. de **aceite de canola**
1 c. s. de **azúcar granulada**
½ c. c. de **sal kosher**

PARA EL JARABE DE CÍTRICOS

1½ tazas de **azúcar granulada**
½ taza de **miel**
la piel en tiras de 1 **naranja**
la piel en tiras de 1 **mandarina**
la piel en tiras de 2 **limones**
1 **ramita de canela**

PARA LOS BUÑUELOS

aceite de canola, para freír
azúcar glass (opcional), para espolvorear

1. PARA LA MASA: mezcla con un tenedor el agua templada y la levadura en un *bowl* grande. Déjalo reposar unos 10 minutos para que la levadura se disuelva.

2. Pon un cazo con la leche y la ralladura de naranja a fuego medio-alto hasta que alcance unos 45 °C y pásalo al *bowl* con la levadura. A continuación, añade la harina, las pasas, el aceite de canola, el azúcar granulada y la sal. Mézclalo con una espátula de silicona hasta obtener una masa pegajosa y espesa. Cubre el *bowl* con un paño de cocina y déjalo fermentar en un lugar cálido hasta que doble su tamaño, aproximadamente 1 hora.

3. PARA EL JARABE DE CÍTRICOS: combina todos los ingredientes y una taza y media de agua en una olla pequeña, y remueve brevemente para que se mezcle. Llévalo a ebullición a fuego medio hasta que el azúcar se disuelva y la mezcla desprenda su aroma, unos 20 minutos. Retíralo del fuego y deja que la mezcla se infusione y enfríe mientras fríes los buñuelos. Cuando esté frío, retira la ralladura y la rama de canela (reserva las tiras de ralladura confitadas para usarlas en otras elaboraciones).

4. PARA LOS BUÑUELOS: forra un plato grande con servitoallas. Vierte por lo menos 7 cm de aceite de canola en una cazuela de hierro fundido, freidora u olla de fondo grueso y caliéntalo a 180 °C.

5. Cuando el aceite esté caliente, trabajando en tandas para no llenar mucho la sartén, cubre una cuchara de helado (una cucharada y media) o una cuchara sopera en aceite y deja caer pequeñas bolas de masa en el aceite caliente. Dependiendo del tamaño de la olla, haz 3 o 4 cada vez. Fríelos 1 o 2 minutos por cada lado hasta que se doren. Es un proceso rápido y, dependiendo del tamaño de tus buñuelos, obtendrás unos 20 en total. Pásalos a las servitoallas con una espumadera para que se escurran.

6. Para servir, reparte los buñuelos en *bowls* y rocíalos con un poco de jarabe: 1 o 2 cucharadas bastarán, pero si el dulce te apasiona, usa 2 o 3 cucharadas de jarabe y un poco de azúcar glass. (Sofía es muy golosa, ¡le encanta el azúcar glass encima!).

PASTEL DE LIMÓN Y ACEITE DE OLIVA DE LA DUQUESA

WCK encontró un socio excelente en The Archewell Foundation, la organización sin ánimo de lucro fundada por el Príncipe Harry y Meghan, los duques de Sussex. Para conmemorar la amistad entre ambas organizaciones, Meghan, toda una experta repostera, envió un pastel a un grupo de restauradoras que colaboraron con WCK durante la pandemia y a los miembros de la comunidad a los que proporcionaron comidas. Adjuntó este mensaje: *«Esperamos que disfrutes de este obsequio que hemos horneado para ti, una pequeña muestra de nuestro agradecimiento, de nuestra casa a la tuya. Esperamos que este esfuerzo sirva como muestra de que, cuando todos participamos, incluso las acciones más pequeñas tienen un efecto dominó. Hasta las acciones individuales nos repercuten a todos»*. ¡Hornea este hermoso pastel para un vecino para ver el efecto dominó en acción!

PARA 8-12 PERSONAS

PARA EL ROMERO CRISTALIZADO (OPCIONAL)

3 **ramitas de romero** pequeñas, de no más de 2.5 cm de largo cada una
1 **clara de huevo** grande ligeramente batida
2 c. c. de **azúcar granulada** o **azúcar extrafina**

PARA EL PASTEL

Aceite en espray
1⅓ tazas (265 g) de **aceite de oliva extra virgen**
3 **huevos** grandes
1¼ tazas (285 g) de **leche entera**
1½ c. s. de **ralladura de limón**
¼ de taza (60 g) de **jugo de limón recién exprimido**
¼ de taza (60 g) de **limoncello**
2 c. c. de **extracto de limón** (opcional)
1¾ tazas (350 g) de **azúcar granulada**
2 tazas más 2 c. s. (255 g) de **harina común**
1½ c. c. de **sal marina fina**
½ c. c. de **levadura en polvo**
½ c. c. de **bicarbonato de sodio**
azúcar glass (opcional), para espolvorear

1. PARA EL ROMERO CRISTALIZADO (SI LO PREPARAS): al menos 6 horas antes de servir el pastel, pinta con clara de huevo cada ramita de romero por todos los lados (te sobrará clara). Esparce el azúcar en un plato y pasa el romero por el azúcar de forma que las ramitas queden ligeramente cubiertas por todos lados. Repite la operación con el resto del romero. Resérvalo sobre una rejilla 6 horas como mínimo, o toda la noche.

2. PARA EL PASTEL: calienta el horno a 160 °C y forra un molde desmontable de 23 cm y al menos 7 cm de profundidad (véase Nota) con papel encerado. Rocía el papel y los laterales del molde con aceite en espray.

3. Bate el aceite de oliva y los huevos en un *bowl* grande hasta que emulsionen. Añade la leche, la ralladura de limón, el jugo de limón, el limoncello y el extracto de limón (si lo usas) y bate para que se mezclen. Agrega el azúcar granulada y remueve bien. Echa la harina, la sal, la levadura en polvo y el bicarbonato y bate hasta que se incorporen; no mezcles en exceso. Obtendrás una masa bastante fina. Es normal.

4. Pasa la masa al molde preparado. Coloca el molde en una charola de horno para asegurarte de que no haya fugas y hornea de 1 hora a 1 hora y 15 minutos, hasta que se dore y el centro se hinche. Cuando pinches el centro con un palillo, este saldrá limpio o solo arrastrará alguna miga húmeda (empieza a comprobar la cocción cuando haya pasado 1 hora).

5. Retira el pastel del horno y déjala enfriar en el molde sobre una rejilla metálica alrededor de 1 hora. Desmonta los laterales del molde y despega la parte inferior con cuidado. Coloca el pastel directamente en la rejilla para que se termine de enfriar.

6. Espolvoréala con azúcar glass antes de servir. Si lo usas, decora la parte superior con las ramitas de romero cristalizado.

Nota: **asegúrate de que tu molde desmontable tenga una profundidad de al menos 7 cm. La mayoría de moldes redondos de 23 cm de diámetro tienen 5 cm de profundidad y el pastel se desbordará.**

REPARTIR ALEGRÍA EN UN MUNDO CRUEL

Cuando Rusia invadió Ucrania a principios de 2022, WCK solo tardó veinticuatro horas en llegar al principal paso fronterizo entre Polonia y Ucrania occidental para ver cómo podíamos ayudar. El horror del que fuimos testigos superaba todo lo que habíamos visto hasta entonces, con decenas de millones de ucranianos afectados. En los días siguientes establecimos una cocina en Polonia, al otro lado de la frontera. Preparamos comidas y colaboramos con restaurantes y *food trucks* polacas para atender a los refugiados que llegaban en masa, muchos de ellos sin mucho más que una bolsa de ropa. La mayoría eran mujeres y niños; muchos hombres se tuvieron que quedar a luchar. Aquel frío invierno, el ambiente era sombrío.

En una zona de guerra, la miseria, la pena y el dolor están en todas partes. Pero incluso en el desastre, si sabes dónde buscar, encontrarás destellos de humanidad, dignidad, esperanza y, sí, incluso alegría.

Tropiezas con ella mientras repartes comida en un albergue infantil y compartes un momento con los niños, les cuentas un cuento o les cantas una canción. Al principio de la guerra, José visitó un refugio para madres y niños en la ciudad de Leópolis, al oeste de Ucrania; como padre de tres niñas, enseguida se puso a jugar con los pequeños. La alegría también se podía encontrar en una visita a una comunidad cercana al frente, a pesar de que llevaran semanas ocupadas; cuando llegábamos con comida, aquellas familias que habían vivido horrores impensables nos recibían con una sonrisa.

La Pascua ortodoxa, una de las fiestas más importantes de Ucrania, se suele celebrar en familia, con comidas especiales y dulces. En 2022, la Pascua se celebraba dos meses después del comienzo de la guerra, y el equipo sabía lo que tenía que hacer: honrar las tradiciones y la cultura del Великдень (Velykden, o «Gran día»). Nuestros socios de todo el país elaboraron decenas de miles de pasky (*paska* en singular), pasteles de Pascua tradicionales decorados con un sencillo glaseado de azúcar o con diseños elaborados. «Para los ucranianos, la paska es un símbolo de bondad, cuidado, amor y calor familiar», explica Yuliya Stefanyuk, exdirectora de WCK en Ucrania (su receta figura en la página 274). Ese día también distribuimos comidas especiales y huevos de colores, un símbolo de la primavera y del renacimiento.

El 1 de junio, con la esperanza de que los niños pudieran divertirse y limitarse a ser niños, celebramos el Día del Niño ucraniano, un día de comida, música y baile. En Dnipro, donde se alojaban muchos refugiados del este del país, ahuyentamos la amenaza de los bombardeos con pizza y superhéroes. Y en Odesa repartimos helado a los niños en el zoo. «Los niños son el futuro, y el destino de Ucrania depende de nuestra inversión en ellos», afirma Alisa Liptuga, coordinadora de nuestro almacén en Odesa. «Esta alegría y pequeñas fiestas los hacen felices».

Provided by:
World Central Kitchen

En Ucrania demostramos todo lo que WCK ha aprendido a lo largo de los años. En nuestra cocina de Przemyśl (Polonia), a pocos kilómetros de la frontera con Ucrania preparábamos ocho mil comidas al día, siete días a la semana, para que todos los refugiados tuvieran algo que comer. También nos asociamos con cientos de restaurantes y chefs en más de mil ciudades y pueblos de todo el país, una práctica que habíamos puesto a prueba durante la pandemia, cuando trabajamos con 2 500 restaurantes a lo largo y ancho de Estados Unidos.

Para que las provisiones llegaran a todo el país, necesitábamos gestionar la logística, lo que requería el uso de un tren y una flota de camiones que recorrían las carreteras del país las 24 horas del día. Y todo se debía hacer mientras evaluábamos los riesgos y nos adaptábamos a los cambios constantes que trae consigo la guerra. Y, por último, pusimos a prueba todo lo aprendido sobre la compra de productos locales; a los pocos meses de la invasión, comprábamos y distribuíamos harina molida, azúcar, conservas de carne y pescado, productos de panadería y mucho más, todo ello de producción local. Usábamos pan elaborado íntegramente con productos ucranianos (harina, sal, aceite de girasol y levadura), cuyos productores habían dejado de tener acceso a los mercados internacionales debido al conflicto.

También fue una oportunidad para probar nuevos modelos que seguimos desarrollando. Samantha Power, administradora de USAID, la Agencia de Estados Unidos para el Desarrollo Internacional, contó a José cómo los productores de manzanas moldavos estaban teniendo problemas para vender su cosecha, pues Rusia había sido hasta entonces su principal comprador. WCK compró veinte toneladas de manzanas para distribuirlas en Ucrania, apoyando así a aquella industria amenazada por la guerra y alimentando a personas necesitadas en el proceso.

Pero en Ucrania no solo aplicamos decisiones logísticas: también nos reafirmamos en los valores de WCK, los que conforman el esquema de este libro. Era la mayor operación de nuestra historia en términos de número de comidas, gastos, voluntarios, superficie cubierta y casi cualquier otra medida imaginable, y vimos de todo.

Nada habría sido posible sin la implicación y trabajo constante de nuestros socios, tanto los que permanecieron en Ucrania para apoyar a las familias que se quedaron a pesar de las circunstancias como los de los países vecinos, que alimentaron y ayudaron a las familias que huyeron. WCK sigue siendo una organización pequeña en comparación con gigantes como USAID o el Programa Mundial de Alimentos de la ONU. La única manera de llevar a cabo nuestros proyectos y emprender una operación como la de Ucrania es sobre el terreno, con nuestros miles de cocineros, panaderos, conductores, expertos en logística y padres de familia, los «food fighters» que, a pesar de la situación, se aseguran de que sus vecinos reciben alimentos, consuelo y, a veces, un momento de alegría.

PASKA

Pan de Pascua ucraniano

La Pascua es una de las fiestas más importantes de Ucrania: en ucraniano recibe el nombre Великдень (Velykden), que se traduce como «Gran Día». Nuestra labor en el país, que comenzó durante la invasión rusa de 2022, llegó a comunidades de toda Ucrania y de siete países que acogían a refugiados, en su mayoría mujeres y niños (véase Repartir alegría en un mundo cruel, pág. 270). Durante la Pascua ortodoxa, nuestros restaurantes asociados prepararon miles de estos panes tradicionales para distribuirlos entre las familias que la celebran. Lo más habitual es hornearlos en latas cilíndricas altas (las de jitomate de 790 g funcionan perfectamente), aunque muchas familias también hornean estos panes redondos sin molde. La belleza de los pasky reside en su decoración primaveral: trenzas doradas, pájaros o el tridente ucraniano están entre los adornos más habituales, al igual que un dulce glaseado blanco. Esta es la receta de quien era entonces nuestra directora en Ucrania, Yuliya Stefanyuk. Ella la aprendió de su abuela quien, a su vez, la aprendió de su abuela. Sirve los panes solos o con mantequilla y mermelada.

PARA 2 PANES REDONDOS MEDIANOS O 3 PANES CILÍNDRICOS ALTOS

PARA EL PAN

1¼ tazas (285 g) de **leche**
1 taza (200 g) más 1 c. c. de **azúcar granulada**
2 c. s. de **levadura seca activa**
4½ tazas (540 g) más 2 c. s. de **harina común** tamizada, y un poco más para amasar y dar forma
3 **yemas de huevo** grandes
16 c. s. (225 g) de **mantequilla sin sal** a temperatura ambiente
1 c. s. de **sal kosher**
aceite para engrasar el molde
¾ de taza (110 g) de **pasas**
¾ de taza (110 g) de **fruta confitada variada** picada
para el huevo batido: 1 **yema de huevo** batida

PARA EL GLASEADO (OPCIONAL)

2 tazas de **azúcar glass**
1 c. c. de **extracto de vainilla**
2 c. s. de **leche entera**
1 c. c. de **ralladura de limón** (opcional)
colorante alimentario (opcional)

1. PARA EL PAN: calienta 1 taza (225 g) de leche en un cazo pequeño o en el microondas hasta que esté tibia, a unos 40 °C. Disuelve 1 cucharadita de azúcar en la leche, espolvorea la levadura por encima y añade 1 taza (120 g) de harina. Cúbrelo con un paño de cocina y déjalo reposar en un lugar cálido hasta que doble su tamaño, de 20 a 30 minutos; el tiempo dependerá del calor que haga en tu cocina.

2. Bate las yemas de huevo con la taza (200 g) de azúcar restante de 3 a 5 minutos en una batidora amasadora equipada con las varillas (o un *bowl* grande y unas varillas) hasta obtener una crema de color claro. Añade la mantequilla y mezcla unos 2 minutos hasta que se integre. Agrega el cuarto de taza (60 g) de leche restante y bate 3 minutos más, hasta que la mezcla esté fina y ligera.

3. Equipa la batidora con el gancho (o usa una espátula de silicona) e incorpora tres tazas y media (420 g) de harina, la sal, la mezcla de huevo y la mezcla de levadura. Remueve para que los ingredientes se mezclen. Obtendrás una masa húmeda y pegajosa. Amasa en la batidora amasadora (o pasa la masa a una tabla ligeramente enharinada y usa las manos). A medida que amases, la harina absorberá la humedad. Si la masa se sigue pegando a las manos, añade más harina, 1 o 2 cucharadas cada vez; la masa estará lista cuando ya no se pegue a la batidora ni a las manos, unos 10 minutos en la batidora (y algo más de tiempo si se trabaja a mano).

4. Forma una bola con la masa y colócala en un molde grande untado con aceite. Cúbrelo con plástico adherente o un paño de cocina húmedo y colócalo en un lugar cálido de una a una hora y media hasta que doble su tamaño.

(la receta continúa)

5. Mientras la masa sube, combina las pasas y la fruta confitada en un *bowl* y cúbrelas con agua tibia. Deja que se hidraten 20 minutos. Escúrrelas y deja que se sequen sobre un paño, espolvoréalas con las 2 cucharadas de harina restantes y resérvalas.

6. Aprovecha este tiempo para decidir cómo quieres que sean tus panes: puedes hacer 2 panes redondos medianos o 3 panes altos, y decorarlos o no. Si optas por los panes redondos, forra una charola con papel encerado. Si usas latas de 790 g (puedes usar una lata de jitomate vacía y limpia), corta tres tiras de papel encerado de unos 20 cm de ancho y unos 38 cm de largo. Úsalos para forrar la lata. Engrasa bien el papel de la base de la lata para que el pan no se pegue.

7. Cuando la masa haya subido, divídela en 2 o 3 trozos iguales según la forma que vayas a darle. Si vas a hacer panes redondos, aplana la masa y forma 2 discos. Esparce la fruta por cada disco y apriétala contra la masa. Vuelve a darle forma de bola. Si usas latas, incorpora la fruta a las 3 bolas de masa e introdúcelas en las latas preparadas. Cubre los panes y deja que fermenten 30 minutos. Elijas la forma que elijas, puedes reservar un poco de masa para hacer trenzas y otros diseños decorativos que colocar sobre los panes.

8. Calienta el horno a 95 °C.

9. Tras la segunda fermentación, pinta la masa con la clara de huevo, asegurándote de que cubres toda la superficie. Hornea los panes 10 minutos, sube la temperatura a 175 °C y prosigue la cocción de 45 a 50 minutos más, hasta que el pan se dore y esté hecho (el comprobador de cocción saldrá limpio al pincharlo). Procura no abrir el horno durante los primeros 45 minutos.

10. Saca los panes del horno y déjalos reposar 10 minutos; después, desmóldalos con cuidado y colócalos sobre una rejilla para que se terminen de enfriar.

11. Para el glaseado (si lo preparas): combina el azúcar glass, la vainilla, la leche y la ralladura de limón (si la usas) en un *bowl* pequeño. Para un toque festivo, añade colorante alimentario. Cuando los panes se hayan enfriado por completo, rocíalos con el glaseado de manera uniforme; se endurecerá pasados unos 20 minutos.

KREMAS Y COQUITO

Tanto el coquito puertorriqueño como el kremas haitiano son bebidas cremosas, normalmente con ron. En Puerto Rico, el coquito no puede faltar durante las seis semanas que dura la Navidad; intercambiar botellas de esta bebida con amigos y familiares es una tradición que hace que, a menudo, acabes con media docena de versiones en el refrigerador. El kremas, por su parte, también se reparte en bodas y celebraciones, así como en Navidad. La principal diferencia está en el ron que se usa: los coquitos suelen llevar ron blanco infusionado con especias, mientras que los haitianos prefieren usar ron agrícola, que se elabora con caña de azúcar en lugar de melaza, o clairin, más rústico, hecho en alambiques rurales. A diferencia del coquito, el kremas no siempre lleva leche de coco. Ambas son bebidas contundentes y dulces. Consérvalas en frío, sírvelas en pequeñas cantidades y recuerda tener siempre botellas de sobra para regalar. ¡Por cierto! También están deliciosos sin alcohol, para que las disfruten los niños y quienes no beben.

Kremas

PARA UNAS 6 TAZAS (PARA 10-12 PERSONAS)

1 lata (425 g) de **crema de coco azucarada**
1 taza de **ron haitiano**, como Rhum Barbancourt Four Years
1 lata (350 g) de **leche evaporada**
1 c. c. de **extracto de vainilla**
1 c. c. de **canela molida**
1 c. c. de **nuez moscada molida**
la ralladura de 1 **lima**
½ taza de **azúcar**, o al gusto (opcional)
1 lata (400 g) de **leche condensada azucarada**

1. Mezcla la crema de coco y el ron en un tarro grande con una capacidad de, al menos, 1.5 l. Cierra el tarro y resérvalo a temperatura ambiente 2 horas como mínimo, o hasta toda la noche.

2. Combina la leche evaporada, la vainilla, la canela, la nuez moscada y la ralladura de lima en una cacerola mediana e infusiónalas a fuego lento 30 minutos, removiendo de vez en cuando; se evaporará y espesará un poco. Pasados 30 minutos, y para que tu kremas esté más dulce, incorpora hasta media taza de azúcar a la leche caliente.

3. Combina la mezcla de ron y coco, la leche evaporada con especias y la leche condensada azucarada en un *bowl* grande. Cuélalo y ponlo todo en el tarro grande. También lo puedes repartir en tarros más pequeños para regalar, una muy buena idea si tienes visitas a menudo. Reserva en el refrigerador al menos toda la noche para que los sabores se asienten y sirve fríos. Se conservará bien en el refrigerador un año o más (¡si puedes esperar tanto!).

Coquito

PARA UNAS 7 TAZAS (PARA 12-14 PERSONAS)

1 taza de **ron blanco puertorriqueño**, como Don Q Cristal
2 **estrellas de anís enteras**
2 **ramitas de canela**
1 c. c. de **clavos enteros**
1 c. c. de **semillas de anís**
1 lata (425 g) de **crema de coco azucarada**, como Coco López
200 g de **leche condensada azucarada** (media lata de 400 g)
1 lata (350 g) de **leche evaporada**
1 lata (400 g) de **leche de coco**
Nuez moscada recién rallada (opcional), para decorar

1. Combina el ron, el anís estrella, la canela, el clavo y las semillas de anís en un tarro de cristal pequeño y déjalo reposar de 3 a 4 horas para que se infusione.

2. Bate en una batidora a velocidad alta la crema de coco, la leche condensada azucarada, la leche evaporada y la leche de coco durante 1 minuto. Cuela el ron infusionado e incorpóralo a la batidora (desecha las especias). Bate 2 minutos más. Cuela el coquito y pásalo a un tarro grande (al menos 2 l) o repártelo en varios tarros pequeños para regalar. Se conservará bien en el refrigerador durante meses, aunque es probable que lo regales todo antes.

3. Lo puedes servir adornado con un poco de nuez moscada recién rallada.

VARIANTES: en Puerto Rico hay tantas variantes de coquito como familias. Si mencionáramos todas las opciones posibles, nos quedaríamos sin espacio para nada más. Estas tres son de nuestras favoritas:

- El pescador Alex Maldonado, que recibió la ayuda de la Red de Productores de Alimentos de WCK, y su mujer, Rosaly, preparan un **COQUITO CON CAFÉ** infusionando las especias con posos de café en una cafetera italiana.
- Para una **INFUSIÓN RICA EN ESPECIAS**, hierve durante 30 minutos canela entera, clavo, anís estrella y semillas de anís en 4 tazas de agua, sin tapar. Deja que se enfríe y después añádesela al resto de los ingredientes.
- Algunas familias preparan leche de coco casera en lugar de utilizar la de la marca Coco López. Así pueden ajustar a su gusto el dulzor de su coquito.

coquito
kremas

RON SOUR

Por todos es bien sabido que algunas de las conversaciones más productivas en una operación WCK son aquellas que se producen después de un largo día de trabajo, delante de un plato de comida o mientras se disfruta de una copa. Así fue en los primeros días tras el huracán María, cuando José y el equipo de Chefs For Puerto Rico pasaban el día cocinando y las noches buscando formas de que su ayuda llegara a más gente (José te cuenta una historia sobre este coctel en la página siguiente). Esta es una receta de Michael Norat, antiguo mesero del restaurante Santaella (dirigido por José Santaella, uno de los miembros originales de Chefs For Puerto Rico). A José le gustaban tanto los ron sour de Michael que se los pedía dondequiera que estuvieran. Si Michael estaba disponible, le traía el jarabe infusionado con albahaca, el ingrediente estrella de su compleja versión fresca del coctel clásico. El ron Don Q Cristal, un ron blanco puertorriqueño de bajo costo, es perfecto para esta receta. No hace falta recurrir a nada más sofisticado.

PARA 1 COCTEL

hielo
60 ml de **ron blanco puertorriqueño**, como Don Q Cristal
30 ml de **jugo de lima fresco**
30 ml de **jarabe de albahaca** (véase abajo)
jugo de piña, para terminar
cerveza de jengibre, para terminar
rodaja de lima, para decorar

Vierte el ron, el jugo de lima y el jarabe de albahaca en una coctelera con hielo y agítala bien de 30 a 40 segundos. Cuélalo sobre un vaso Collins con hielo, añade un chorrito de jugo de piña y otro de cerveza de jengibre. Decora el vaso con la lima y sírvelo.

Jarabe de albahaca

PARA UN POCO MÁS DE ½ TAZA

½ taza de **azúcar**
½ taza de **agua**
½ taza de **hojas de albahaca fresca** (aprox. 30 g)

1. Combina el azúcar y el agua en un cazo pequeño y llévalo a ebullición a fuego medio-alto. Remueve hasta que el azúcar se disuelva y retíralo del fuego. Añade la albahaca, cubre el cazo y deja que infusione 30 minutos.

2. Cuela las hojas. Refrigéralo antes de usarlo en un coctel. Se conservará hasta 2 semanas en un recipiente hermético en el refrigerador.

TERMINA EN EL PRINCIPIO... CON UN RON SOUR

José Andrés

A veces el día empieza cuando te despiertas, te tomas un café, quizás también un jugo de naranja recién exprimido, lees las noticias y piensas en lo que te deparará el día.

Otras empieza al final, después de haber hecho todo lo que creías posible hacer en un día; después de haber repartido comida a miles de personas, conocido a otros cientos y visitado una docena de ciudades. En ese momento estás tan cansado que te sientes incapaz de pensar... tu cerebro está, como tu teléfono, al 2 por ciento.

Pero entonces ocurre algo milagroso: te sirven un ron sour.

Tu cuerpo dice sí y tu cerebro también, y todo se vuelve a poner en marcha a la vez. En ese momento, a altas horas de la noche, miras a tu alrededor en el bar del hotel y ves que todos los demás también intentan hacer el mismo trabajo difícil en una zona catastrófica. Y todos están allí, bebiéndose también un ron sour. Y ahí te das cuenta: estamos juntos en esto. Entablas conversaciones, estableces contactos y, de repente, entiendes qué debes hacer al día siguiente, descubres un nuevo camino para hacer el mejor trabajo posible y llevar el mayor número de comidas al mayor número de comunidades.

El ron sour es, para mí, el sabor del Caribe. Lo probé cuando fui a Haití por primera vez, antes incluso de que World Central Kitchen tuviera nombre. Allí, están deliciosos y son muy sencillos: llevan ron (agrícola, el que se hace con caña de azúcar en lugar de melaza), lima y azúcar. Eso es todo. Más adelante, en Puerto Rico, probé la versión espumosa con claras de huevo, y la increíble versión moderna del restaurante Santaella de San Juan, con un estupendo jarabe de albahaca.

En el Caribe, beber ron sour es apoyar la agricultura local. Encontrar ron de calidad es facilísimo, ya sean el Barbancourt o los clairins de Haití o el Bacardí, Don Q o Barrilito de Puerto Rico. Y es que, ¿quién cultiva la caña de azúcar? ¡Un agricultor! ¿Y las limas? ¡Un agricultor! Es de sentido común.

Permíteme que te cuente la historia del primer ron sour que me tomé en Puerto Rico tras el paso del huracán María. Cuando llegué a la isla, apenas un par de días tras el paso de la tormenta, la mayor parte de la isla seguía sin electricidad. Era una locura. Mientras conducíamos por San Juan vimos árboles a la mitad de la autopista y tuvimos que sortear lámparas y tendidos eléctricos caídos. Los teléfonos no funcionaban, aunque encontramos un lugar en la autopista donde se podía conseguir cobertura (lo descubrimos porque había probablemente un centenar de personas allí arremolinadas, haciendo saber a sus familiares que estaban bien). No había policía, ni militares, ni ningún organismo oficial; solo destrucción hasta donde alcanzaba la vista.

Al final del día, visité a mi amigo José Enrique, que dirige uno de los mejores restaurantes de Puerto Rico. Desde el paso del huracán, utilizaba su hermoso restaurante pintado de un intenso color rosa para dar de comer a los vecinos de Santurce. Sentía que necesitaba sentarme a pensar y reunirme con amigos y chefs de la isla para entender qué debíamos hacer. Mientras el sol caía, nos dirigimos a su restaurante. Cuando llegamos, utilizamos las linternas de nuestros iPhone a punto de quedarse sin batería para preparar unos ron sour con los últimos cubitos de la máquina de hielo. Nos sentamos en el bar envueltos en una oscuridad casi completa para disfrutar de las que quizás eran las últimas bebidas frías de la isla.

Fue un momento de transformación. Para mí, para WCK y tal vez incluso para el futuro de la isla. Bebiendo esos ron sour nos dimos cuenta de lo que teníamos que hacer...

Nos teníamos que poner a cocinar.

COMPONENTES BÁSICOS

ACOMPAÑAMIENTOS, SALSAS Y BASES

Anpil ti patat fè chaj.
(Muchas papas pequeñas hacen el kilo).

REFRÁN HAITIANO

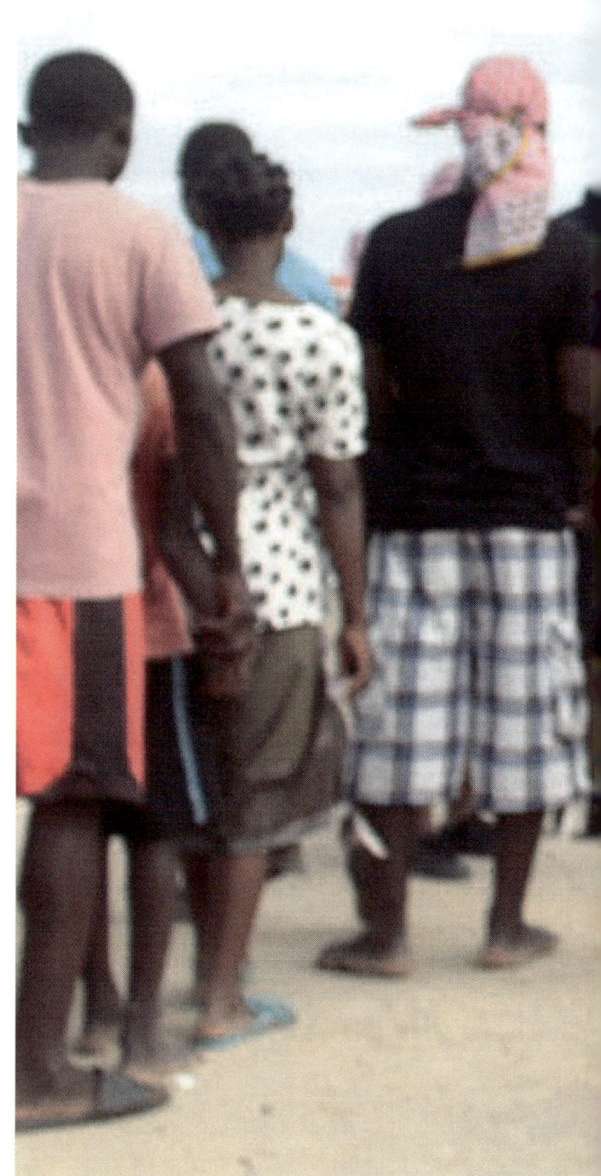

LAS RECETAS QUE ENCONTRARÁS AQUÍ SE UTILIZAN A LO LARGO DE TODO EL LIBRO PARA SENTAR LAS BASES DE LOS PLATILLOS O COMPLEMENTAR OTROS. Dos de ellas, el Épis haitiano (pág. 290) y el Sofrito puertorriqueño (pág. 294), actúan como «salsas madre» para muchos platillos de las gastronomías de sus respectivas islas. Duplicar o triplicar la cantidad de la receta para reservarla puede ser una buena idea si tienes pensado preparar muchas de las recetas de este libro. Las salsas picantes que presentamos proceden de varios rincones del mundo, pero quiénes somos nosotros para decir que el Pique (pág. 293) puertorriqueño no se puede añadir al Curri massaman de cordero (pág. 182), o que el Sambal (pág. 289) indonesio no es un complemento perfecto para el Guiso de cerdo al pastor (pág. 60). Eres libre de hacer lo que quieras. Por último, algunos de estos platillos, como los Frijoles refritos (pág. 296), el Pikliz (pág. 290) y el Bannann peze (pág. 288), se pueden disfrutar por sí solos, aunque también son el acompañamiento perfecto de otros platillos del libro.

NOVUS
NOVUS
World Central Kitchen 
World Central Kitchen

BANNANN PEZE

Esta receta de nombre kreyòl, bannann peze (del francés *bananes pesées*, o «plátanos pesados»), es la versión haitiana de un clásico del Caribe, los plátanos macho fritos dos veces. Quizás los conozcas por otro nombre, como tostones o patacones; independientemente de su denominación, son una absoluta delicia. Son muy fáciles de hacer: basta con freír rodajas gruesas de plátAno macho verde en aceite caliente, aplastarlas para que tengan más superficie y freírlas otra vez hasta que se doren y estén deliciosas. Uno de los secretos de los bannann peze haitianos reside en una rápida inmersión en agua con sal entre las dos frituras: la sal no solo da sabor al plátano macho, sino que también extrae la humedad, lo que lo hace más crujiente. A la chef haitiana Mi-Sol Chevallier le gusta darles forma de pequeñas tazas (si no tienes una prensa, un exprimidor de cítricos puede ser una buena opción). Esta forma las hace perfectas como entremeses; rellénalas de un poco de Griot (pág. 52) y Pikliz (pág. 290).

PARA 4 PERSONAS

2 **plátanos macho verdes**
sal kosher
aceite neutro, como el de canola, para freír

1. Pela los plátanos macho (véase Nota) y córtalos transversalmente en rodajas de 2.5 cm.

2. Prepara un baño de agua salada disolviendo 1 cucharada de sal kosher en 2 tazas de agua en un *bowl* pequeño. Forra un plato con varias capas de servitoallas.

3. Calienta a fuego medio 1 cm de aceite en una sartén grande o una sartén de hierro fundido hasta que alcance unos 190 °C.

4. Añade las rodajas de plátano al aceite caliente, trabajando por tandas si no caben todas en la sartén, y fríelas de 3 a 5 minutos por cada lado hasta que se doren ligeramente; usa unas pinzas o una cuchara de madera para darles la vuelta y que la cocción sea uniforme. Retira de la sartén y coloca las rodajas en servitoallas. Repite con el resto de plátano macho, si fuera necesario. Antes de manipularlas, deja que se enfríen unos minutos. Puedes dejar el aceite en el fuego mientras realizas el siguiente paso.

5. Con una tabla de cortar y una espátula o vaso, o con una prensa o tostonera (conocida como *pez bannann* en Haití), aplasta las rodajas con cuidado hasta que tengan un grosor de 6 mm. Sumérgelas en el agua salada durante uno o dos segundos, sacúdelas para eliminar el exceso de agua y, con mucho cuidado, vuelve a colocarlas en el aceite caliente.

6. Fríelas 2 o 3 minutos más hasta que se doren bien y vuelve a colocarlas sobre la servitoalla. El baño en agua salada habrá hecho que el plátano macho ya esté lo suficientemente salado, pero puedes espolvorearlo con un poco más de sal si quieres. Sírvelo caliente.

***Cómo* pelar un plátano macho: retira aproximadamente 2.5 cm de cada extremo del plátano macho y, a continuación, haz un corte a lo largo de toda la fruta, siguiendo una de las crestas naturales de la piel y con cuidado de no cortar la propia fruta. Haz otros 2 cortes longitudinales. Con la ayuda del cuchillo, separa con cuidado la cáscara del plátano, tirando de ella para retirarla. Si este paso te resulta difícil, deja los plátanos 5 minutos remojando en agua caliente y vuelve a intentarlo; así debería ser más fácil.**

SAMBAL

El sambal es un condimento indonesio básico que se sirve con casi todas las comidas. Siempre que trabajamos en el país, una parte de nuestras operaciones se dedica en exclusiva a suplir la demanda. En nuestra primera respuesta de emergencia en el país, en 2018, un estricto maestro enseñó al chef de WCK Alejandro «Ale» Pérez a prepararlo. Lo hacía tan bien que la mayoría de los comensales pensaba que era obra de un cocinero local. (Lo cierto es que, antes de visitar Indonesia, Ale, que se unió al equipo de WCK en Puerto Rico en 2017, solo había salido de la isla una vez en su vida). Esta receta se puede servir cruda o cocida: el sambal *masak* (cocido), picante y caliente, es más común en Indonesia occidental, mientras que el sambal *mentah* (crudo), de sabor más intenso, se come más en el este. Lo tradicional es majar los ingredientes en un mortero (*cobek*) con una mano de mortero (*ulekan*), pero también se puede utilizar un procesador de alimentos para que todo vaya más rápido. Sírvelo con Rendang de ternera (pág. 51), Sayur gori (pág. 204) o cualquier otra cosa a la que le vaya bien un delicioso toque de especias.

PARA UNAS 2 TAZAS

10-12 **chiles de Lombok** picados gruesos, según lo que te guste el picante (véase Nota)
2 manojos de **cebollas cambray** picadas gruesas
5 **jitomates saladet** pequeños picados gruesos
4 **chalotas** medianas picadas gruesas
4 **dientes de ajo** picados gruesos
un trozo de 5 cm de **jengibre fresco** pelado picado grueso
1 c. s. de **pasta de camarones**
2 c. s. de **azúcar de palma** o **azúcar morena**
el jugo de 4 **limas** medianas
2 c. s. de **aceite neutro** (para el sambal masak)

1. Para el sambal mentah (crudo): tritura los chiles, la cebolleta, el jitomate, la chalota, el ajo, el jengibre, la pasta de camarones, el azúcar y el jugo de lima en un procesador de alimentos hasta obtener una pasta espesa y uniforme. Resérvalo en un recipiente hermético en el refrigerador hasta el momento de servir. El sambal mentah se conservará hasta 1 semana en el refrigerador o hasta 3 meses en el congelador.

2. Para el sambal masak (cocido): tritura los mismos ingredientes anteriores excepto el jugo de lima en un procesador de alimentos hasta obtener una pasta espesa y uniforme. Calienta el aceite a fuego medio en una sartén pequeña. Fríe la pasta de 6 a 8 minutos, removiendo con frecuencia, hasta que se oscurezca y esté casi seca. Añade el jugo de lima y prosigue la cocción 3 o 4 minutos más hasta que esté casi seco. El sambal masak se conservará un par de semanas en el refrigerador o hasta 3 meses en el congelador.

Nota: **si quieres que tu sambal esté más picante, combina chiles tailandeses ojo de pájaro y pimientas cayenas. Si lo prefieres menos picante, usa chiles serranos rojos.**

PIKLIZ

En Haití, cada casa tiene su propia receta de pikliz, un condimento de repollo encurtido muy popular cuyos elementos básicos son la col y la zanahoria, los chiles picantes (normalmente Scotch bonnet) y algo de ácido: lo más habitual en la isla es la naranja agria, mientras que fuera de ella se usan vinagre o lima. El tiempo de encurtido del pikliz se puede prolongar durante horas, días o semanas en función del sabor y la textura que se desee: un encurtido breve produce una col más crujiente y un pikliz de sabor más fresco, mientras que uno más largo introducirá deliciosos sabores fermentados. Lo hagas como lo hagas, la acidez del pikliz es el complemento perfecto para platillos grasos y contundentes, por lo que suele ir de la mano del Griot (pág. 52) y el Bannann peze (pág. 288).

PARA UNAS 2 TAZAS

¼ de **col morada** grande cortada en rodajas finas
2 **zanahorias** pequeñas ralladas
1 **pimiento amarillo** cortado en rodajas finas
½ **cebolla morada** pequeña cortada en rodajas finas
½ **chile Scotch bonnet** cortado en tercios con las semillas
½ taza de **vinagre blanco destilado**
3 c. s. de **aceite de oliva extra virgen**
5 **ramitas de tomillo fresco**, solo las hojas
el jugo de ½ **lima**
2 c. s. de **azúcar**
2 c. c. de **sal kosher**
¼ c. c. de **pimienta negra recién molida**

Coloca la col, las zanahorias, el pimiento, la cebolla y el Scotch bonnet en un *bowl* mediano. Combina el vinagre, el aceite de oliva, las hojas de tomillo, el jugo de lima, el azúcar, la sal y la pimienta en un *bowl* pequeño, viértelo sobre las verduras y mézclalo bien. Déjalo reposar 15 minutos como mínimo antes de servirlo, aunque estará aún mejor cuando hayan transcurrido 24 horas. Se conservará un par de semanas en un recipiente hermético en el refrigerador.

ÉPIS

El épis, especia en kreyòl, es la base sobre la que se construyen la mayoría de los platillos haitianos. Esta receta tiene infinidad de variantes, pero casi todas llevan alguna variedad de allium (ajos, cebollas, cebollas cambray, etc.). mezclada con aceite. Nuestra versión es sencilla: solo lleva cebolla cambray, ajo y aceite de oliva. Otras recetas de épis incluyen pimientos y chiles, hierbas frescas y secas (como perejil y tomillo), especias calientes (como clavo), vinagre, agua o caldo. Lo cierto es que puedes hacerlo tan sencillo o complejo como quieras. Con nuestra receta obtendrás un condimento de un verde neón intenso que dota a los platillos de un profundo sabor indudablemente haitiano.

PARA APROXIMADAMENTE 1 TAZA

1 manojo de **cebollas cambray** picadas gruesas
1 cabeza de **ajos** (de 8 a 10 dientes) con los dientes separados y pelada
¼ a ½ taza de **aceite de oliva extra virgen**, según sea necesario

Combina en una licuadora las cebollas cambray, el ajo y la cantidad suficiente de aceite de oliva para que las cuchillas se muevan. Tritura hasta obtener una pasta fina, suelta y de un intenso color verde. Úsalo de inmediato o resérvalo. Se conservará hasta 4 días en un tarro de cristal u otro recipiente hermético en el refrigerador, o hasta 3 meses en el congelador.

HAB-OIL

PIQUE

PIQUE

Esta es la receta de La Placita 21, organización puertorriqueña beneficiaria de las ayudas de la Red de Productores de Alimentos de WCK. Vinculados con la Fundación Puertorriqueña Síndrome de Down, dan formación en horticultura y producción de alimentos a adultos con discapacidad. La filosofía de su aprendizaje, como dice la coordinadora Mayra González Becerra, es *aprendo haciendo*: «Cada una de las personas en este programa trabaja tanto en la horticultura como en la elaboración de productos. Ellos contribuyen a la sociedad y la sociedad debe reconocer que son personas productivas y creativas». Placita 21 produce principalmente sofrito, alcoholado (una mezcla de alcohol con mentol y eucalipto que se usa como remedio casero para la fiebre y el dolor) y pique, el famoso vinagre picante de la isla. Empieza ya a preparar una botella: en dos semanas tendrás el acompañamiento perfecto para el Sancocho (pág. 181), el Arroz con pollo (pág. 147) o cualquier otra cosa que se te ocurra. Lo tradicional es usar chiles caballeros, diminutos y picantes, pero los puedes sustituir por chiles tailandeses ojo de pájaro si no los encuentras.

PARA 1½ TAZAS

1 taza (aprox. 115 g) de **chiles caballeros** o **chiles tailandeses ojo de pájaro**
2 **hojas de cilantro cimarrón** o 2 ramitas de **cilantro** picadas
2 **dientes de ajo** pelados
1 **hoja de laurel**
½ c. c. de **semillas de cilantro**
½ c. c. de **pimienta negra en grano**
1½ tazas de **vinagre de vino blanco destilado** (o una combinación de **vinagre blanco destilado** y **vinagre de sidra de manzana**)

Lava los chiles y el cilantro y sécalos bien; que no quede humedad residual. Esteriliza un tarro con una capacidad de unos 570 g o varios tarros más pequeños. Añade los chiles, el cilantro, el ajo, la hoja de laurel (si usas más de un tarro, divídela), las semillas de cilantro y los granos de pimienta. Llénalo(s) de vinagre y tápalo(s) bien. Deja reposar el pique en un lugar oscuro durante al menos 2 semanas antes de servirlo; cuanto más tiempo repose, más picante estará. Se conservará varios meses. Riega cualquier plato que quieras con este vinagre picante, sin añadir los sólidos.

ADOBO BORICUA

La mayoría de los adobos son marinados húmedos, como sucede en el famoso platillo filipino. Sin embargo, los puertorriqueños usan adobo seco, una versátil mezcla de especias que se cuela en platillos de carne, arroces y guisados (y nuestra Sierra en escabeche, pág. 70). En el mercado encontrarás adobos preparados que darán a tus platos cierto sabor puertorriqueño, pero esta receta del chef Alejandro Pérez de WCK le da un «no sé qué» especial. El adjetivo *boricua*, que describe a las personas, comida o música de Puerto Rico, procede de la palabra *borinquen* (o *borikén*), el nombre de la isla cuando la habitaban los indígenas taínos, antes de la colonización española.

PARA 1¼ TAZAS

¼ de taza de **cebolla en polvo**
¼ de taza de **ajo en polvo**
2½ c. s. de **sal marina fina**
2 c. s. de **orégano seco**
1½ c. s. de **cilantro molido**
1 c. s. de **achiote en polvo**
1 c. s. de **cilantro cimarrón seco** (o una mezcla a cantidades iguales de **cilantro** y **perejil secos**)
1 c. s. de **pimienta negra recién molida**
1 c. s. de **comino molido**
1 c. s. de **paprika ahumada**
½ c. s. de **paprika dulce**
½ c. s. de **cilantro seco**

Combina la cebolla en polvo, el ajo en polvo, la sal, el orégano, el cilantro, el achiote, el cilantro cimarrón, la pimienta negra, el comino, la paprika ahumada, la paprika dulce y el cilantro en un tarro. Ciérralo y agítalo para que se mezcle. Se conservará hasta 3 meses en un lugar fresco y seco.

SOFRITO

Como sucede con el adobo, la palabra sofrito significa cosas distintas en diferentes partes del mundo hispanohablante (véase Adobo boricua a la izquierda). Los ingredientes clave del sofrito puertorriqueño, base de muchos de los platillos de la isla como el Arroz con pollo a la Manolo (pág. 147), son el chile dulce y el cilantro cimarrón. Los chiles dulces, con sus pequeñas vainas brillantes, son una versión más suave de los habaneros. El cilantro cimarrón, que en Puerto Rico se conoce como *recao*, es una hierba verde oscura, robusta y terrosa de la familia del cilantro. Como ambos ingredientes pueden ser difíciles de encontrar si no tienes un mercado latino cerca, no temas sustituir el chile dulce por pimiento morrón rojo y el cilantro cimarrón por cilantro; el sofrito sabrá un poco diferente, pero las capas de sabor seguirán teniendo el gusto boricua que buscamos.

PARA UNAS 2½ TAZAS

1 **cebolla amarilla** grande picada gruesa
10 **dientes de ajo** picados gruesos
15 **chiles dulces** o 1 **pimiento morrón rojo** grande picados gruesos
3 **pimientos cubanelle** picados gruesos
1 manojo de **cilantro cimarrón** y/o **cilantro** picado grueso

Tritura la cebolla, el ajo, los pimientos y el cilantro cimarrón en un procesador de alimentos hasta obtener un puré suelto y fino. Se conservará hasta 1 semana en el refrigerador en un recipiente hermético, o hasta 3 meses en el congelador en pequeñas porciones.

FRIJOLES REFRITOS

No te será difícil encontrar frijoles refritos en lata en una tienda de comestibles, pero los caseros saben mucho mejor. Y se pueden adaptar a tus gustos. Por ejemplo, puedes elegir qué grasa añadir: lo más común es la manteca de cerdo, aunque un aceite vegetal es una buena opción para que el platillo sea vegetariano; también se puede usar grasa de tocino o aceite de oliva. El comino es opcional, aunque se suele usar en México y Honduras. Pero la decisión más importante es, por supuesto, el tipo de frijol: si vas a preparar un platillo del norte de México como los Chilaquiles (pág. 130), opta por frijoles pintos. Si estás cocinando un platillo hondureño como las Baleadas sencillas (pág. 99), usa frijoles rojos. Y, en Guatemala, se prefieren los frijoles negros. Si no tienes licuadora o quieres hacer los frijoles de forma más tradicional, usa una machacadora o un pasapurés. Aunque su nombre pueda llevar a equívocos, los frijoles refritos no se fríen dos veces, sino que, aquí, el uso del prefijo «re» significa «muy bien»; es decir, que estos frijoles se cuecen muy bien, hasta que su textura es espesa y aterciopelada.

PARA UNAS 4 TAZAS

- 450 g de **frijoles pintos**, **frijoles negros** o **frijoles rojos secos** remojados 3 horas y escurridas (véase Nota)
- 1 **cebolla amarilla** mediana pelada y cortada por la mitad
- 2 **cebollas cambray** picadas
- 2 c. c. de **sal kosher**, y un poco más al gusto
- 1 c. c. de **comino molido** (opcional)
- ½ taza de **aceite vegetal**, **manteca de cerdo**, **grasa de tocino** o **aceite de oliva extra virgen**
- 1 **cebolla amarilla** pequeña cortada en cubos
- 1 **diente de ajo** picado fino

1. Combina los frijoles remojados y escurridos, las mitades de cebolla, las cebollas cambray, la sal y 8 tazas de agua en una cazuela de hierro fundido o una olla grande. Cuece a fuego lento una hora y media, removiendo de vez en cuando, hasta que estén tiernas. El tiempo de cocción dependerá de lo frescos que estén los frijoles. Vigila el nivel del agua y añade más según sea necesario para que los frijoles del fondo no se quemen. (Si lo prefieres, usa una olla exprés eléctrica: cuece los frijoles remojados, la cebolla, las cebollas cambray, la sal y 8 tazas de agua durante 45 minutos y libera la presión de la olla rápidamente).

2. Escurre los frijoles, reservando el líquido de cocción, y deja que se enfríen de 15 a 20 minutos.

3. Pásalas a una licuadora junto con media a 1 taza del líquido de cocción reservado, el suficiente para que la licuadora funcione y los frijoles queden cremosos. Añade el comino, si lo usas, y tritura hasta que quede fino.

4. Calienta un cuarto de taza de aceite a fuego medio en una cazuela de hierro fundido u olla grande hasta que brille. Rehoga la cebolla cortada en cubos de 5 a 7 minutos, removiendo con frecuencia, hasta que esté translúcida. Añade el ajo y prosigue la cocción unos 3 minutos más, hasta que desprenda su aroma. Agrega el cuarto de taza de aceite restante y el puré de frijoles y remueve para que se mezclen. Baja el fogón y cocina a fuego lento de 20 a 30 minutos, removiendo con frecuencia, hasta que la mezcla espese (los frijoles pueden quedar tan sueltos o espesos como quieras). Pruébalos y rectifica de sal si fuera necesario.

Nota: **esta receta también se puede hacer con cuatro latas de 425 g, escurridas. En ese caso, omite el paso en el que los frijoles se cuecen con la cebolla y las cebollas cambray; se pierde algo de sabor, pero se ahorra tiempo. Continúa preparando el puré de frijoles tal y como se describe y añade unas cucharadas de agua para conseguir la textura adecuada. El resto de la receta es igual.**

AGRADECIMIENTOS

La primera persona a la que quiero dar las gracias es a ti. Sí, a *ti*, si es que sigues aquí llegados a este punto. Gracias por dejarnos compartir estas historias contigo, gracias por preparar estos platillos a tu familia y comunidad, gracias por unirte a nosotros y al mundo de World Central Kitchen. Ya eres uno de los nuestros. Te lo dije al principio y, ahora que has llegado al final, ¡espero que me creas! En un futuro no muy lejano te veré cocinando para tu comunidad, abrazando y compartiendo el espíritu de World Central Kitchen, y te podré dar las gracias en persona. Pero hasta que llegue ese día, no lo olvides: en donde haya una pelea para que los hambrientos puedan comer, *allí estaremos*.

Igual que para alimentar a una comunidad se necesitan muchas manos, escribir un libro también es una empresa para la que se necesita a muchos. Si cocinara para todos los que han trabajado en este recetario, ¡necesitaríamos una mesa muy larga para sentarnos a todos!

A Sami Higgins, cuyo ojo para el detalle y dedicación a este proyecto desde antes del primer día no solo han contribuido a la belleza de este libro, sino al alma de World Central Kitchen. Y a la chef Elyssa Kaplan, que dio vida a estas recetas con su maestría en la cocina y los muchos, muchos meses que ha pasado en cocinas de WCK de todo el mundo. Y a Sam Chapple-Sokol, que captó la voz de World Central Kitchen de la forma en que solo puede hacerlo alguien que entiende la importancia de escuchar de verdad.

A Fátima Castillo, Mollie Kaufmann, Alejandro Pérez y Olivier de Belleroche, cuatro de los chefs con más talento en este planeta, que usan sus profundos conocimientos culinarios para que nuestro trabajo (y este libro) sea un poquito mejor cada día.

A Raquel Pelzel, por tus ánimos, tus consejos, tus amables palabras y tus estrictos plazos durante todo este proceso. A Aaron Wehner y Francis Lam. Apostaron por nosotros, y nos sentimos muy honrados de que lo hicieran. ¡Ojalá estén orgullosos de nosotros!

Al mejor equipo de WCK, mis lectores, modelos de mano, investigadores, y mucho más. Gracias a Dan Abrams, Lisa Abrego, Christina Espinosa, Knowrhah Fleurimond, Zomi Frankcom, Emma Haberman, Laura Hayes, Mikol Hoffman, Richard McLaws, Steph Ortiz, Evelyn Bereketeab y Matt Tognarelli.

Al equipo de Chefs For Puerto Rico, que siempre serán leyendas de WCK: Yareli Manning, Xoimar Manning, Michael Sauri, Erin Schrode, Jesús Serrano, Manolo Martínez, Christian Carbonell, José Rodríguez, Yamil López, Roberto Espina, Fernando Concepción, Ricardo Omar Colón Torres... y miles más.

A los Chefs de Respuesta Inmediata de WCK, las mujeres y los hombres que llegan primero a donde se les necesita. Son demasiados para nombrarlos aquí, pero estos son algunos de los integrantes de nuestro primer equipo, que llevan con nosotros muchos, muchos años: Sam Bloch, Anna Bornstein, Felix Carver, Fiona Donovan, Melissa Gluck, Sandie Orsa y Lucy Shpak.

A Satchel Kaplan-Allen y Marisa Lobo, mis manos derecha e izquierda, que logran que los trenes salgan a la hora y me mantienen la cabeza sobre los hombros.

A Rob y Robin Wilder, nuestros cofundadores: sin ustedes no habríamos llegado hasta aquí. Con ustedes, superamos incluso nuestros mayores sueños. Gracias por todos estos años de colaboración y amistad.

A los guardianes de la palabra Lizette Corro, Jean Marc DeMatteis, Robert Egger, Javier García y Fredes Montes, que estuvieron presentes en el nacimiento de WCK; son el viento que impulsa nuestras velas y han mantenido el timón con mano firme durante más de una década.

Al equipo directivo de WCK, que lidera desde la primera línea de batalla, cargando cada día con sus equipos con valentía, heroísmo y empatía: Erich Broksas, Jason Collis, Val González y Erin Gore.

A Mi-Sol Chevallier, mi hermana de Puerto Príncipe, que me ha enseñado mucho de lo que sé sobre la cocina y la cultura de la bella Haití.

A K. N. Vinod, Pascale Lemaire, Maya Beteta, Kendanique Ferguson, Alexander Maldonado y Rosaly García Rodríguez: gracias por sus consejos, su conocimiento y su sabiduría.

A Jim Webster, que nunca encontró una frase que no pudiera mejorar.

A Kristin Teig, David Koung, Judi Orlick, Giulietta Pinna y Victoria Granof, nuestro *dream team* fotográfico, capaz de captar la belleza en la cocina de campaña. Aunque Victoria no se pudo quedar toda la semana, ¡nos dejaste en las muy capaces manos de Judi! Y a Julian Nguyen, Katie Scally y Eddy Rye Sexton: sin sus manos, este libro no sería lo mismo (¡literalmente!).

Al equipo de What Took You So Long, mis amigos Alicia Sully, Sebastian Lindström y Clara Wetzel, además de las increíbles Nilaya Sabnis y Natassja Ebert.

A Kim Witherspoon, mi queridísima amiga, que siempre se sienta en mi lado de la mesa. Y a Richard Wolffe, defensor de cada proyecto asociado a mi nombre.

A Stephen Colbert, mi hermano que tanto ha hecho por World Central Kitchen, una persona desinteresada y solidaria. Si te tenemos de nuestro lado, no estamos solos.

A los muchos amigos de WCK que compartieron sus recetas: a Michelle Obama, una de las personas más amables que he conocido y conoceré jamás. A Meghan, la duquesa de Sussex, una inspiración para todos nosotros y una ferviente defensora de WCK. A Aline Kamakian, que me mostró a mí y a tantos otros el significado de la valentía. A Eric Adjepong, que hace del mundo un lugar más reflexivo. A Reem Assil, que nunca duda del poder de la comunidad. A Sanjeev Kapoor, que lleva años dándome lecciones de cocina y vida. A Tyler Florence, cuya familia ha apoyado a WCK y a la comunidad de California siempre que nos ha hecho falta. A Brian Yazzie, que ya alimentaba a los más vulnerables cuando empezamos a trabajar juntos. A Marcus Samuelsson, defensor acérrimo del acceso a los alimentos a quien tengo la suerte de llamar amigo. A Ayesha Curry, alguien a quien admiro por muchas razones, entre ellas su trabajo por los habitantes de Oakland. A Emeril Lagasse, que es a la vez una leyenda y un amigo después de todos estos años. A Guy Fieri, un hombre del pueblo en todos los sentidos. A Brooke Williamson, una de las personas con más talento que he conocido. Y a todos los que han aportado recetas a este libro: Rima Aritonang, Gaby Maria Chirinos, Elsa Corrigan, Sofia Deleon, Kelly Eastman, Nadia Ghulam, Yaritza García Ortiz, Kamal Mouzawak, Michael Norat, Teresa Picos, Carmen Rivera, Yuliya Stefanyuk... ¡Siempre serán parte de World Central Kitchen!

A Carlota, Inés y Lucía: siempre han aguantado a su padre que se va semanas enteras a Haití o a Puerto Rico o a Ucrania. Aunque a veces les preocupe, siguen creyendo en mí... y a veces incluso nos acompañan en el viaje. Se lo he dicho antes y se lo vuelvo a decir: son nuestro futuro.

A Tichi: porque, desde el primer momento en que soñé con World Central Kitchen, tú también lo hacías a mi lado.

A los miembros pasados, presentes y futuros de WCK: ustedes hacen todo esto posible, son quienes luchan con empatía y llevan esperanza allá donde van. En donde haya una pelea... ¡ya saben qué sigue!

GRACIAS A LOS FOTÓGRAFOS QUE HAN DOCUMENTADO NUESTRO TRABAJO:

David Andrade
James Buck
Emily Caldwell
Augustin Campos
Paty Carmona
Anjali Daryanani
Kelly Galleguillos
Oleksandr Golub
Jay Hanna
Scott Hoag
Chris Kousouros
Tina Krüger
Mykola Kulina
Zaina Mahmoud
Dan Martensen
Eduardo Montepeque
Jonathan Olinger
Mikel Ponce
Augustinus Priyomulyono
Gabriel Rodriguez
Sofie Rordam
Rafael Ruiz
Nadir Siddiqui
Nessim Stevenson
Kevin Szmir
Cris Toala Olivares
Enzo Tomasiello

ÍNDICE ANALÍTICO

Este libro está dedicado a todos los que entienden el poder de una comida caliente en un momento de necesidad.

Obra editada en colaboración con Editorial Planeta – España

Los beneficios del autor por la venta de esta obra van destinados íntegramente a la organización World Central Kitchen.

Bajo el sello editorial PLANETA M.R.
Avenida Presidente Masarik núm. 111, Piso 2, Polanco V Sección, Miguel Hidalgo
C.P. 11560, Ciudad de México
www.planetadelibros.com.mx

Primera edición impresa en España: noviembre de 2024
ISBN: 978-84-08-29541-9

Primera edición impresa en México: agosto de 2025
ISBN: 978-607-39-3082-6

Impreso en los talleres de Litográfica Ingramex, S.A. de C.V.
Centeno núm. 162-1, colonia Granjas Esmeralda, Ciudad de México
Impreso en México — *Printed in Mexico*